全 世 界 无 产 者， 联 合 起 来！

# 邓小平文选

## 第三卷

人民出版社

**图书在版编目(CIP)数据**

邓小平文选　第三卷/邓小平著.
-北京:人民出版社,1993.10(2008.12 重印)
ISBN 978-7-01-001862-1

Ⅰ.邓…　Ⅱ.邓…　Ⅲ.邓小平-选集
Ⅳ.D2-0

**邓　小　平　文　选**

DENG XIAOPING WENXUAN

**第　三　卷**

人民出版社 出版发行
(100706　北京朝阳门内大街 166 号)

北京新华印刷有限公司印刷　新华书店经销

1993 年 10 月第 1 版　2008 年 12 月北京第 22 次印刷
开本:787 毫米×1092 毫米 1/32　印张:13.5
字数:288 千　印数:5,353,001-5,363,000 册

ISBN 978-7-01-001862-1　定价:17.50 元

邮购地址 100706　北京朝阳门内大街 166 号
人民东方图书销售中心　电话 (010)65250042　65289539

# 出 版 说 明

本书收入的是邓小平同志在一九八二年九月至一九九二年二月这段时间内的重要著作，编为《邓小平文选》第三卷。已经出版的两本文选，在以后出第二版时将分别改称为《邓小平文选》第一卷、第二卷。

第三卷文选共有讲话、谈话等一百一十九篇。很大一部分是第一次公开发表。曾经在《建设有中国特色的社会主义》（增订本）、《邓小平同志重要谈话（一九八七年二月——七月）》等小册子中和报纸上发表过的著作，这次编入文选时，又作了文字整理，许多篇根据记录稿增补了重要内容。

这本文选移入了前一本文选（一九七五——一九八二年）的最后一篇《中国共产党第十二次全国代表大会开幕词》作为开卷篇，以一九九二年一月十八日至二月二十一日《在武昌、深圳、珠海、上海等地的谈话要点》作为结束篇。

在编辑本书时，作者逐篇审定了全部文稿。

**中共中央文献编辑委员会**

一九九三年九月二十七日

# 目　录

# 中国共产党第十二次全国代表大会开幕词

（一九八二年九月一日）

同志们：

中国共产党第十二次全国代表大会现在开幕。

我们这次代表大会的主要议程有三项：（一）审议第十一届中央委员会的报告，确定党为全面开创社会主义现代化建设新局面而奋斗的纲领；（二）审议和通过新的《中国共产党章程》；（三）按照新的党章的规定，选举新的中央委员会、中央顾问委员会和中央纪律检查委员会。

完成这次代表大会的任务，我们党对于社会主义现代化建设的指导思想就会更加明确，党的建设就能够更加适合新的历史时期的需要，党的最高领导层就能够实现新老合作和交替，成为更加朝气蓬勃的战斗指挥部。

回顾党的历史，这次代表大会将是党的第七次全国代表大会〔1〕以来的一次最重要的会议。

一九四五年在毛泽东同志主持下召开的党的第七次全国代表大会，是建党以后民主革命时期我们党最重要的一次代表大会。那次大会总结了我国民主革命二十多年曲折发展的历史经验，制定了正确的纲领和策略，克服了党内的错误思想，使全党的认识在马克思列宁主义、毛泽东思想的基础上统一起来，达到了全党的空前团结。那次代表大会，为新民主主义革命在全国的胜利奠定了基础。

一九五六年召开的党的第八次全国代表大会〔2〕，分析了生产资料私有制的社会主义改造基本完成以后的形势，提出了全面开展社会主义建设的任务。八大的路线是正确的。但是，由于当时党对于全面建设社会主义的思想准备不足，八大提出的路线和许多正确意见没有能够在实践中坚持下去。八大以后，我们取得了社会主义建设的许多成就，同时也遭到了严重挫折。

现在这次代表大会和八大时的情况有了很大的不同。正如七大以前，民主革命二十多年的曲折发展，教育全党掌握了我国民主革命的规律一样，八大以后社会主义革命和建设二十多年的曲折发展也深刻地教育了全党。从十一届三中全会以来，我们党在经济、政治、文化等各方面的工作中恢复了正确的政策，并且研究新情况、新经验，制定了一系列新的正确政策。和八大的时候比较，现在我们党对我国社会主义建设规律的认识深刻得多了，经验丰富得多了，贯彻执行我们的正确方针的自觉性和坚定性大大加强了。我们有充分的根据相信，这次代表大会制定的正确的纲领，一定能够全面开创社会主义现代化建设的新局面，使我们党兴旺发达，使我们的社会主义事业兴旺发达，使我们的国家和各民族兴旺发达。

我们的现代化建设，必须从中国的实际出发。无论是革命还是建设，都要注意学习和借鉴外国经验。但是，照抄照搬别国经验、别国模式，从来不能得到成功。这方面我们有过不少教训。把马克思主义的普遍真理同我国的具体实际结合起来，走自己的道路，建设有中国特色的社会主义，这就是我们总结长期历史经验得出的基本结论。

中国的事情要按照中国的情况来办，要依靠中国人自己的力量来办。独立自主，自力更生，无论过去、现在和将来，都是我们的立足点。中国人民珍惜同其他国家和人民的友谊和合作，更加珍惜自己经过长期奋斗而得来的独立自主权利。任何外国不要指望中国做他们的附庸，不要指望中国会吞下损害我国利益的苦果。我们坚定不移地实行对外开放政策，在平等互利的基础上积极扩大对外交流。同时，我们保持清醒的头脑，坚决抵制外来腐朽思想的侵蚀，决不允许资产阶级生活方式在我国泛滥。中国人民有自己的民族自尊心和自豪感，以热爱祖国、贡献全部力量建设社会主义祖国为最大光荣，以损害社会主义祖国利益、尊严和荣誉为最大耻辱。

八十年代是我们党和国家历史发展上的重要年代。加紧社会主义现代化建设，争取实现包括台湾在内的祖国统一，反对霸权主义、维护世界和平，是我国人民在八十年代的三大任务。这三大任务中，核心是经济建设，它是解决国际国内问题的基础。今后一个长时期，至少是到本世纪末的近二十年内，我们要抓紧四件工作：进行机构改革和经济体制改革，实现干部队伍的革命化、年轻化、知识化、专业化；建设社会主义精神文明；打击经济领域和其他领域内破坏社会主义的犯罪活动；在认真学习新党章的基础上，整顿党的作风和组织。这是我们坚持社会主义道路，集中力量进行现代化建设的最重要的保证。

我们党现在已经是一个拥有三千九百万党员、领导着全国政权的大党。但在全国人民中，共产党员始终只占少数。我们党提出的各项重大任务，没有一项不是依靠广大人民的艰苦努力来完成的。在这里，我代表我们党，向在社会主义现代化建设中辛勤劳动的全国工人、农民和知识分子，致以崇高的敬意，向保卫祖国安全和社会主义建设的钢铁长城中国人民解放军，致以崇高的敬意。

我国各民主党派在民主革命时期同我们党共同奋斗，在社会主义时期同我们党一道前进，一道经受考验。在今后的建设中，我们党还要同所有的爱国民主党派和爱国民主人士长期合作。在这里，我代表我们党，向各民主党派和无党派的朋友们，表示衷心的感谢。

我们党的事业得到了全世界进步人士和友好国家的支持和援助。在这里，我代表我们党，向他们表示衷心的感谢。

我们一定要兢兢业业地做好自己的工作，加强同全国各族人民的团结，加强同全世界人民的团结，为把我国建设成为现代化的，高度文明、高度民主的社会主义国家，为反对霸权主义，维护世界和平，推进人类进步事业，而努力奋斗。

# 在中央顾问委员会第一次全体会议上的讲话*

（一九八二年九月十三日）

中央顾问委员会是个新东西，是根据中国共产党的实际情况建立的，是解决党的中央领导机构新老交替的一种组织形式。目的是使中央委员会年轻化，同时让一些老同志在退出第一线之后继续发挥一定的作用。

从某种意义上说，顾问委员会是一种过渡性质的组织形式。我们的国家也好，党也好，最根本的应该是建立退休制度。十一届三中全会以后不久，我们就讲要废除党和国家领导职务实际上存在的终身制。这个问题，世界上许多国家恐怕都比我们解决得好。我们干部老化的情况不说十分严重，至少有九分半严重。这个问题不解决，我们的国家、我们的党就缺乏活力。现在着手来解决，采取顾问委员会这种过渡的形式，比较合乎我们的实际情况，比较稳妥，比较顺当。应当说，这一次在解决新老交替问题上迈出了相当大的一步。如果花两个五年

---

* 中国共产党第十二次全国代表大会决定成立并选举产生了中央顾问委员会。十二届一中全会选举邓小平同志为中央政治局委员、中央政治局常务委员，决定他任中央军委主席。在中央顾问委员会第一次全体会议上，他当选为主任。

的时间，通过这种过渡的形式，稳妥地顺当地解决好这个问题，把退休制度逐步建立起来，那就是很大的胜利。这对于我们国家以后的发展，是办了一件很好的事情。所以，可以设想，再经过十年，最多不要超过十五年，取消这个顾问委员会。十年、两届还是需要的，一届恐怕不好，太急促了。顾问委员会今天刚成立，就宣布准备将来取消，这就明确了这个组织的过渡性。我们尊重生活和历史的辩证法。

顾问委员会怎样做工作，总的说就是要按照新的党章办事。党章规定，中央顾问委员会是中央委员会的政治上的助手和参谋。中顾委委员可以列席中央全会，顾委副主任可以列席政治局会议，必要时顾委常委也可以列席政治局会议。这就是说，中顾委副主任和常务委员在我们党的生活中的格，是相当于中央政治局委员。

党章还规定，中顾委在中央委员会领导下工作，任务有四条：一是对党的方针政策的制定和执行提出建议，接受咨询，二是协助中央委员会调查处理某些重要问题，三是在党内外宣传党的重大方针政策，四是承担中央委员会委托的其他任务。原则的规定都有了，现在的问题是怎样具体实施。要理出几条，其中也包括我们工作机构的设置。我建议不要建立什么大机构，要简化，几个人就够了。顾问委员会的日常工作，请薄一波〔3〕同志主持，我想减轻一些负担。

我们都是老同志，说话开门见山。顾问委员会要注意的第一件事情，就是不要妨碍中央委员会的工作。我们老同志要自觉，我们都是老上级、老领导，牌子大、牌子硬啊，比中央委员会的成员牌子硬啊。以后中央委员会的成员越来越年轻，越来越是我们的后辈。我们的态度正确，对推动他们的工作，帮助他们的工作，很有好处。如果搞得不适当，也会带来不好的影响。不仅不要妨碍中央委员会的工作，包括中央政治局、书记处的工作，也不要妨碍下面各级的工作。比如我们的同志到哪个省去了解情况，我看不要随便发表意见，首先要认真调查研究，学习下面的实际经验。发现确实有需要解决的问题，也应该采取帮助省委或者帮助某个基层组织的办法，让他们自己去解决。要注意起传帮带的作用，而不是去发号施令。我们这些老资格，讲话是有人听的，是有分量的，所以要慎重。我们从一开始就要注意这个问题。前一段章蕴〔4〕同志到福建去工作了两个多月，她在那里就搞得很好嘛。

第二，顾问委员会的成员要联系群众。可不可以这样设想，除了身体不好的同志，凡是还能做点工作的，可以联系一个基层单位，比如联系一个工厂，一个学校，一个科学研究机关，一个地委或者县委，甚至一个农村基层组织，深入地了解情况。这样就可以对党中央更好地起到参谋和助手的作用。到联系的单位，还可以做一个报告员，同群众见见面，同党员见见面，把我们国家的事情，我们党在每个时期采取的方针政策，国际的情况和我们的对外政策，及时地给他们讲讲。作报告本身就是传帮带。可以讲现在的问题，也可以讲历史。讲历史我们可是有资格，都是革命几十年的人，革命故事多得很。

第三，我们还可以起一个作用，就是在保持党的优良作风方面以身作则。搞精神文明，关键是以身作则。我们这些老同志下去，人家是非常尊重的，生活上是会照顾的，我们自己要注意不要过分麻烦人家。

总之，中央顾问委员会怎么做工作，怎么起作用，是个新问题。相信我们这些老同志会处理得很好。

# 一心一意搞建设*

（一九八二年九月十八日）

我们刚刚召开了党的第十二次全国代表大会〔5〕。十二大以后，我国政治形势更加稳定，可以更好地一心一意搞建设了。

十二大提出的奋斗目标，是二十年翻两番〔6〕。二十年是从一九八一年算起，到本世纪末。大体上分两步走，前十年打好基础，后十年高速发展。战略重点，一是农业，二是能源和交通，三是教育和科学。搞好教育和科学工作，我看这是关键。没有人才不行，没有知识不行，"文化大革命"的一个大错误是耽误了十年人才的培养。现在要抓紧发展教育事业。

十二大对过去犯了错误的同志做了比较审慎的处理。粉碎"四人帮"后，当时主持中央工作的同志坚持"左"的政治路线，又提出了错误的思想路线，叫做"两个凡是"〔7〕。我说过，如果毛主席在世，他也不会承认"两个凡是"，因为那不是马列主义、毛泽东思想。如果按照"两个凡是"，我就不能出来工作，更不用谈别的问题了。我是在粉碎"四人帮"之后九个月，即一

* 这是邓小平同志陪同朝鲜劳动党中央委员会总书记金日成去四川访问途中谈话的一部分。

九七七年七月才出来工作的，到那时我才能参加中央的会议。我出来以后，提出毛泽东思想的精髓是实事求是，从此开始了实践是检验真理的唯一标准问题的讨论〔8〕。当时有一些人抵制这个讨论。一九七八年六月我在全军政治工作会议上讲了一篇话。以后我从你们那里访问回来，在东北三省沿途又讲这个思想路线问题。经过差不多一年的讨论，到一九七八年底我们召开了十一届三中全会〔9〕，批评了“两个凡是”，提出了“解放思想，开动脑筋”的口号，提倡理论联系实际，一切从实际出发，肯定了实践是检验真理的唯一标准，重新确立了实事求是的思想路线。只有解决好思想路线问题，才能提出新的正确政策，首先是工作重点的转移，还有农村政策、对外关系政策，以及相应的一整套建设社会主义的政策。

我在东北三省到处说，要一心一意搞建设。国家这么大，这么穷，不努力发展生产，日子怎么过？我们人民的生活如此困难，怎么体现出社会主义的优越性？“四人帮”叫嚷要搞“穷社会主义”、“穷共产主义”，胡说共产主义主要是精神方面的，简直是荒谬之极！我们说，社会主义是共产主义的第一阶段。落后国家建设社会主义，在开始的一段很长时间内生产力水平不如发达的资本主义国家，不可能完全消灭贫穷。所以，社会主义必须大力发展生产力，逐步消灭贫穷，不断提高人民的生活水平。否则，社会主义怎么能战胜资本主义？到了第二阶段，即共产主义高级阶段，经济高度发展了，物资极大丰富了，才能做到各尽所能，按需分配。不努力搞生产，经济如何发展？社会主义、共产主义的优越性如何体现？我们干革命几十年，搞社会主义三十多年，截至一九七八年，工人的月平均工资只有四五十元，农村的大多数地区仍处于贫困状态。这叫什么社会主义优越性？因此，我强调提出，要迅速地坚决地把工作重点转移到经济建设上来。十一届三中全会解决了这个问题，这是一个重要的转折。从以后的实践看，这条路线是对的，全国面貌大不相同了。

从十一届三中全会到十二大，我们打开了一条一心一意搞建设的新路。

# 我们对香港问题的基本立场*

（一九八二年九月二十四日）

我们对香港问题[10]的基本立场是明确的，这里主要有三个问题。一个是主权问题；再一个问题，是一九九七年后中国采取什么方式来管理香港，继续保持香港繁荣；第三个问题，是中国和英国两国政府要妥善商谈如何使香港从现在到一九九七年的十五年中不出现大的波动。

关于主权问题，中国在这个问题上没有回旋余地。坦率地讲，主权问题不是一个可以讨论的问题。现在时机已经成熟了，应该明确肯定：一九九七年中国将收回香港。就是说，中国要收回的不仅是新界，而且包括香港岛、九龙[11]。中国和英国就是在这个前提下来进行谈判，商讨解决香港问题的方式和办法。如果中国在一九九七年，也就是中华人民共和国成立四十八年后还不把香港收回，任何一个中国领导人和政府都不能向中国人民交代，甚至也不能向世界人民交代。如果不收回，就意味着中国政府是晚清政府，中国领导人是李鸿章[12]！我们等待了三十三年，再加上十五年，就是四十八年，我们是在人民充分信赖的基础上才能如此长期等待的。如果

* 这是邓小平同志会见英国首相撒切尔夫人时的谈话。

十五年后还不收回，人民就没有理由信任我们，任何中国政府都应该下野，自动退出政治舞台，没有别的选择。所以，现在，当然不是今天，但也不迟于一、二年的时间，中国就要正式宣布收回香港这个决策。我们可以再等一、二年宣布，但肯定不能拖延更长的时间了。

中国宣布这个决策，从大的方面来讲，对英国也是有利的，因为这意味着届时英国将彻底地结束殖民统治时代，在世界公论面前会得到好评。所以英国政府应该赞成中国的这个决策。中英两国应该合作，共同来处理好香港问题。

保持香港的繁荣，我们希望取得英国的合作，但这不是说，香港继续保持繁荣必须在英国的管辖之下才能实现。香港继续保持繁荣，根本上取决于中国收回香港后，在中国的管辖之下，实行适合于香港的政策。香港现行的政治、经济制度，甚至大部分法律都可以保留，当然，有些要加以改革。香港仍将实行资本主义，现行的许多适合的制度要保持。我们要同香港各界人士广泛交换意见，制定我们在十五年中的方针政策以及十五年后的方针政策。这些方针政策应该不仅是香港人民可以接受的，而且在香港的其他投资者首先是英国也能够接受，因为对他们也有好处。我们希望中英两国政府就此进行友好的磋商，我们将非常高兴地听取英国政府对我们提出的建议。这些都需要时间。为什么还要等一、二年才正式宣布收回香港呢？就是希望在这段时间里同各方面进行磋商。

现在人们议论最多的是，如果香港不能继续保持繁荣，就会影响中国的四化建设。我认为，影响不能说没有，但说会在很大程度上影响中国的建设，这个估计不正确。如果中国把四化建设能否实现放在香港是否繁荣上,那末这个决策本身就是不正确的。人们还议论香港外资撤走的问题。只要我们的政策适当,走了还会回来的。所以,我们在宣布一九九七年收回香港的同时,还要宣布一九九七年后香港所实行的制度和政策。

至于说一旦中国宣布一九九七年要收回香港,香港就可能发生波动,我的看法是小波动不可避免,如果中英两国抱着合作的态度来解决这个问题,就能避免大的波动。我还要告诉夫人,中国政府在做出这个决策的时候,各种可能都估计到了。我们还考虑了我们不愿意考虑的一个问题,就是如果在十五年的过渡时期内香港发生严重的波动,怎么办?那时,中国政府将被迫不得不对收回的时间和方式另作考虑。如果说宣布要收回香港就会像夫人说的"带来灾难性的影响",那我们要勇敢地面对这个灾难,做出决策。希望从夫人这次访问开始,两国政府官员通过外交途径进行很好的磋商,讨论如何避免这种灾难。我相信我们会制定出收回香港后应该实行的、能为各方面所接受的政策。我不担心这一点。我担心的是今后十五年过渡时期如何过渡好,担心在这个时期中会出现很大的混乱,而且这些混乱是人为的。这当中不光有外国人,也有中国人,而主要的是英国人。制造混乱是很容易的。我们进行磋商就是要解决这个问题。不单单是两国政府,而且包括政府要约束厂商及各行各业,不要做妨碍香港繁荣的事。不仅在这十五年的过渡时期内香港不要发生大的波动,一九九七年中国接管以后还要管理得更好。

我们建议达成这样一个协议,即双方同意通过外交途径开始进行香港问题的磋商。前提是一九九七年中国收回香港，在这个基础上磋商解决今后十五年怎样过渡得好以及十五年以后香港怎么办的问题。

# 前十年为后十年做好准备*

（一九八二年十月十四日）

到本世纪末二十年的奋斗目标定了，这就是在不断提高经济效益的前提下，工农业年总产值翻两番。靠不靠得住？党的十二大说靠得住，我也相信是靠得住的，但究竟靠不靠得住，还要看今后的工作。

“六五”计划已经过去了两年，今后三年要有很好的安排。现在要聚精会神把长远规划搞好，长远规划的关键，是前十年为后十年做好准备。

准备有个抢时间的问题，不能不认真对待。哪些项目早上，哪些晚上，要有个安排，不能挤到一起。能早上的就集中资金早上，早上一年早得利一年，不然要拖到下个世纪去了。真想搞建设，就要搞点骨干项目，没有骨干项目不行。不管怎么困难，也要下决心搞。资金、材料不够，宁可压缩地方上的项目，特别是一般性的加工工业项目。这些小项目上得再多，也顶不了事。

社会主义同资本主义比较，它的优越性就在于能做到全

---

* 这是邓小平同志同国家计委负责同志的谈话要点。整理时吸收了七月二十六日同这些同志谈话的部分内容。

国一盘棋，集中力量，保证重点。缺点在于市场运用得不好，经济搞得不活。计划与市场的关系问题如何解决？解决得好，对经济的发展就很有利，解决不好，就会糟。

你们提出一批重大的勘察设计项目，准备提前做好建设的前期工作，这件事要认真落实。要列出进度表，什么时间勘探清楚，什么时间拿出设计，由专人负责包干。煤、电、油这些能源项目，还有交通项目，前期工作要抓紧，晚了不行。能源不够，不仅是“六五”期间的问题，也是今后相当长时间的问题。火电上不去，要在水电上打主意。水电大项目上去了，能顶事。

我们整个经济发展的战略，能源、交通是重点，农业也是重点。农业的发展一靠政策，二靠科学。科学技术的发展和作用是无穷无尽的。

你们还提出把科学技术工作和人才培养使用工作做好，我看最难的是这一条。没有一套办法，怎么能把几百万知识分子骨干用起来？“文化大革命”前大专学校毕业的和自学成才达到同等水平的知识分子，总有几百万吧。用好这些人，是很顶事的。我们不是没有人才，问题是能不能很好地把他们组织和使用起来，把他们的积极性调动起来，发挥他们的专长。现在科技人员一方面很缺，另一方面又有很大的窝工浪费，用非所学、用非所长的现象很严重。这样的管理形式不行。怎样打破军民界限、部门地方界限，合理使用，把全国的科技人员使用起来，并且使用得当，是个很大的问题。过去聂荣臻〔13〕同志管过，那时管得好，人员可以按需要调动，集中使用。要落实知识分子政策，第一位的就是科技队伍的管理使用问题。人才，只有大胆使用，才能培养出来。对那些真正有本事的人，要放手提拔，在工资级别上破格提高。招聘也是个办法。我们要开一条路出来，让有才能的人很快成长，不要老是把人才卡住。人才不断涌出，我们的事业才有希望。这条路还没有开出来，各行各业，包括企业，都要解决这个问题。二十年规划能否实现，关键就在这里。

# 增进中印友谊，加强南南合作*

（一九八二年十月二十二日）

中印两国都是发展中国家，但在世界上都不是无足轻重的国家。中印两国人口最多，加起来有十七亿，占世界人口三分之一以上。我们两国又是近邻，不相互了解、不建立友谊是不行的。在五十年代中期我们合作得很好。周恩来总理和尼赫鲁总理共同倡导的和平共处五项原则〔14〕为世界所公认。

中印两国之间的问题并不是很大，既不存在中国对印度的威胁，也不存在印度对中国的威胁，无非就是一个边界问题。双方都应该做些事情来恢复五十年代的友谊。只要双方采取合情合理的方式，边界问题我看是不难解决的。一九七九年我见到你们的前外长时就讲过"一揽子解决"，你们让一点，我们让一点，就解决了嘛。因为这是历史遗留下来的问题，你们有人民感情的问题，我们也有人民感情的问题。只有采取"一揽子解决"的办法，才有可能各自说服自己的人民。我们和好多国家解决了边界问题，解决的办法无非是双方相互让步。我相信，我们之间最终是会找到一个好的解决方案的。即使一时解决不了，可以先放一放，在贸易、经济、文化等各个领域还

---

* 这是邓小平同志会见印度社会科学理事会代表团时谈话的一部分。

可以做很多事情，发展往来，增进了解和友谊，双方合作仍然有广阔的前景。我们希望自己发达，也希望你们发达。

我们很高兴第三世界的国家提出南南合作〔15〕问题。当然，南北问题〔16〕也应解决。南北问题不解决，第三世界负债那么多，日子怎么过啊！如果发达国家不拿出钱来帮助发展中国家发展，发达国家在第三世界的市场也就没有了。世界上的国家富的愈富，穷的愈穷，解决这个问题是国际舞台上的一个重要课题。但是，看来这个问题很难解决。中国有句话：愈富的人愈悭吝。要富国多拿点钱出来，它不肯，技术转让更不愿意。所以，第三世界仅寄希望于南北问题的解决是不够的，南南之间还要进行合作。在可能的范围内，通过这种合作总能解决一些问题。这些年来第三世界有一些发展，各国都有一些好的东西，可以相互交流和合作。改变国际经济秩序，首先是解决南北关系问题，同时要采取新途径加强南南之间的合作。

# 植 树 造 林

（一九八二年十一月、十二月）

## 一

植树造林，绿化祖国，造福后代。

（一九八二年十一月为全军植树造林总结经验表彰先进大会的题词）

## 二

这件事，要坚持二十年，一年比一年好，一年比一年扎实。为了保证实效，应有切实可行的检查和奖惩制度。

（一九八二年十二月二十六日对林业部关于开展全民义务植树运动情况报告的批语）

# 各项工作都要有助于建设有中国特色的社会主义*

（一九八三年一月十二日）

根据最近的统计，一九八二年工农业总产值增长百分之八左右，大大地超过了原定的增长百分之四的计划。前两年还没有发生这种情况，一九八二年是头一次出现。这里就提出一个问题，如果我们的年度计划定低了，而实际增长速度高出很多，会产生什么影响？对这个问题，要抓紧调查研究，作出符合实际的分析。现在不是说要改变原定的“六五”计划，长期计划留的余地应该大一些，年度计划可以打得积极一点，当然也要留有余地，重视提高经济效益，不要片面追求产值、产量的增长。总结历史经验，计划定得过高，冒了，教训是很深刻的，这方面的问题我们已经注意到了，今后还要注意。现在我们要注意另外一个方面的问题。总之，制定计划遵循的原则，应该是积极的、留有余地的、经过努力才能达到的。

农业要有全面规划，首先要增产粮食。二〇〇〇年要生产多少粮食，人均粮食达到多少斤才算基本过关，这要好好计算。二〇〇〇年总要做到粮食基本过关，这是一项重要的战略

---

* 这是邓小平同志同国家计委、国家经委和农业部门负责同志谈话的要点。

部署。中国每人平均每年总要吃四五百斤粮食，还要有种子、饲料和工业用粮。做到粮食基本过关不容易，要从各方面努力，在规划中要确定用什么手段来达到这个目标。比如，从增加肥料上，从改良种子上，从搞好农田基本建设上，从防治病虫害上，从改进管理上，以及其他手段上，能够做些什么，增产多少，都要有计算。农业翻番不能只靠粮食，主要靠多种经营。农业文章很多，我们还没有破题。农业科学家提出了很多好意见。要大力加强农业科学研究和人才培养，切实组织农业科学重点项目的攻关。农业是根本，不要忘掉。

农村、城市都要允许一部分人先富裕起来，勤劳致富是正当的。一部分人先富裕起来，一部分地区先富裕起来，是大家都拥护的新办法，新办法比老办法好。农业搞承包大户我赞成，现在放得还不够。总之，各项工作都要有助于建设有中国特色的社会主义，都要以是否有助于人民的富裕幸福，是否有助于国家的兴旺发达，作为衡量做得对或不对的标准。

# 视察江苏等地回北京后的谈话*

（一九八三年三月二日）

这次，我经江苏到浙江，再从浙江到上海，一路上看到情况很好，人们喜气洋洋，新房子盖得很多，市场物资丰富，干部信心很足。看来，四个现代化希望很大。到本世纪末实现翻两番，要有全盘的更具体的规划，各个省、自治区、直辖市也都要有自己的具体规划，做到心中有数。落后的地区，如宁夏、青海、甘肃如何搞法，也要做到心中有数。我们要帮助各省、自治区、直辖市解决各自突出的问题，帮他们创造条件，使他们的具体规划能够落到实处。

现在，苏州市工农业总产值人均接近八百美元。我问江苏的同志，达到这样的水平，社会上是一个什么面貌？发展前景是什么样子？他们说，在这样的水平上，下面这些问题都解决了：

第一，人民的吃穿用问题解决了，基本生活有了保障；

第二，住房问题解决了，人均达到二十平方米，因为土地不足，向空中发展，小城镇和农村盖二三层楼房的已经不少；

---

* 这是邓小平同志同几位中央负责同志的谈话。

第三，就业问题解决了，城镇基本上没有待业劳动者了；

第四，人不再外流了，农村的人总想往大城市跑的情况已经改变；

第五，中小学教育普及了，教育、文化、体育和其他公共福利事业有能力自己安排了；

第六，人们的精神面貌变化了，犯罪行为大大减少。

江苏从一九七七年到去年六年时间，工农业总产值翻了一番。照这样下去，再过六年，到一九八八年可以再翻一番。我问江苏的同志，你们的路子是怎么走的？他们说，主要是两条。一条是依靠了上海的技术力量，还有一条是发展了集体所有制，也就是发展了中小企业。江苏吸收了不少上海的退休老工人。这些老工人有本事，请来工作所费不多，只是给点工资，解决点房子，就很乐意干，在生产上发挥了很好的作用。江苏多年来是比较重视知识、重视知识分子的作用的，对知识分子使用得比较得当。现在江苏几个城市有些技术不低于上海。

现在的问题是要注意争取时间，该上的要上。大战打不起来，不要怕，不存在什么冒险的问题。以前总是担心打仗，每年总要说一次。现在看，担心得过分了。我看至少十年打不起来。

搞经济协作区，这个路子是很对的。我主张不只是搞上海和山西两个经济协作区，也不要老是试点。老是在一些具体问题上试点，几年解决不了几个问题，这就太慢了。解放战争时期，毛泽东同志主张第二野战军〔17〕和第三野战军〔18〕联合起来作战。他说，两个野战军联合在一起，就不是增加一倍力量，而是增加好几倍的力量。经济协作也是这个道理。经济协作有许多思想问题要统一，但现在要开步走。

总之，一是要心中有数，现在不是完全有数。一是现在议论得多，行动不快。

智力开发是很重要的。我说的是包括职工教育在内的智力开发，要更好地注意这个问题。大专院校要发展，近期不说发展一倍，也可发展半倍。现在我们是有这个能力的。重点院校增加一倍学生没有多少问题，师资不缺，主要是房子不够。再拿出一点钱建校舍和宿舍，我看也可以拿得出来。这方面用多少钱，要算个帐。

我们现在一方面是知识分子太少，另一方面有些地方中青年知识分子很难起作用。落实知识分子政策，包括改善他们的生活待遇问题，要下决心解决。《人到中年》这部电影值得一看，主要是教育我们这些老同志的。看看，对我们这些人有好处。

# 建设社会主义的物质文明和精神文明*

（一九八三年四月二十九日）

任何国家的革命道路问题，都要由本国的共产党人自己去思考和解决，别国的人对情况不熟悉，指手画脚，是要犯错误的。中国革命为什么能取得胜利？就是以毛泽东同志为首的中国共产党人，独立思考，把马列主义的普遍原理同中国的具体情况相结合，找到了适合中国情况的革命道路、形式和方法。十月革命的胜利也是列宁把马克思主义的原理同俄国革命的实践相结合的结果。所以，一个国家的革命要取得胜利，最根本的一条经验就是，各国共产党应该根据自己国家的情况，找出自己的革命道路。任何大党或老党都不能以最高发言人自居。在斯大林时期，中国党在一些关键问题上没有听他的话，才取得了中国革命的胜利。当然，我不是说不应该吸取别国的经验教训。一个党犯错误是难免的，就是犯了错误，也要由自己去总结，自己去解决问题，这样才靠得住。

我们现在执行的这条路线是党的十一届三中全会〔9〕制

* 这是邓小平同志会见印度共产党（马克思主义）中央代表团时谈话的一部分。

定的，也是经过党的十二大[5]肯定的。十一届三中全会召开至今四年多的实践证明，这条路线是正确的。当然，还需要继续通过实践来加以检验。实践是检验真理的唯一标准，实践是检验路线、方针、政策是否正确的唯一标准。

在社会主义国家，一个真正的马克思主义政党在执政以后，一定要致力于发展生产力，并在这个基础上逐步提高人民的生活水平。这就是建设物质文明。过去很长一段时间，我们忽视了发展生产力，所以现在我们要特别注意建设物质文明。与此同时，还要建设社会主义的精神文明，最根本的是要使广大人民有共产主义的理想，有道德，有文化，守纪律。国际主义、爱国主义都属于精神文明的范畴。

# 路子走对了，政策不会变*

（一九八三年六月十八日）

我们搞的现代化，是中国式的现代化。我们建设的社会主义，是有中国特色的社会主义。我们主要是根据自己的实际情况和自己的条件，以自力更生为主。

我们现在的路子走对了，人民高兴，我们也有信心。我们的政策是不会变的。要变的话，只会变得更好。对外开放政策只会变得更加开放。路子不会越走越窄，只会越走越宽。路子走窄的苦头，我们是吃得太多了。如果我们走回头路，会回到哪里？只能回到落后、贫困的状态。

打破"大锅饭"的政策不会变。工业有工业的特点，农业有农业的特点，具体经验不能搬用，但基本原则是搞责任制，这点是肯定的。

---

* 这是邓小平同志会见参加一九八三年北京科学技术政策讨论会的外籍专家时谈话的一部分。

# 中国大陆和台湾和平统一的设想*

（一九八三年六月二十六日）

问题的核心是祖国统一。和平统一已成为国共两党的共同语言。但不是我吃掉你，也不是你吃掉我。我们希望国共两党共同完成民族统一，大家都对中华民族作出贡献。

我们不赞成台湾“完全自治”的提法。自治不能没有限度，既有限度就不能“完全”。“完全自治”就是“两个中国”，而不是一个中国。制度可以不同，但在国际上代表中国的，只能是中华人民共和国。我们承认台湾地方政府在对内政策上可以搞自己的一套。台湾作为特别行政区，虽是地方政府，但同其他省、市以至自治区的地方政府不同，可以有其他省、市、自治区所没有而为自己所独有的某些权力，条件是不能损害统一的国家的利益。

祖国统一后，台湾特别行政区可以有自己的独立性，可以实行同大陆不同的制度。司法独立，终审权不须到北京。台湾还可以有自己的军队，只是不能构成对大陆的威胁。大陆不派人驻台，不仅军队不去，行政人员也不去。台湾的党、政、军等系统，都由台湾自己来管。中央政府还要给台湾留出名额。

---

* 这是邓小平同志会见美国新泽西州西东大学教授杨力宇时谈话的要点。

和平统一不是大陆把台湾吃掉，当然也不能是台湾把大陆吃掉。所谓“三民主义统一中国”，这不现实。

要实现统一，就要有个适当方式，所以我们建议举行两党平等会谈，实行第三次合作，而不提中央与地方谈判。双方达成协议后，可以正式宣布。但万万不可让外国插手，那样只能意味着中国还未独立，后患无穷。

我们希望台湾方面仔细研究一下一九八一年九月叶剑英提出的九条方针政策〔19〕的内容和一九八三年六月邓颖超在政协六届一次会议上的开幕词〔20〕，消除误解。

你们今年三月在美国旧金山举办“中国统一之展望”讨论会，做了一件很好的事。

我们是要完成前人没有完成的统一事业。如果国共两党能共同完成这件事，蒋氏父子〔21〕他们的历史都会写得好一些。当然，实现和平统一需要一定时间。如果说不急，那是假话，我们上了年纪的人，总希望早日实现。要多接触，增进了解。我们随时可以派人去台湾，可以只看不谈。也欢迎他们派人来，保证安全、保密。我们讲话算数，不搞小动作。

我们已经实现了安定团结。和平统一祖国的方针，是我们党的十一届三中全会以后制定的，有关政策是逐渐完备起来的，我们将坚持不变。

中美关系最近略有好转，但是，美国的当权人士从未放弃搞“两个中国”或“一个半中国”。美国把它的制度吹得那么好，可是总统竞选时一个说法，刚上任一个说法，中期选举一个说法，临近下一届大选时又是一个说法。美国还说我们的政策不稳定，同美国比起来，我们的政策稳定得多。

# 利用外国智力和扩大对外开放*

（一九八三年七月八日）

要利用外国智力，请一些外国人来参加我们的重点建设以及各方面的建设。对这个问题，我们认识不足，决心不大。搞现代化建设，我们既缺少经验，又缺少知识。不要怕请外国人多花了几个钱。他们长期来也好，短期来也好，专门为一个题目来也好。请来之后，应该很好地发挥他们的作用。过去我们是宴会多，客气多，向人家请教少，让他们帮助工作少，他们是愿意帮助我们工作的。

要扩大对外开放，现在开放得不够。要抓住西欧国家经济困难的时机，同他们搞技术合作，使我们的技术改造能够快一些搞上去。同东欧国家合作，也有文章可做，他们有一些技术比我们好，我们的一些东西他们也需要。中国是一个大的市场，许多国家都想同我们搞点合作，做点买卖，我们要很好利用。这是一个战略问题。

---

* 这是邓小平同志同几位中央负责同志的谈话。

# 严厉打击刑事犯罪活动*

（一九八三年七月十九日）

刑事案件、恶性案件大幅度增加，这种情况很不得人心。几年了，这股风不但没有压下去，反而发展了。原因在哪里？主要是下不了手，对犯罪分子打击不严、不快，判得很轻。对经济犯罪活动是这样，对抢劫、杀人等犯罪活动也是这样。

为什么不可以组织一次、二次、三次严厉打击刑事犯罪活动的战役？每个大、中城市，都要在三年内组织几次战役。比如说北京市，流氓犯罪集团到底有多少，有哪些人，是不难搞清楚的。像彭真〔22〕同志讲的，找老民警当顾问，调查调查，情况就清楚了，就可以组织战役了。一次战役打击他一大批，就这么干下去。我们说过不搞运动，但集中打击严重刑事犯罪活动还必须发动群众。动员全市人民参加，这本身对人民是教育，同时能挽救很多人，挽救很多青年。发动群众，声势大，有的罪犯会闻风跑掉，那也不要紧，还有第二次战役可以追回来。

最近有的城市抓了一批犯罪分子，形势有好转。当然，这还只是一时的现象。那些犯罪分子在看风向，看你下一步怎么

---

* 这是邓小平同志同公安部负责同志谈话的要点。

办。如果还是软弱无力,处理不严,坏人的气势还会长上来。

对严重刑事犯罪分子,包括杀人犯、抢劫犯、流氓犯罪团伙分子、教唆犯、在劳改劳教中继续传授犯罪技术的惯犯,以及人贩子、老鸨儿等,必须坚决逮捕、判刑,组织劳动改造,给予严厉的法律制裁。必须依法杀一批,有些要长期关起来。还要不断地打击,冒出一批抓一批。不然的话,犯罪的人无所畏惧,十年二十年也解决不了问题。一九七五年处理铁路问题时,对帮派分子,我说现在不抓人,把他们调开。"四人帮"说不行。我说凡是帮派头子,有一个调开一个,再出一个再调开,一天调一个,一年调三百六十五个。这个话传下去以后,铁路上的秩序马上就好了。解决这方面的问题,不采取这样的办法不行。

解决刑事犯罪问题,是长期的斗争,需要从各方面做工作。现在是非常状态,必须依法从重从快集中打击,严才能治住。搞得不疼不痒,不得人心。我们说加强人民民主专政,这就是人民民主专政。要讲人道主义,我们保护最大多数人的安全,这就是最大的人道主义!严厉打击刑事犯罪活动是一件大快人心的事。先从北京开始,然后上海、天津,以至其他城市。只要坚持这么干,情况一定能好转。

# 为景山学校题词

（一九八三年十月一日）

教育要面向现代化，面向世界，面向未来。

# 党在组织战线和思想战线上的迫切任务*

（一九八三年十月十二日）

这次中央全会的主要议题是整党。中央关于整党的决定[23]，大家讨论通过了。这是一个好的文件，我完全同意。会后还要讨论一下党对思想战线的领导。我想就整党不能走过场和思想战线不能搞精神污染这两个问题说点意见。

第一个问题：整党不能走过场。

我们党从十一届三中全会以来，重新确立了马克思主义的思想路线、政治路线和组织路线，制定了各方面的适合情况的正确政策，收到了显著的成效，各项工作的新局面正在逐步打开。广大群众拥护我们党的路线和领导。在实现伟大历史转变的过程中，经过多次重大斗争的考验，证明我们党的主流是好的，是有战斗力的，是有能力、有办法解决问题的。

但是，我们党现在的状况还远不是都令人满意。党内还存在着不少没有来得及清理和解决的严重问题。这里有十年内乱遗留下来的消极东西，也有在新的历史条件下产生和发展

---

* 这是邓小平同志在中国共产党第十二届中央委员会第二次全体会议上的讲话。

起来的消极东西。决定列举了“三种人”〔24〕,严重的经济犯罪和其他刑事犯罪分子,以权谋私、严重损害党和群众的关系的人,长期在政治上不同中央保持一致、或者表面上保持一致实际上另搞一套的人,等等。所有这些,都是党内的危险因素,腐败因素,是党内思想不纯、作风不纯、组织不纯的严重表现。

其中最危险的是“三种人”。这些人已经清查和处理了一批,有些在思想上和行动上已经有所改正。但是确有相当一批立场没有改变而在党内隐藏了下来。说他们最危险,是因为:一、他们坚持原来的帮派思想,有一套煽惑性和颠覆性的政治主张;二、他们有狡猾的政治手腕,不利时会伪装自己,骗取信任,时机到来,又会煽风点火,制造新的动乱;三、他们转移、散布和隐蔽在全国许多地方,秘密的派性联系还没有完全消灭;四、他们比较年轻,也比较有文化。他们当中有些人早就扬言十年、二十年后见。总之,他们是一股有野心的政治势力,不可小看,如果不在整党中解决,就会留下祸根,成为定时炸弹。

当然,其他几类人的问题,不解决也很危险,也是祸根。

对于这些情况,我们好多老共产党员很感忧虑,广大党员群众和人民群众也感到担心和不满。十二大决定进行全面整党,全党上下、全国各族人民一致拥护,对整党寄予极大的期望。这就要求我们党下定决心,用坚决、严肃、认真的态度来进行这次整党,切实解决上述那些必须解决的严重问题,绝对不能走过场,使全党同志和全国人民失望。

三中全会以来,我们花了很大气力纠正“文化大革命”及其以前的一些政治运动和思想斗争中的“左”的错误,是完全正确的。这类“左”的错误决不允许重犯。但是,不少同志片面地总结历史教训，认为一讲思想斗争和严肃处理就是“左”，只提反“左”不提反右，这就走到软弱涣散的另一个极端。在对错误倾向、坏人坏事作思想斗争和组织处理的问题上，这些年来党内确实滋长了过分容忍、优柔寡断、畏难手软、息事宁人的情绪，这就放松了党的纪律，甚至保护了一些坏人。

最近，在全国范围内对严重刑事犯罪分子依法实行从重从快的集中打击，受到广大群众的热烈拥护，非常得人心。群众只担心将来处理太宽，放虎归山，罪犯又来报仇。群众还认为早就应当从严打击，批评我们搞晚了。这些反映和批评值得高度重视。前两年我们曾指出各级领导上存在着软弱涣散的状况，对严重刑事犯罪分子下不了手也是一种表现。由此应当得出教训，必须坚决克服领导上的软弱涣散状态。在整党中，对于上述的“三种人”和其他各种错误严重、危害严重的人，必须严肃地作出组织处理。该开除党籍的就开除党籍，该给撤职或其他处分的就给这些处分，犯罪的还得法办。对于情节较轻的，要进行严肃的批评，并要他们作出认真的而不是敷衍的检讨，作出改正错误的切实保证。这是整党不走过场的最重要标志之一。

整党中需要作组织处理的，在全党，只是很少数。对大多数党员来说，是通过思想教育，增强党性。要使全党在思想上政治上和精神状态上有显著的进步，党员为人民服务而不谋私利的觉悟有显著的提高，党和群众的关系有显著的改善。要通过整党，使党内的批评和自我批评能经常开展。党内不论什么人，不论职务高低，都要能接受批评和进行自我批评。要通过整党，加强党的建设，实现党风的根本好转。每个党员、每个党员干部、每个党组织，都要对照党章进行检查，根据各自的具体情况，作出达到和坚持党章规定的合格标准的努力计划，并保证其实现。各级领导干部，特别是高级干部，更应该严格遵守党章、遵守《关于党内政治生活的若干准则》[25]，起模范作用。这是整党不走过场的又一个重要标志。

总之，我们一定要搞好这次整党，把我们党建设成为有战斗力的马克思主义政党，成为领导全国人民进行社会主义物质文明和精神文明建设的坚强核心。全党都下这个决心，事情就一定能办好。

第二个问题：思想战线不能搞精神污染。

思想战线范围很广，我现在主要说理论和文艺战线。几年来这两方面有很大的成绩。关于实践是检验真理唯一标准的讨论[8]，关于党的历史特别是建国以来历史的科学总结[26]，关于建设有中国特色的社会主义，关于经济和政治体制的改革，关于建设社会主义精神文明和加强共产主义、爱国主义思想教育，围绕这些，理论界做了许多研究、论证和宣传工作，发挥了积极的作用。在理论和学术的各个领域，许多同志辛勤劳动，做了大量有益的工作。文艺出现了空前的繁荣，在反映现实生活的深度和广度上，在艺术的表现力上，都有显著的进步。小说、报告文学、电影、电视剧、话剧、戏曲、诗歌、音乐、美术、舞蹈、曲艺等各个方面，都出了一批优秀作品。成绩是主要的，要充分肯定，这是毫无疑问的。

但是，理论界文艺界还有不少的问题，还存在相当严重的混乱，特别是存在精神污染的现象。今天想着重谈谈这方面的问题。

思想战线上的战士，都应当是人类灵魂工程师。在当前这个转变时期，在社会主义精神文明建设和整个社会主义建设事业中，他们在思想教育方面的责任尤其重大。十年内乱的消极后果和历史遗留的种种因素，新形势下出现的新的复杂问题，在人们的思想上引起各种反映，包括一部分模糊和错误的认识。作为灵魂工程师，应当高举马克思主义的、社会主义的旗帜，用自己的文章、作品、教学、讲演、表演，教育和引导人民正确地对待历史，认识现实，坚信社会主义和党的领导，鼓舞人民奋发努力，积极向上，真正做到有理想、有道德、有文化、守纪律，为伟大壮丽的社会主义现代化建设事业而英勇奋斗。大多数人正是在不同程度上这样做的。但是，一些人却同时代和人民对他们的要求背道而驰，用他们的不健康思想、不健康作品、不健康表演，来污染人们的灵魂。精神污染的实质是散布形形色色的资产阶级和其他剥削阶级腐朽没落的思想，散布对于社会主义、共产主义事业和对于共产党领导的不信任情绪。前年党中央召开了思想战线问题的座谈会，批评了某些资产阶级自由化倾向和领导上的软弱涣散现象，那个会收到了一些效果，但没有完全解决问题。领导上的软弱涣散状态仍然存在；资产阶级自由化倾向有的有所克服，有的没有克服，有的发展得更严重了。

有相当一部分理论工作者，对于社会主义现代化建设实践中提出的种种重大的理论问题缺乏兴趣，不愿意对现实问题进行调查和研究，表示要同现实保持距离，免得犯错误，或者认为没有学术价值。在对现实问题的研究中，也确实产生一些离开马克思主义方向的情况。有一些同志热衷于谈论人的价值、人道主义和所谓异化,他们的兴趣不在批评资本主义而在批评社会主义。人道主义作为一个理论问题和道德问题,当然是可以和需要研究讨论的。但是人道主义有各式各样,我们应当进行马克思主义的分析,宣传和实行社会主义的人道主义(在革命年代我们叫革命人道主义),批评资产阶级的人道主义。资产阶级常常标榜他们如何讲人道主义,攻击社会主义是反人道主义。我没有想到,我们党内有些同志也抽象地宣传起人道主义、人的价值等等来了。他们不了解,不但在资本主义社会,就是在社会主义社会,也不能抽象地讲人的价值和人道主义,因为我们的社会内部还有坏人,还有旧的社会渣滓和新的社会渣滓,还有反社会主义分子,还有外国和台湾的间谍。我们的人民生活水平和文化水平还不高,这也不能靠谈论人的价值和人道主义来解决,主要地只能靠积极建设物质文明和精神文明来解决。离开了这些具体情况和具体任务而谈人,这就不是谈现实的人而是谈抽象的人,就不是马克思主义的态度,就会把青年引入歧途。至于"异化",马克思在发现剩余价值规律以后,曾经继续用这个说法来描写资本主义社会中工人的雇佣劳动,意思是说工人的这种劳动是异己的,反对工人自己的,结果只是使资本家发财,使自己受穷。现在有些同志却超出资本主义的范围,甚至也不只是针对资本主义劳动异化的残余及其后果,而是说社会主义存在异化,经济领域、政治领域、思想领域都存在异化,认为社会主义在自己的发展中,由于社会主体自身的活动,不断产生异己的力量。他们还用克服这种所谓异化的观点来解释改革。这样讲,不但不可能帮助人们正确地认识和解决当前社会主义社会中出现的种种问题，也不可能帮助人们正确地认识和进行在社会主义社会中为技术进步、社会进步而需要不断进行的改革。这实际上只会引导人们去批评、怀疑和否定社会主义，使人们对社会主义、共产主义的前途失去信心，认为社会主义和资本主义一样地没有希望。既然如此，干社会主义还有什么意义呢！马克思主义要发展，社会主义理论要发展，要随着人类社会实践的发展和科学的发展而向前发展。但是，上面这样的观点，不是向前发展，而是向后倒退，倒退到马克思主义以前去了。人道主义和异化论，是目前思想界比较突出的问题。其他类似的问题还不少。比如宣传抽象民主，直至主张反革命言论也应当有发表的自由；把民主同党的领导对立起来，在党性和人民性的问题上提出违反马克思主义的说法，等等。有些同志至今对党提出坚持四项基本原则仍然抱怀疑态度。有一个时期，有少数同志认为，我们这个社会是不是社会主义社会，该不该或能不能实行社会主义，以至我们党是不是无产阶级政党，都还是问题。有些同志又认为，既然现在是社会主义阶段，“一切向钱看”就是必然的，正确的。这些错误的观点大都写成文章公然在报刊上发表，有些一直没有得到澄清。可见理论界的一部分同志思想混乱到什么程度。

文艺方面，近年来反映社会主义建设新生活的文学作品多了一些，这是值得欢迎的。但是，能够振奋人民和青年的革命精神，推动他们勇敢献身于祖国各个领域的建设和斗争，具有强大鼓舞力量的作品，除了报告文学方面比较多以外，其他方面也有，可是不能说多。一些人对党中央提出的文艺为人民服务，为社会主义服务的口号表示淡漠，对文艺的社会主义方向表示淡漠，对党和人民的革命历史和他们为社会主义现代化而奋斗的英雄业绩，缺少加以表现和歌颂的热忱，对社会主义事业中需要解决的问题，很少站在党的积极的革命的立场上提高群众的认识，激发他们的热情，坚定他们的信心。相反，他们却热心于写阴暗的、灰色的、以至胡编乱造、歪曲革命的历史和现实的东西。有些人大肆鼓吹西方的所谓“现代派”思潮，公开宣扬文学艺术的最高目的就是“表现自我”，或者宣传抽象的人性论、人道主义，认为所谓社会主义条件下人的异化应当成为创作的主题，个别的作品还宣传色情。这类作品虽然也不多，但是它们在一部分青年中产生的影响却不容忽视。许多文艺工作者忽视学习马克思主义，不深入群众建设新生活的斗争，有的党员也不积极参加党的生活，这是产生上述各种消极现象的重要原因。

“一切向钱看”的歪风，在文艺界也传播开来了，从基层到中央一级的表演团体，都有些演员到处乱跑乱演，不少人竟用一些庸俗低级的内容和形式去捞钱。很可惜，有些名演员、有些解放军的文艺战士，也被卷到里边去了。对于那些只顾迎合一部分观众的低级趣味，而不惜败坏社会主义文艺工作者光荣称号的人，广大群众表示愤慨是理所当然的。这种“一切向钱看”、把精神产品商品化的倾向，在精神生产的其他方面也有表现。有些混迹于艺术界、出版界、文物界的人简直成了唯利是图的商人。

对于现代西方资产阶级文化，我们究竟应当采取什么态度呢？经济上实行对外开放的方针，是正确的，要长期坚持。对外文化交流也要长期发展。经济方面我们采取两手政策，既要开放，又不能盲目地无计划无选择地引进，更不能不对资本主义的腐蚀性影响进行坚决的抵制和斗争。为什么在文化范围的交流，反倒可以让资本主义文化中对我们有害的东西畅行无阻呢？我们要向资本主义发达国家学习先进的科学、技术、经营管理方法以及其他一切对我们有益的知识和文化，闭关自守、故步自封是愚蠢的。但是，属于文化领域的东西，一定要用马克思主义对它们的思想内容和表现方法进行分析、鉴别和批判。西方如今仍然有不少正直进步的学者、作家、艺术家在进行各种严肃的有价值的著作和创作，他们的作品我们当然要着重介绍。但是，现在有些同志对于西方各种哲学的、经济学的、社会政治的和文学艺术的思潮，不分析、不鉴别、不批判，而是一窝蜂地盲目推崇。对于西方学术文化的介绍如此混乱，以至连一些在西方国家也认为低级庸俗或有害的书籍、电影、音乐、舞蹈以及录像、录音，这几年也输入不少。这种用西方资产阶级没落文化来腐蚀青年的状况，再也不能容忍了。

必须指出，无论在理论界或文艺界，主流还是好的或比较好的，搞精神污染的人只是少数。问题是对这少数人的错误言行缺乏有力的批评和必要的制止措施。精神污染的危害很大，足以祸国误民。它在人民中混淆是非界限，造成消极涣散、离心离德的情绪，腐蚀人们的灵魂和意志，助长形形色色的个人主义思想泛滥，助长一部分人当中怀疑以至否定社会主义和党的领导的思潮。四项基本原则的核心，就是社会主义制度和党的领导，这是我们立国和团结全国人民奋斗的根本。目前社会上的种种消极现象、歪风邪气、犯罪行为，以及一些人反社会主义的敌对活动，它们的产生有多方面的原因，当然不能都归咎于思想战线的混乱。但是，确实不能低估思想战线混乱造成的影响。不是都拥护实践是检验真理的唯一标准吗？一些同志应当看看他们的错误言论、有害作品、低级表演在人民、在青年中间产生了什么影响、什么后果嘛。一些正直的、友好的外国人士为此而替我们担心。当然也有人叫好。在大陆有人叫好，在台湾、香港和某些外国也有人叫好。奉劝这些同志在有人叫好的时候想一想：究竟是什么人站在什么立场上叫好，为了什么目的叫好，也用实践检验一下嘛。不要以为有一点精神污染不算什么，值不得大惊小怪。有的现象可能短期内看不出多大坏处。但是如果我们不及时注意和采取坚定的措施加以制止，而任其自由泛滥，就会影响更多的人走上邪路，后果就可能非常严重。从长远来看，这个问题关系到我们的事业将由什么样的一代人来接班，关系到党和国家的命运和前途。

必须大力加强党对思想战线的领导。党的十一届三中全会以来，特别是十二大，对于思想战线的指导方针是正确的、鲜明的，问题在于贯彻执行不力。从中央到地方，各级党委的主要负责人一定要重视理论界文艺界以及整个思想战线的情况、问题和工作。首先要认识目前问题的严重性，认识改变思想战线的领导软弱涣散状况的迫切必要性。有些同志对精神污染不闻不问，采取自由主义的态度，甚至认为是生动活泼，是"双百"方针〔27〕的体现。有些同志明知不对，但是不愿或不敢进行批评，怕伤了和气。这样下去不行。如同在整党中对于错误倾向和坏人坏事，必须采取坚决严肃认真的态度一样，对于造成思想混乱和精神污染的各种严重问题，也必须采取坚决严肃认真的态度，而且要一抓到底。解决思想战线混乱问题的主要方法，仍然是开展批评和自我批评。我们应当承认，在理论界和文艺界对一些错误倾向是进行了一些马克思主义的批评的，只是效果不够显著。一则批评本身的质量和分量不够，二则抵抗批评的气势很盛。批评不多，却常被称为"围攻"，被说成是"打棍子"。其实倒是批评者被围攻，而被批评者却往往受到同情和保护。一定要彻底扭转这种不正常的局面，使马克思主义的和社会主义、共产主义的宣传，特别是在一切重大理论性、原则性问题上的正确观点，在思想界真正发挥主导作用。现在有些错误观点自称是马克思主义的，有的则公然向马克思主义挑战。对此，马克思主义者应当站出来讲话。思想战线的共产党员，特别是这方面担负领导责任的和有影响的共产党员，必须站在斗争的前列。如果自己有错误，就要进行认真的自我批评，并且切实改正。谁要是坚持错误不肯改正，就不能担负思想工作的领导责任。所有共产党员都要增强党性，遵守党的章程和纪律。不管是什么专家、学者、作家、艺术家，只要是党员，都不允许自视特殊，认为自己在政治上比党高明，可以自行其是。解决这些问题，是这次整党对思想战线的党组织和党员的最重要要求。只要我们党真正加强马克思主义的领导，坚决克服软弱涣散的状态和自由主义态度，认真开展积极的思想斗争，思想战线的上述种种问题都可以解决，也不难解决。

我们这样做，有人会说，党的方针是不是变了，还要不要百花齐放、百家争鸣？党的方针没有变，"双百"方针还是要。但是把开展批评同"双百"方针对立起来，却是一种严重的误解或曲解。“双百”方针的目的是促进社会主义文化的繁荣。毛泽东同志说过:“真理是在同谬误作斗争中间发展起来的。马克思主义就是这样发展起来的。”〔28〕有些人把“双百”方针理解为鸣放绝对自由,甚至只让错误的东西放,不让马克思主义争。这还叫什么百家争鸣?这就把“双百”方针这个无产阶级的马克思主义的方针,歪曲为资产阶级的自由主义的方针了。毛泽东同志的《反对自由主义》,是一篇马克思主义的好文章。建议各级领导同志,特别是思想战线的同志认真学习一下,并且按照文章的精神办事。

我们在强调开展积极的思想斗争的时候,仍然要注意防止“左”的错误。过去那种简单片面、粗暴过火的所谓批判,以及残酷斗争、无情打击的处理方法,决不能重复。无论是开会发言、写文章,都要进行充分的说理和实事求是的科学分析。参加讨论和批评的人,首先要对讨论和批评的问题研究清楚,绝不能以偏概全,草木皆兵,不能以势压人,强词夺理。对有错误的同志,要采取与人为善的态度,给他们时间认真考虑,让他们进行合情合理、澄清论点和事实的答辩,尤其要欢迎和鼓励他们进行诚恳的自我批评。有了这种自我批评就好,不要揪住不放。批评或自我批评都要站在马克思主义立场上,不能站在“左”的立场上。对于思想理论方面“左”的错误观点,仍然需要继续进行批评和纠正。但是,应当明确指出,当前思想战线首先要着重解决的问题,是纠正右的、软弱涣散的倾向。

总之,加强党对思想战线的领导,克服软弱涣散的状态,已经成为全党的一个迫切的任务。不仅理论界文艺界,还有教育、新闻、出版、广播、电视、群众文化和群众思想政治工作等各个方面，都有类似的或其他的迫切需要解决的问题。整个思想战线的工作都需要加强。我们要把这个问题郑重地提到全党面前，提到中央和地方各级党委的重要议事日程上来。在工作重心转到经济建设以后，全党要研究如何适应新的条件，加强党的思想工作，防止埋头经济工作、忽视思想工作的倾向。各级党委，首先是党委主要负责同志，要密切注视和深入研究思想战线的形势和问题，采取切实有效的办法改进这条战线的工作。我建议中央政治局或中央书记处就党的思想战线的工作进行专门的讨论，系统地解决有关的方针、任务、措施、步骤等等问题。我相信，只要全党上下重视这项工作，抓紧这项工作，加上全面整党的展开，这方面的现状就一定会大大改观，社会主义思想文化更加繁荣昌盛的新局面就一定会出现。

# 稳定世界局势的新办法*

（一九八四年二月二十二日）

世界上有许多争端，总要找个解决问题的出路。我多年来一直在想，找个什么办法，不用战争手段而用和平方式，来解决这种问题。我们提出的大陆与台湾统一的方式是合情合理的。统一后，台湾仍搞它的资本主义，大陆搞社会主义，但是是一个统一的中国。一个中国，两种制度。香港问题也是这样，一个中国，两种制度。香港与台湾还有不同，香港是自由港。世界上的许多争端用类似这样的办法解决，我认为是可取的。否则始终顶着，僵持下去，总会爆发冲突，甚至武力冲突。如果不要战争，只能采取我上面讲的这类的方式。这样能向人民交代，局势可以稳定，并且是长期稳定，也不伤害哪一方。各位是研究国际问题的，请好好了解和研究一下我们对台湾、香港问题提出的解决方式。总要从死胡同里找个出路。

我还设想，有些国际上的领土争端，可以先不谈主权，先进行共同开发。这样的问题，要从尊重现实出发，找条新的路子来解决。

---

* 摘自邓小平同志会见美国乔治城大学战略与国际问题研究中心代表团时的谈话。

这是随便谈谈脑子里转的问题。有好多问题不能用老办法去解决,能否找个新办法?新问题就得用新办法。有些话不一定准确,可能考虑不周到,但是要把世界局势稳定下来,总要想些主意。我多次讲过,中国人不比世界上任何人更少关心和平和国际局势的稳定。中国需要至少二十年的和平,以便聚精会神地搞国内建设。

# 办好经济特区，增加对外开放城市*

（一九八四年二月二十四日）

最近，我专门到广东、福建，跑了三个经济特区〔29〕，还到上海，看了看宝钢，有了点感性认识。今天找你们来谈谈办好经济特区和增加对外开放城市的问题，请大家讨论一下。

我们建立经济特区，实行开放政策，有个指导思想要明确，就是不是收，而是放。

这次我到深圳一看，给我的印象是一片兴旺发达。深圳的建设速度相当快，盖房子几天就是一层，一幢大楼没有多少天就盖起来了。那里的施工队伍还是内地去的，效率高的一个原因是搞了承包制，赏罚分明。深圳的蛇口工业区更快，原因是给了他们一点权力，五百万美元以下的开支可以自己作主。他们的口号是“时间就是金钱，效率就是生命”。

特区是个窗口，是技术的窗口，管理的窗口，知识的窗口，

---

* 这是邓小平同志在视察广东、福建、上海等地回京后同几位中央负责同志谈话的一部分。他在视察期间写了一些题词。在深圳的题词是：“深圳的发展和经验证明，我们建立经济特区的政策是正确的。”在珠海的题词是：“珠海经济特区好。”在厦门的题词是：“把经济特区办得更快些更好些。”在宝钢的题词是：“掌握新技术，要善于学习，更要善于创新。”

也是对外政策的窗口。从特区可以引进技术，获得知识，学到管理，管理也是知识。特区成为开放的基地，不仅在经济方面、培养人才方面使我们得到好处，而且会扩大我国的对外影响。听说深圳治安比过去好了，跑到香港去的人开始回来，原因之一是就业多，收入增加了，物质条件也好多了，可见精神文明说到底是从物质文明来的嘛！

厦门特区地方划得太小，要把整个厦门岛搞成特区。这样就能吸收大批华侨资金、港台资金，许多外国人也会来投资，而且可以把周围地区带动起来，使整个福建省的经济活跃起来。厦门特区不叫自由港〔30〕，但可以实行自由港的某些政策，这在国际上是有先例的。只要资金可以自由出入，外商就会来投资。我看这不会失败，肯定益处很大。

除现在的特区之外，可以考虑再开放几个港口城市，如大连、青岛。这些地方不叫特区，但可以实行特区的某些政策。我们还要开发海南岛，如果能把海南岛的经济迅速发展起来，那就是很大的胜利。

中国发展经济从何着手？有位日本朋友提了两点建议。第一点，先把交通、通讯搞起来，这是经济发展的起点。第二点，实行高收入高消费的政策。后面这一点，我们国家情况有所不同，现在全国没有条件实行高收入高消费的政策。但如果将来沿海地区搞好了，经济发展了，有了条件，收入就可以高一点，消费就可以增加一点，这是合乎发展规律的。要让一部分地方先富裕起来，搞平均主义不行。这是个大政策，大家要考虑。

# 发展中日关系要看得远些*

（一九八四年三月二十五日）

去年我们两国领导人在东京作出了一个具有卓识远见的决策，就是把中日关系放在长远的角度来考虑，来发展。第一步放到二十一世纪，还要发展到二十二世纪、二十三世纪，要永远友好下去。这件事超过了我们之间一切问题的重要性。

看得远些广些，有利于我们之间的合作。这种合作不是只对一方有利，而是对双方、对两国、对两国人民都有利。中日关系发展到现在的水平，我们是满意的，我想我们双方都是满意的。我相信阁下也会同意，我们双方关系发展得还不足，两国的民间经济技术合作还很薄弱。我们欢迎贵国的大中小企业加强同我们的合作。我们希望日本政府对他们做一点工作，劝他们看得远一点。中国现在缺乏资金，有很多好的东西开发不出来。如果开发出来，可以更多地提供日本需要的东西。现在到中国来投资，对日本的将来最有利。

中国现在的情况总的是好的。这几年一直摆在我们脑子里的问题是，我们提出的到本世纪末翻两番的目标能不能实现，会不会落空？从提出到现在，五年过去了。从这五年看起

---

* 这是邓小平同志会见日本首相中曾根康弘时谈话的一部分。

来，这个目标不会落空。翻两番，国民生产总值人均达到八百美元，就是到本世纪末在中国建立一个小康社会。这个小康社会，叫做中国式的现代化。翻两番、小康社会、中国式的现代化，这些都是我们的新概念。

翻两番，分成前十年和后十年，前十年主要是为后十年的更快发展做准备。这种准备包括四个方面，一个是能源，一个是交通，一个是原材料，一个是智力。这需要大量的资金，我们很缺乏，所以必须坚持开放政策，欢迎国际资金的合作。

谈到我个人的经历，你在毛主席纪念堂的展览室里看到的那张有我在里面的照片是在巴黎照的，那时只有十九岁。我自从十八岁加入革命队伍，就是想把革命干成功，没有任何别的考虑，经历也是艰难的就是了。我一九二七年从苏联回国，年底就当中共中央秘书长，二十三岁，谈不上能力，谈不上知识，但也可以干下去。二十五岁领导了广西百色起义〔31〕，建立了红七军。从那时开始干军事这一行，一直到解放战争结束。建国以后我的情况你们就清楚了，也做了大官，也住了“牛棚”。你问我觉得最高兴的是什么？最痛苦的是什么？在我一生中，最高兴的是解放战争的三年。那时我们的装备很差，却都在打胜仗，这些胜利是在以弱对强、以少对多的情况下取得的。建国以后，成功的地方我都高兴。有些失误，我也有责任，因为我不是下级干部，而是领导干部，从一九五六年起我就当总书记。那时候我们中国挂七个人的像，我算是一个。所以，在“文化大革命”前，工作搞对的有我的份，搞错的也有我的份，不能把那时候的失误都归于毛主席。至于“文化大革命”，那是另外一回事。我一生最痛苦的当然是“文化大革命”的时候。其实即使在那个处境，也总相信问题是能够解决的。前几年外国朋友问我为什么能度过那个时期，我说没有别的，就是乐观主义。所以，我现在身体还可以。如果天天发愁，日子怎么过？粉碎“四人帮”以后，我出来工作，从一九七七年到现在是七年，我相信没有犯大错误。但究竟怎样，让历史去评价吧！

# 维护世界和平，搞好国内建设*

（一九八四年五月二十九日）

中国的对外政策，主要是两句话。一句话是反对霸权主义，维护世界和平，另一句话是中国永远属于第三世界。中国现在属于第三世界，将来发展富强起来，仍然属于第三世界。中国和所有第三世界国家的命运是共同的。中国永远不会称霸，永远不会欺负别人，永远站在第三世界一边。

现在世界上问题很多，有两个比较突出。一是和平问题。现在有核武器，一旦发生战争，核武器就会给人类带来巨大的损失。要争取和平就必须反对霸权主义，反对强权政治。二是南北问题〔16〕。这个问题在目前十分突出。发达国家越来越富，相对的是发展中国家越来越穷。南北问题不解决，就会对世界经济的发展带来障碍。解决这个问题当然要靠南北对话，我们主张南北对话。不过，单靠南北对话还不行，还要加强第三世界国家之间的合作，也就是南南合作〔15〕。第三世界国家相互交流，相互学习，相互合作，可以解决许多问题，前景是很好的。发达国家应该清楚地看到，第三世界国家经济不发展，发达国家的经济也不可能得到较大的发展。

---

* 这是邓小平同志会见巴西总统菲格雷多时谈话的一部分。

中国的对外政策是独立自主的，是真正的不结盟。中国不打美国牌，也不打苏联牌，中国也不允许别人打中国牌。中国对外政策的目标是争取世界和平。在争取和平的前提下，一心一意搞现代化建设，发展自己的国家，建设具有中国特色的社会主义。

现在中国还很穷，国民生产总值人均只有三百美元。我们的目标是，到本世纪末人均达到八百美元。八百美元对经济发达国家来说不算什么，但对中国来说，这是雄心壮志。它意味着到本世纪末，我国的国民生产总值达到一万亿美元。到那个时候，中国就会对人类有大一点的贡献。我国是社会主义国家，国民生产总值达到一万亿美元，日子就会比较好过。更重要的是，在这样一个基础上，再发展三十年到五十年，我们就可以接近发达国家的水平。总之，我们诚心诚意地希望不发生战争，争取长时间的和平，集中精力搞好国内的四化建设。

# 一个国家,两种制度*

（一九八四年六月二十二日、二十三日）

中国政府为解决香港问题所采取的立场、方针、政策是坚定不移的。我们多次讲过,我国政府在一九九七年恢复行使对香港的主权后,香港现行的社会、经济制度不变,法律基本不变,生活方式不变,香港自由港的地位和国际贸易、金融中心的地位也不变,香港可以继续同其他国家和地区保持和发展经济关系。我们还多次讲过,北京除了派军队以外,不向香港特区政府派出干部,这也是不会改变的。我们派军队是为了维护国家的安全,而不是去干预香港的内部事务。我们对香港的政策五十年不变,我们说这个话是算数的。

我们的政策是实行“一个国家,两种制度”,具体说,就是在中华人民共和国内,十亿人口的大陆实行社会主义制度,香港、台湾实行资本主义制度。近几年来,中国一直在克服“左”的错误,坚持从实际出发,实事求是,来制定各方面工作的政策。经过五年半,现在已经见效了。正是在这种情况下,我们才提出用“一个国家,两种制度”的办法来解决香港和台湾

* 这是邓小平同志分别会见香港工商界访京团和香港知名人士钟士元等的谈话要点。

问题。

“一个国家，两种制度”，我们已经讲了很多次了，全国人民代表大会已经通过了这个政策。有人担心这个政策会不会变，我说不会变。核心的问题，决定的因素，是这个政策对不对。如果不对，就可能变。如果是对的，就变不了。进一步说，中国现在实行对外开放、对内搞活经济的政策，有谁改得了？如果改了，中国百分之八十的人的生活就要下降，我们就会丧失人心。我们的路走对了，人民赞成，就变不了。

我们对香港的政策长期不变，影响不了大陆的社会主义。中国的主体必须是社会主义，但允许国内某些区域实行资本主义制度，比如香港、台湾。大陆开放一些城市，允许一些外资进入，这是作为社会主义经济的补充，有利于社会主义社会生产力的发展。比如外资到上海去，当然不是整个上海都实行资本主义制度。深圳也不是，还是实行社会主义制度。中国的主体是社会主义。

“一个国家，两种制度”的构想是我们根据中国自己的情况提出来的，而现在已经成为国际上注意的问题了。中国有香港、台湾问题，解决这个问题的出路何在呢？是社会主义吞掉台湾，还是台湾宣扬的“三民主义”吞掉大陆？谁也不好吞掉谁。如果不能和平解决，只有用武力解决，这对各方都是不利的。实现国家统一是民族的愿望，一百年不统一，一千年也要统一的。怎么解决这个问题，我看只有实行“一个国家，两种制度”。世界上一系列争端都面临着用和平方式来解决还是用非和平方式来解决的问题。总得找出个办法来，新问题就得用新办法来解决。香港问题的成功解决，这个事例可能为国际上许多问题的解决提供一些有益的线索。从世界历史来看，有哪个政府制定过我们这么开明的政策？从资本主义历史看，从西方国家看，有哪一个国家这么做过？我们采取“一个国家，两种制度”的办法解决香港问题，不是一时的感情冲动，也不是玩弄手法，完全是从实际出发的，是充分照顾到香港的历史和现实情况的。

要相信香港的中国人能治理好香港。不相信中国人有能力管好香港，这是老殖民主义遗留下来的思想状态。鸦片战争〔32〕以来的一个多世纪里，外国人看不起中国人，侮辱中国人。中华人民共和国建立后，改变了中国的形象。中国今天的形象，不是晚清政府、不是北洋军阀、也不是蒋氏父子〔21〕创造出来的。是中华人民共和国改变了中国的形象。凡是中华儿女，不管穿什么服装，不管是什么立场，起码都有中华民族的自豪感。香港人也是有这种民族自豪感的。香港人是能治理好香港的，要有这个自信心。香港过去的繁荣，主要是以中国人为主体的香港人干出来的。中国人的智力不比外国人差，中国人不是低能的，不要总以为只有外国人才干得好。要相信我们中国人自己是能干得好的。所谓香港人没有信心，这不是香港人的真正意见。目前中英谈判的内容还没有公布，很多香港人对中央政府的政策不了解，他们一旦真正了解了，是会完全有信心的。我们对解决香港问题所采取的政策，是国务院总理在第六届全国人民代表大会第二次会议的政府工作报告中宣布的，是经大会通过的，是很严肃的事。如果现在还有人谈信心问题，对中华人民共和国、对中国政府没有信任感，那末，其他一切都谈不上了。我们相信香港人能治理好香港，不能继续让外国人统治，否则香港人也是决不会答应的。

港人治港有个界线和标准，就是必须由以爱国者为主体的港人来治理香港。未来香港特区政府的主要成分是爱国者，当然也要容纳别的人，还可以聘请外国人当顾问。什么叫爱国者？爱国者的标准是，尊重自己民族，诚心诚意拥护祖国恢复行使对香港的主权，不损害香港的繁荣和稳定。只要具备这些条件，不管他们相信资本主义，还是相信封建主义，甚至相信奴隶主义，都是爱国者。我们不要求他们都赞成中国的社会主义制度，只要求他们爱祖国，爱香港。

到一九九七年还有十三年，从现在起要逐步解决好过渡时期问题。在过渡时期中，一是不要出现大的波动、大的曲折，保持香港繁荣和稳定；二是要创造条件，使香港人能顺利地接管政府。香港各界人士要为此作出努力。

# 建设有中国特色的社会主义*

（一九八四年六月三十日）

我们在粉碎"四人帮"以后，从党的十一届三中全会开始，制定了正确的思想路线、政治路线、组织路线和一系列的方针、政策。思想路线是什么？就是坚持马克思主义，坚持把马克思主义同中国实际相结合，也就是坚持毛泽东同志说的实事求是，坚持毛泽东同志的基本思想。坚持马克思主义对中国十分重要，坚持社会主义对中国也十分重要。中国自鸦片战争〔32〕以来的一个多世纪内，处于被侵略、受屈辱的状态，是中国人民接受了马克思主义，并且坚持走从新民主主义到社会主义的道路，才使中国的革命取得了胜利。

人们提出这样一个问题，如果中国不搞社会主义，而走资本主义道路，中国人民是不是也能站起来，中国是不是也能翻身？让我们看看历史吧。国民党搞了二十几年，中国还是半殖民地半封建社会，证明资本主义道路在中国是不能成功的。中国共产党人坚持马克思主义，坚持把马克思主义同中国实际结合起来的毛泽东思想，走自己的道路，也就是农村包围城市

* 这是邓小平同志会见第二次中日民间人士会议日方委员会代表团时谈话的一部分。

的道路，把中国革命搞成功了。如果我们不是马克思主义者，没有对马克思主义的充分信仰，或者不是把马克思主义同中国自己的实际相结合，走自己的道路，中国革命就搞不成功，中国现在还会是四分五裂，没有独立，也没有统一。对马克思主义的信仰，是中国革命胜利的一种精神动力。建国以后，我们从旧中国接受下来的是一个烂摊子，工业几乎等于零，粮食也不够吃，通货恶性膨胀，经济十分混乱。我们解决吃饭问题，就业问题，稳定物价和财经统一问题，国民经济很快得到恢复，在这个基础上进行了大规模经济建设。靠的是什么？靠的是马克思主义，是社会主义。人们说，你们搞什么社会主义！我们说，中国搞资本主义不行，必须搞社会主义。如果不搞社会主义，而走资本主义道路，中国的混乱状态就不能结束，贫困落后的状态就不能改变。所以，我们多次重申，要坚持马克思主义，坚持走社会主义道路。但是，马克思主义必须是同中国实际相结合的马克思主义，社会主义必须是切合中国实际的有中国特色的社会主义。

什么叫社会主义，什么叫马克思主义？我们过去对这个问题的认识不是完全清醒的。马克思主义最注重发展生产力。我们讲社会主义是共产主义的初级阶段，共产主义的高级阶段要实行各尽所能、按需分配，这就要求社会生产力高度发展，社会物质财富极大丰富。所以社会主义阶段的最根本任务就是发展生产力，社会主义的优越性归根到底要体现在它的生产力比资本主义发展得更快一些、更高一些，并且在发展生产力的基础上不断改善人民的物质文化生活。如果说我们建国以后有缺点，那就是对发展生产力有某种忽略。社会主义要消灭贫穷。贫穷不是社会主义,更不是共产主义。

在中国现在落后的状态下,走什么道路才能发展生产力,才能改善人民生活?这就又回到是坚持社会主义还是走资本主义道路的问题上来了。如果走资本主义道路,可以使中国百分之几的人富裕起来,但是绝对解决不了百分之九十几的人生活富裕的问题。而坚持社会主义,实行按劳分配的原则,就不会产生贫富过大的差距。再过二十年、三十年,我国生产力发展起来了,也不会两极分化。

我们的政治路线,是把四个现代化建设作为重点,坚持发展生产力,始终扭住这个根本环节不放松,除非打起世界战争。即使打世界战争,打完了还搞建设。我们提出四个现代化的最低目标,是到本世纪末达到小康水平。这是一九七九年十二月日本前首相大平正芳来访时我同他首次谈到的。所谓小康,从国民生产总值来说,就是年人均达到八百美元。这同你们相比还是低水平的,但对我们来说是雄心壮志。中国现在有十亿人口,到那时候十二亿人口,国民生产总值可以达到一万亿美元。如果按资本主义的分配方法,绝大多数人还摆脱不了贫穷落后状态,按社会主义的分配原则,就可以使全国人民普遍过上小康生活。这就是我们为什么要坚持社会主义的道理。不坚持社会主义,中国的小康社会形成不了。

现在的世界是开放的世界。中国在西方国家产业革命以后变得落后了,一个重要原因就是闭关自守。建国以后,人家封锁我们,在某种程度上我们也还是闭关自守,这给我们带来了一些困难。三十几年的经验教训告诉我们,关起门来搞建设是不行的,发展不起来。关起门有两种,一种是对国外;还有一种是对国内，就是一个地区对另外一个地区，一个部门对另外一个部门。两种关门都不行。我们提出要发展得快一点，太快不切合实际，要尽可能快一点，这就要求对内把经济搞活，对外实行开放政策。

从中国的实际出发，我们首先解决农村问题。中国有百分之八十的人口住在农村，中国稳定不稳定首先要看这百分之八十稳定不稳定。城市搞得再漂亮，没有农村这一稳定的基础是不行的。所以，我们首先在农村实行搞活经济和开放政策，调动了全国百分之八十的人口的积极性。我们是在一九七八年底制定这个方针的，几年功夫就见效了。不久前召开的第六届全国人民代表大会第二次会议决定，改革要从农村转到城市。城市改革不仅包括工业、商业，还有科技、教育等，各行各业都在内。总之，我们内部要继续改革，对外进一步开放。

我们开放了十四个沿海城市〔33〕，都是大中城市。我们欢迎外资，也欢迎国外先进技术，管理也是一种技术。这些会不会冲击我们的社会主义呢？我看不会的。因为我国是以社会主义经济为主体的。社会主义的经济基础很大，吸收几百亿、上千亿外资，冲击不了这个基础。吸收外国资金肯定可以作为我国社会主义建设的重要补充，今天看来可以说是不可缺少的补充。当然，这会带来一些问题，但是带来的消极因素比起利用外资加速发展的积极效果，毕竟要小得多。危险有一点，不大。

如果说构想，这就是我们的构想。我们还要积累新经验，还会遇到新问题，然后提出新办法。总的来说，这条道路叫做建设有中国特色的社会主义的道路。我们相信，这条道路是可行的，是走对了。走了五年半，发展得不错，速度超过了预期。这样发展下去，到本世纪末翻两番的目标一定能够实现。现在可以告诉朋友们，我们的信心增加了。

# 我们非常关注香港的过渡时期*

（一九八四年七月三十一日）

“一个国家，两种制度”的构想不是今天形成的，而是几年以前，主要是在我们党的十一届三中全会以后形成的。这个构想是从中国解决台湾问题和香港问题出发的。十亿人口大陆的社会主义制度是不会改变的，永远不会改变。但是，根据香港和台湾的历史和实际情况，不保证香港和台湾继续实行资本主义制度，就不能保持它们的繁荣和稳定，也不能和平解决祖国统一问题。因此，我们在香港问题上，首先提出要保证其现行的资本主义制度和生活方式，在一九九七年后五十年不变。

坦率地说，在香港问题上，我们非常关注十三年过渡时期，只要过渡时期安排好了，我们并不担心一九九七年后的事情。我们希望香港在过渡时期内，不要出现以下几种情况。

第一，希望不要出现动摇港币地位的情况。港币发行量究竟多少？港币信誉好是因为储备金雄厚，多于发行量，不能改变这种状态。

---

* 这是邓小平同志会见英国外交大臣杰弗里·豪时谈话的一部分。

第二，我们同意可以批出一九九七年后五十年内的土地契约，而且同意港英政府可以动用这种卖地收入，但希望用于香港的基本建设和土地开发，而不是用作行政开支。

第三，希望港英政府不要随意增加人员和薪金、退休金金额，那将会增加将来特别行政区政府的负担。

第四，希望港英政府不要在过渡时期中自搞一套班子，将来强加于香港特别行政区政府。

第五，希望港英政府劝说有关方面的人不要让英资带头转走资金。

我们希望过渡时期不出现问题，但必须准备可能会出现一些不以我们意志为转移的问题。今后中英两国要更好地合作。

现在中英两国政府关于香港问题的会谈基本上达成一致了。我很有信心，“一个国家，两种制度”是能够行得通的。这件事情会在国际上引起很好的反应，而且为世界各国提供国家间解决历史遗留问题的一个范例。我们提出“一个国家，两种制度”的构想，也考虑到解决国际争端应该采取什么办法。因为世界上这里那里有很多疙瘩，很难解开。我认为有些国际争端用这种办法解决是可能的。我们就是要找出一个能为各方所接受的方式，使问题得到解决。过去，好多争端爆发了，引起武力冲突。假如能够采取合情合理的办法，就可以消除爆发点，稳定国际局势。

# 在中华人民共和国成立三十五周年庆祝典礼上的讲话

（一九八四年十月一日）

中国人民解放军全体指战员同志们！

全国同胞们，同志们和朋友们！

在伟大的中华人民共和国成立三十五周年的这个光荣时刻，我向为进行社会主义现代化建设、为完成祖国统一大业、为保卫祖国安全而奋斗的同志们、同胞们、朋友们，致以最热烈的节日祝贺！

三十五年前，我国各族人民的伟大领袖毛泽东主席，在这里庄严宣布了中华人民共和国的成立。我们中国人从此站立起来了。三十五年来，我国不但完全结束了旧时代的黑暗历史，建立了社会主义社会，也改变了人类历史的进程。特别是中国共产党第十一届三中全会以来，由于彻底纠正了“四人帮”反革命集团的倒行逆施，恢复和发展了毛泽东同志的实事求是的思想路线，陆续实行了一系列适合新情况的重大政策，全国的面貌更是焕然一新。在全国实现安定团结、民主法制的基础上，我们把进行社会主义现代化建设放在一切工作的首位。我国的经济获得了空前的蓬勃发展，其他工作也都得到了公认的成就。今天，全国人民无不感到兴奋和自豪。

党的十二大[5]提出，到二〇〇〇年，我国的工农业年总产值，要比一九八〇年翻两番。最近几年的情况，表明这个宏伟目标是能够达到的。当前的主要任务，是要对妨碍我们前进的现行经济体制，进行有系统的改革。同时，要对全国现有的企业，进行有计划的技术改造。要大大加强科学技术研究工作，大大加强各级教育工作，以及全体职工和干部的教育工作。全党和全社会都要真正尊重知识，真正发挥知识分子的作用。这样，我们就一定会逐步实现现代化。

我国的对外政策是众所周知和持久不变的。我们坚决主张维护世界和平，缓和国际紧张局势，裁减军备，首先是裁减超级大国的核军备和其他军备，反对一切侵略和霸权主义。我国将长期实行对外开放，愿意在和平共处五项原则[14]的基础上，同世界一切国家建立、发展外交关系和经济文化关系。我们主张用谈判方式解决国际争端，如同我国和英国通过谈判解决香港问题一样。现在国际局势并不太平，我们必须巩固国防，中国人民解放军的全体指战员，务必时刻保持警惕，不断提高自己的军事政治素质，努力掌握应付现代战争的知识和能力。

我们主张对我国神圣领土台湾实行和平统一，有关的政策，也是众所周知和不会改变的，并且正在深入全中华民族的心坎。大势所趋，祖国迟早总是要和平统一的。希望全国各族同胞，包括港澳同胞、台湾同胞和海外侨胞，共同促进这一天早日到来。

伟大的中华人民共和国万岁！

伟大的中国共产党万岁！

伟大的中国人民解放军万岁！

全国各族人民大团结万岁！

# 保持香港的繁荣和稳定*

（一九八四年十月三日）

你们这么多人回来观礼，我非常高兴，我看香港一定有希望。这次回来观礼的，各行各业各界人士都有，各种不同政治观点的人也都来了。这说明大家都赞成中国恢复对香港行使主权，赞成中英两国政府所达成的协议〔34〕的内容。这就是说，我们有了一个共同的大前提，一个共同的目标，就是爱祖国，爱香港，在今后十三年和十三年以后保持香港的繁荣和稳定。大家共同努力，这个目标肯定可以实现。一九九七年以后，在座的六七十岁的人，那时精力就差些了，但在座的有很多年轻人，年轻人有优势。就我个人来说，我愿意活到一九九七年，亲眼看到中国对香港恢复行使主权。

现在有些人就是担心我们这些人不在了，政策会变。感谢大家对我们这些老头子的信任。今天我要告诉大家，我们的政策不会变，谁也变不了。因为这些政策见效、对头，人民都拥护。既然是人民拥护，谁要变人民就会反对。联合声明确定的内容肯定是不会变的。我们中央政府、中共中央即使在过去的动乱年代，在国际上说话也是算数的。讲信义是我们民族的传

---

* 这是邓小平同志会见港澳同胞国庆观礼团时谈话的主要部分。

统,不是我们这一代才有的。这也体现出我们古老大国的风度,泱泱大国嘛。作为一个大国有自己的尊严,有自己遵循的准则。我们在协议中说五十年不变,就是五十年不变。我们这一代不会变,下一代也不会变。到了五十年以后,大陆发展起来了,那时还会小里小气地处理这些问题吗?所以不要担心变,变不了。再说变也并不都是坏事,有的变是好事,问题是变什么。中国收回香港不就是一种变吗?所以不要笼统地说怕变。如果有什么要变,一定是变得更好,更有利于香港的繁荣和发展,而不会损害香港人的利益。这种变是值得大家欢迎的。如果有人说什么都不变,你们不要相信。我们总不能讲香港资本主义制度下的所有方式都是完美无缺的吧?即使资本主义发达国家之间相互比较起来也各有优缺点。把香港引导到更健康的方面,不也是变吗?向这样的方面发展变化,香港人是会欢迎的,香港人自己会要求变,这是确定无疑的。我们也在变。最大的不变是社会主义制度不变,而"一国两制"就是大变,农村政策就是大变。过几天我们要开中央全会,讨论城市改革,城市改革也是变,是翻天覆地的变化。问题是变好还是变坏。不要拒绝变,拒绝变化就不能进步。这是个思想方法问题。

再一个是有些人担心干预。不能笼统地担心干预,有些干预是必要的。要看这些干预是有利于香港人的利益,有利于香港的繁荣和稳定,还是损害香港人的利益,损害香港的繁荣和稳定。现在看起来,香港从现在到一九九七年会有秩序地度过十三年,十三年之后,会有秩序地度过五十年。这我是有信心的。但切不要以为没有破坏力量。这种破坏力量可能来自这个方面，也可能来自那个方面。如果发生动乱，中央政府就要加以干预。由乱变治，这样的干预应该欢迎还是应该拒绝？应该欢迎。所以事物都要加以具体分析。我还讲过十三年的过渡时期参与的问题，参与也是一种干预，当然这个参与不是北京方面参与，而是香港人参与，中央政府支持香港人参与。不能设想，到了一九九七年六月三十日，一夜之间换一套人马。如果那样，新班子换上来，什么都不熟悉，不就会造成动乱吗？即使不造成动乱，也会造成混乱。在过渡时期后半段的六七年内，要由各行各业推荐一批年轻能干的人参与香港政府的管理，甚至包括金融方面。不参与不行，不参与不熟悉情况。在参与过程中，就有机会发现、选择人才，以便于管理一九九七年以后的香港。参与者的条件只有一个，就是爱国者，也就是爱祖国、爱香港的人。一九九七年后在香港执政的人还是搞资本主义制度，但他们不做损害祖国利益的事，也不做损害香港同胞利益的事。所以不能笼统地反对参与，也不能笼统地反对干预。港人治港不会变。由香港人推选出来管理香港的人，由中央政府委任，而不是由北京派出。选择这种人，左翼的当然要有，尽量少些，也要有点右的人，最好多选些中间的人。这样，各方面人的心情会舒畅一些。处理这些问题，中央政府从大处着眼，不会拘泥于小节。

一个是怕变，一个是怕干预，还怕什么？有人说怕乱。乱就得干预，不只中央政府要干预，香港人也要干预。总会有人捣乱的，但决不要使他们成气候。

我跟英国人谈的时候，也讲了在过渡时期希望不要出现的几个问题。一个是英资带头往外撤，一个是港币发生大的波动。如果储备金用尽，港币贬值，就会发生动乱。过渡时期我们不过问储备金行吗？还有一个土地问题，如果把土地卖光用于行政开支，把负担转嫁给一九九七年以后的香港政府，不干预行吗？我给英国人讲了五条，他们表示愿意采取合作的态度。

我讲过中国有权在香港驻军。我说，除了在香港驻军外，中国还有什么能够体现对香港行使主权呢？在香港驻军还有一个作用，可以防止动乱。那些想搞动乱的人，知道香港有中国军队，他就要考虑。即使有了动乱，也能及时解决。

对于中英联合声明，我们不仅相信我们自己会遵守，也相信英国人会遵守，更相信香港同胞会遵守。但是应该想到，总会有些人不打算彻底执行。某种动乱的因素，捣乱的因素，不安定的因素，是会有的。老实说，这样的因素不会来自北京，却不能排除存在于香港内部，也不能排除来自某种国际力量。国际上对联合声明反应还是好的。要说变，人们议论的总是北京方面政策会不会变，没有想到其他方面会不会发生变。只要香港同胞团结起来，选择好的政治人物来管理香港，就不怕变，就可以防止乱。即使发生乱，也不会大，也容易解决。

一九九七年以后，台湾在香港的机构仍然可以存在，他们可以宣传“三民主义”，也可以骂共产党，我们不怕他们骂，共产党是骂不倒的。但是在行动上要注意不能在香港制造混乱，不能搞“两个中国”。他们都是中国人，我们相信，他们会站在我们民族的立场，维护民族的大局，民族的尊严。在这样的基础上，进行他们的活动，进行他们的宣传，在香港这种情况下是允许的。

总之，协议签订后会遇到很多新情况。我们过去讲过，要了解新情况，解决新问题，这就是新情况、新问题。坦率地讲，将来会出现什么问题，我们也不清楚，但问题出现了我们会合情合理地处理。上面讲的这些意见，请大家回去后，向香港各行各业五百万人做点解释工作。

我希望港澳同胞多到全国各地走一走，看看国家的面貌，看看国家的变化。我们不是有个口号叫"中华民族大团结万岁"吗？只要站在民族的立场上，维护民族的大局，不管抱什么政治观点，包括骂共产党的人，都要大团结。希望香港同胞团结一致，共同努力，维护香港的繁荣和稳定，为一九九七年政权顺利移交作出贡献。

# 我们的宏伟目标和根本政策*

（一九八四年十月六日）

在经济问题上，我是个外行，也讲了一些话，都是从政治角度讲的。比如说，中国的经济开放政策，这是我提出来的，但是如何搞开放，一些细节，一些需要考虑的具体问题，我就懂得不多了。今天谈这个问题，我也是从政治角度来谈。

我们确定了一个政治目标：发展经济，到本世纪末翻两番，国民生产总值按人口平均达到八百美元，人民生活达到小康水平。这个目标对发达国家来说是微不足道的，但对中国来说，是一个雄心壮志，是一个宏伟的目标。更为重要的是，在这个基础上，再发展三十年到五十年，力争接近世界发达国家的水平。实现我们的目标，不是很容易的。讲大话，讲空话，都不行，要有一系列正确的对内对外的方针和政策。党的十一届三中全会以来，我们确定了对内经济搞活、对外经济开放的政策，没有这样的政策不可能成功。

对内经济搞活，首先从农村着手。中国有百分之八十的人口在农村。中国社会是不是安定，中国经济能不能发展，首先

* 这是邓小平同志会见参加中外经济合作问题讨论会全体中外代表时的谈话。

要看农村能不能发展，农民生活是不是好起来。翻两番，很重要的是这百分之八十的人口能不能达到。现在看，一系列新的农村政策是成功的。过去农村很困难，现在可以说绝大多数的人能够吃饱，能够穿得比较好，居住情况有了很大的改善。农村政策见效很快，增加了我们的信心，对我们确定翻两番的目标是一个鼓励。

这几年进行的农村的改革，是一种带革命意义的改革。与此同时，我们开始了城市改革的试验。当然，农村这一套不能完全搬到城市，因为城市比农村复杂得多，它包括工业、商业、服务业，还包括科学、教育、文化等领域。即将召开的党的十二届三中全会〔35〕的主题，就是城市和整个经济体制的改革。这意味着中国将出现全面改革的局面。农村改革经过三年就见成效。城市改革大体上也要三年至五年才能够看到显著的变化。农村改革的经验使我们相信城市改革能够搞好。同时，我们也意识到，由于城市改革的复杂性，可能会出些差错。但这影响不了大局，我们是走一步看一步，有不妥当的地方，改过来就是了。总之，遵循一个原则，就是实事求是。我们相信，城市改革也会成功，党的十二届三中全会将在中国的历史发展中写上很重要的一笔。

我们在制定对内经济搞活这个方针的同时，还提出对外经济开放。总结历史经验，中国长期处于停滞和落后状态的一个重要原因是闭关自守。经验证明，关起门来搞建设是不能成功的，中国的发展离不开世界。当然，像中国这样大的国家搞建设，不靠自己不行，主要靠自己，这叫做自力更生。但是，在坚持自力更生的基础上，还需要对外开放，吸收外国的资金和技术来帮助我们发展。这种帮助不是单方面的。中国取得了国际的特别是发达国家的资金和技术,中国对国际的经济也会做出较多的贡献。几年来中国对外贸易的发展,就是一个证明。所以我们说,帮助是相互的,贡献也是相互的。

对内经济搞活,对外经济开放,这不是短期的政策,是个长期的政策,最少五十年到七十年不会变。为什么呢?因为我们第一步是实现翻两番,需要二十年,还有第二步,需要三十年到五十年,恐怕是要五十年,接近发达国家的水平。两步加起来,正好五十年至七十年。到那时,更不会改变了。即使是变,也只能变得更加开放。否则,我们自己的人民也不会同意。

我们希望所有的外国企业家、专家进一步认识到,帮助中国的发展,对世界有利。现在中国对外贸易额占世界贸易额的比例很小。如果我们能够实现翻两番,对外贸易额就会增加许多,中国同外国的经济关系就发展起来了,市场也发展了。所以,从世界的角度来看,中国的发展对世界和平和世界经济的发展有利。西方政治家要清楚,如果不帮助发展中国家,西方面临的市场问题、经济问题,也难以解决。经济上的开放,不只是发展中国家的问题,恐怕也是发达国家的问题。现在世界上占总人口四分之三的地区是发展中国家,还谈不上是重要市场。世界市场的扩大,如果只在发达国家中间兜圈子,那是很有限度的。

我们希望国际工商界人士,从世界角度来考虑同中国的合作。这几年的合作是不错的,需要的是发展这种合作。为了便于广泛接触,中国国际信托投资公司可以作为中国在实行对外开放中的一个窗口。请大家相信,中国在处理对外经济合作的一些细节问题上，不是小手小脚的。我们现在有些法律规定还不完备，因为没有经验，以后会逐渐完备的。有的朋友担心风险太大，合作中如有风险，我们共同承担。还有的提出企业的合作期限问题，如果技术确实先进，可以适当延长。总之，为了发展中外的经济合作，中国要创造条件，发达国家的经济界也要创造条件，首先的一条就是不要怕冒风险，不必担心我们的政策会变，胆子放大一些，合作的步子更快一些。历史最终会证明，帮助了我们的人，得到的利益不会小于他们对我们的帮助。至于政治上战略上的意义就更大了。

# 我们把改革当作一种革命*

（一九八四年十月十日）

中国现在发生的变化主要是从一九七八年底开始的，我指的是我们党的十一届三中全会〔9〕。那次全会总结了历史经验，决定了一系列拨乱反正的政策。其实，拨乱反正在一九七五年就开始了。那时我主持中央党政工作，提出了一系列整顿措施〔36〕，每整顿一项就立即见效，非常见效。这些整顿实际上是同"文化大革命"唱反调，触怒了"四人帮"。他们又一次把我轰下了台。粉碎"四人帮"以后还有两年徘徊，因为当时中央主要领导人搞"两个凡是"〔7〕，继续肯定"文化大革命"。以十一届三中全会为标志，才真正发生变化，到现在快六年了。这六年来发生的变化，确实比预料的要好。我们首先解决农村政策问题，搞联产承包责任制，搞多种经营，提倡科学种田，农民有经营管理的自主权。这些政策很见效，三年农村就发生了显著变化。一九七八年开的是十一届三中全会，过几天我们要开十二届三中全会〔35〕，这将是一次很有特色的全会。前一次三中全会重点在农村改革，这一次三中全会则要转到城市改革，包括工业、商业和其他行业的改革，可以说是全面的改革。无

---

* 这是邓小平同志会见联邦德国总理科尔时谈话的一部分。

论是农村改革还是城市改革，其基本内容和基本经验都是开放，对内把经济搞活，对外更加开放。虽然城市改革比农村复杂，但是有了农村改革的成功经验，我们对城市改革很有信心。农村改革三年见效，城市改革时间要长一些，三年五载也会见效。十二届三中全会的决议公布后，人们就会看到我们全面改革的雄心壮志。我们把改革当作一种革命，当然不是“文化大革命”那样的革命。

一九七四年你来访问，我们曾经谈到战争危险，现在我们对这个问题的看法有一点变化。我们感到战争危险仍然存在，仍要提高警惕，但防止新的世界战争爆发的因素在增长。我们的对外政策是反对霸权主义、维护世界和平。在这个总政策下，改善同美国和苏联的关系。目前在改善同美国的关系方面有实际进展。同苏联，在坚持原则的前提下也争取发展关系。更重要的是加强同第三世界的合作，还有同欧洲、日本发展关系，加强合作。中国是一支和平力量，这一点很重要。中国最不希望发生战争。中国太穷，要发展自己，只有在和平的环境里才有可能。要争取和平的环境，就必须同世界上一切和平力量合作。

# 在中央顾问委员会第三次全体会议上的讲话

（一九八四年十月二十二日）

我觉得现在我们的中央是个成熟的中央，各种问题都处理得比较妥善，有条不紊。现在外国报刊都是讲我在里边起了什么作用。有作用，主意出了一点，但主要的工作，繁重的事情，是别的同志做的。比如《关于经济体制改革的决定》[35]，前天中央委员会通过这个决定的时候我讲了几句话，我说我的印象是写出了一个政治经济学的初稿，是马克思主义基本原理和中国社会主义实践相结合的政治经济学，我是这么个评价。这两天国内外对这个决定反应很强烈，都说是有历史意义的。这个文件，我没有写一个字，没有改一个字，但确实很好。实际情况就是这样。所以，不要宣扬我起的作用有什么特别了不起，因为宣扬过分会带来一个问题，就是说，邓某人不在了政策要变。现在国际上就担心这个问题嘛。

我们要向世界说明，我们现在制定的这些方针、政策、战略，谁也变不了。为什么？因为实践证明现在的政策是正确的，是行之有效的。人民生活确实好起来了，国家兴旺发达起来了，国际信誉高起来了，这是最大的事情。改变现在的政策，国家要受损失，人民要受损失，人民不会赞成，首先是八亿农民不会赞成。农村政策一变，他们的生活水平马上就会降低。现在农村还有几千万人温饱问题没有完全解决，不过也比过去好多了。毕竟全国绝大多数地方好起来了，国家可以腾出手来帮助少数贫困地方发展起来。中央对此已有部署。不仅是国家，还有那些好起来了的地方也可以帮助，问题不难解决。所以，从我们自己的实践看，不但我们这一代不能变，下一代，下几代，都不能变，变不了。

最近时期，我总跟外宾谈变不了，我们现行政策的连续性是可靠的。不过，他们还不大相信。这是个很大的问题，我是意识到这个问题的。所以，我的工作方法是尽量少做工作。它的好处就是：第一，可以多活几岁。第二，让年轻一些的同志多做工作，他们精力充沛，比我做得更好。我希望逐步过渡到完全不做工作但身体还是好的，那样我就完成任务了。现在看来还得做点事。去年我只做了一件事：打击刑事犯罪分子。今年做了两件事：一件是进一步开放沿海十四个城市〔33〕，还有一件是用"一国两制"的方式解决香港问题。其他事都是别人做的。

"一国两制"是从中国的实际提出的，中国面临一个香港问题，一个台湾问题。解决问题只有两个方式：一个是谈判方式，一个是武力方式。用和平谈判的方式来解决，总要各方都能接受，香港问题就要中国和英国，加上香港居民都能接受。什么方案各方都能接受呢？就香港来说，用社会主义去改变香港，就不是各方都能接受的。所以要提出"一国两制"。

两年前撒切尔夫人〔37〕来谈，当时她坚持历史上的条约按国际法仍然有效，一九九七年后英国要继续管理香港。我跟她说，主权问题是不能谈判的，中国一九九七年要收回整个香港。至于用什么方式收回，我们决定谈判。我说谈判要两年，太短了不行，但是不迟于两年必须解决这个问题，到时候中国要正式宣布一九九七年收回香港。结果真的是谈了两年。开始她提出谈判的题目就是一个归属问题。我说是三个问题：第一个是主权问题，总要双方就香港归还中国达成协议；第二个是一九九七年我们恢复行使主权之后怎么样管理香港，也就是在香港实行什么样的制度的问题；第三个是十五年过渡期间的安排问题，也就是怎样为中国恢复行使主权创造条件。她同意谈这些问题。两年谈判，差不多一年多的时间是拖在归属和主权问题上，她没有让。当时我还跟她说，如果在十五年的过渡期间香港发生意外的事情，发生动乱，中英双方根本谈不拢，中国将重新考虑收回香港的时间和方式。所以，解决香港问题，我们的调子就是那时定下来的，以后实际上就是按这个调子走的。

香港问题为什么能够谈成呢？并不是我们参加谈判的人有特殊的本领，主要是我们这个国家这几年发展起来了，是个兴旺发达的国家，有力量的国家，而且是个值得信任的国家，我们是讲信用的，我们说话是算数的。粉碎“四人帮”以后，主要是党的十一届三中全会以后，五年多的时间确实发生了非常好的变化。我们国家的形象变了，国内的人民看清了这一点，国际上也看清了这一点。我们可以自豪，当然自豪同骄傲是两回事，骄傲不得，说大话也不行，毕竟我们还落后。但是，我们确实很有希望，从香港问题的解决就反映出来了。当然，香港问题能够解决好，还是由于“一国两制”的根本方针或者说战略搞对了，也是中英双方共同努力的结果。

香港问题的解决会直接影响到台湾问题。解决台湾问题要花时间，太急了不行。现在我们的方针还是以国民党当政者为谈判的对手。这一点，台湾的人有一种反映，说我们不重视台湾人民。最近国务院总理在国庆招待会上的讲话中，在“台湾当局”后面加了一句“和各界人士”，这是我加的。就是说，台湾问题接触面要宽，除了以国民党当局、以蒋经国〔21〕为对手外，要广泛开展工作面。我们过去做了一些，现在更要有计划地安排。在台湾问题上，美国的政策就是把住不放，这个我们看准了。两三年来，我们一直批评美国的霸权主义，批评他把台湾当作他的一艘“永不沉没的航空母舰”。美国也有一部分人赞成台湾和我们统一，但不占主导地位。卡特〔38〕在位的时候，承诺从台湾撤军，同时又通过了一个《与台湾关系法》〔39〕，这个《与台湾关系法》就是干涉中国内政。所以，一个台湾方面的工作，一个美国方面的工作，都要花时间。

用“一国两制”的方式解决台湾问题，美国应该是能够接受的，台湾也应该是能够接受的。蒋经国提出用“三民主义”统一中国，这现实吗？你那个“三民主义”在中国搞了二十二年，一九二七年到一九四九年，中国搞成了什么样子？“中国人站起来了”，是什么时候站起来的？是一九四九年。使中国人站起来的，不是蒋介石，而是共产党，是社会主义。“一国两制”的方式，你不吃掉我，我不吃掉你，这不很好吗？最近一个外国人问我，解决台湾问题的政策是不是同对香港的一样？我说更宽。所谓更宽，就是除了解决香港问题的这些政策可以用于台湾以外，还允许台湾保留自己的军队。我们坚持谋求用和平的方式解决台湾问题，但是始终没有放弃非和平方式的可能性，我们不能作这样的承诺。如果台湾当局永远不同我们谈判，怎么办？难道我们能够放弃国家统一？当然，绝不能轻易使用武力，因为我们精力要花在经济建设上，统一问题晚一些解决无伤大局。但是，不能排除使用武力，我们要记住这一点，我们的下一代要记住这一点。这是一种战略考虑。

我跟外宾谈话时还提出：解决国际争端，要根据新情况、新问题，提出新办法。“一国两制”，是从我们自己的实际提出来的，但是这个思路可以延伸到某些国际问题的处理上。好多国际争端，解决不好会成为爆发点。我说是不是有些可以采取“一国两制”的办法，有些还可以用“共同开发”的办法。“共同开发”的设想，最早也是从我们自己的实际提出来的。我们有个钓鱼岛问题，还有个南沙群岛问题。我访问日本的时候，在记者招待会上他们提出钓鱼岛问题，我当时答复说，这个问题我们同日本有争议，钓鱼岛日本叫尖阁列岛，名字就不同。这个问题可以把它放一下，也许下一代人比我们更聪明些，会找到实际解决的办法。当时我脑子里在考虑，这样的问题是不是可以不涉及两国的主权争议，共同开发。共同开发的无非是那个岛屿附近的海底石油之类，可以合资经营嘛，共同得利嘛。不用打仗，也不要好多轮谈判。南沙群岛，历来世界地图是划到中国的，属中国，现在除台湾占了一个岛以外，菲律宾占了几个岛，越南占了几个岛，马来西亚占了几个岛。将来怎么办？一个办法是我们用武力统统把这些岛收回来；一个办法是把主权问题搁置起来，共同开发，这就可以消除多年积累下来的问题。这个问题迟早要解决。世界上这类的国际争端还不少。

我们中国人是主张和平的，希望用和平方式解决争端。什么样的和平方式？“一国两制”，“共同开发”。同我谈话的外宾，都说这是一个新的思想，很有意思。

再讲讲国内问题吧。我开头就讲了，现在我们的中央是有秩序地很好地在进行工作。整个的形势很好，《关于经济体制改革的决定》不是说安定团结的政治局面更加巩固吗？确实是这样。想想我们党的整个历史时期，有多少时间有这么好的政治局势？我在同外国人谈话时，讲了一句大胆的话：现在看翻两番肯定能够实现。这个话，我们过去是不敢讲的，只是讲翻两番有可能实现，但是要花很大的力气。经过四年的时间，“六五”计划的主要生产指标三年完成，今年的计划也将超额完成。过去说，如果前十年平均增长速度能够达到百分之六点五，二十年平均增长速度能够达到百分之七点二，翻两番的目标就能够实现。看来我们前十年的势头可能超过百分之七点二，因为前三年已经接近百分之八了。

翻两番的意义很大。这意味着到本世纪末，年国民生产总值达到一万亿美元。从总量说，就居于世界前列了。这一万亿美元，反映到人民生活上，我们就叫小康水平；反映到国力上，就是较强的国家。因为到那时，如果拿国民生产总值的百分之一来搞国防，就是一百亿，要改善一点装备容易得很。据说苏联是百分之二十的国民生产总值用于国防，为什么他翻不起身来，就是负担太沉重。一百亿美元能够办很多事情，如果用于科学教育，就可以开办好多大学，普及教育也就可以用更多的力量来办了。智力投资应该绝不止百分之一。现在我们是捉襟见肘，要增加一点教育经费、科研经费，困难得很。至于人民生活，到本世纪末达到小康水平，比现在要好得多。去年我到苏州，苏州地区的工农业年总产值已经接近人均八百美元。我了解了一下苏州的生活水平。在苏州，第一是人不往上海、北京跑，恐怕苏南大部分地方的人都不往外地跑，乐于当地的生活；第二，每个人平均二十多平方米的住房；第三，中小学教育普及了，自己拿钱办教育；第四，人民不但吃穿问题解决了，用的问题，什么电视机，新的几大件，很多人也都解决了；第五，人们的精神面貌有了很大的变化，什么违法乱纪、犯罪行为大大减少。还有别的，我也记不清了。这几条就了不起呀！现在我们还要不断地打击刑事犯罪分子，真正到了小康的时候，人的精神面貌就不同了。物质是基础，人民的物质生活好起来，文化水平提高了，精神面貌会有大变化。我们对刑事犯罪活动的打击是必要的，今后还要继续打击下去，但是只靠打击并不能解决根本的问题，翻两番、把经济搞上去才是真正治本的途径。当然我们总还要做教育工作，人的工作，那是永远不能少的。但经济发展是个基础，在这个基础上工作就好做了。如果实现了翻两番，那时会是个什么样的政治局面？我看真正的安定团结是肯定的。国家的力量真正是强大起来了，中国在国际上的影响也会大大不同了。所以要埋头苦干，艰苦奋斗。从现在到二〇〇〇年，还有十六年，好好地干，一心一意地干。

翻两番还有个重要意义，就是这是一个新的起点。再花三十年到五十年时间，就可以接近经济发达国家的水平。不是说制度，是说生产、生活水平。这是可能的，是可以看得见、摸得着的东西。要达到这个新的目标，离开对外开放政策不可能。

现在我国的对外贸易额是四百多亿美元吧?这么一点进出口，就能实现翻两番呀？我国年国民生产总值达到一万亿美元的时候，我们的产品怎么办？统统在国内销？什么都自己造？还不是要从外面买进来一批，自己的卖出去一批？所以说，没有对外开放政策这一着，翻两番困难，翻两番之后再前进更困难。外国人担心我们的开放政策会变，我说不会变。我说我们的奋斗目标，本世纪末这是一个阶段，还有第二个目标，要再花三十年到五十年达到，打慢一点，算五十年吧，五十年离不开开放政策。因为现在任何国家要发达起来，闭关自守都不可能。我们吃过这个苦头，我们的老祖宗吃过这个苦头。恐怕明朝明成祖〔40〕时候，郑和下西洋〔41〕还算是开放的。明成祖死后，明朝逐渐衰落。以后清朝康乾时代〔42〕，不能说是开放。如果从明朝中叶算起，到鸦片战争〔32〕，有三百多年的闭关自守，如果从康熙算起，也有近二百年。长期闭关自守，把中国搞得贫穷落后，愚昧无知。中华人民共和国建立以后，第一个五年计划时期是对外开放的，不过那时只能是对苏联东欧开放。以后关起门来，成就也有一些，总的说来没有多大发展。当然这有内外许多因素，包括我们的错误。历史经验教训说明，不开放不行。开放伤害不了我们。我们的同志就是怕引来坏的东西，最担心的是会不会变成资本主义。恐怕我们有些老同志有这个担心。搞了一辈子社会主义、共产主义，忽然钻出个资本主义来，这个受不了，怕。影响不了的，影响不了的。肯定会带来一些消极因素，要意识到这一点，但不难克服，有办法克服。你不开放，再来个闭关自守，五十年要接近经济发达国家水平，肯定不可能。按照现在开放的办法，到国民生产总值人均几千美元的时候，我们也不会产生新资产阶级。基本的生产资料归国家所有，归集体所有，就是说归公有。国家富强了，人民的物质、文化生活水平提高了，而且不断提高，这有什么坏处！在本世纪内最后的十六年，无论怎么样开放，公有制经济始终还是主体。同外国人合资经营，也有一半是社会主义的。合资经营的实际收益，大半是我们拿过来。不要怕，得益处的大头是国家，是人民，不会是资本主义。还有的事情用不着急于解决。前些时候那个雇工问题，相当震动呀，大家担心得不得了。我的意见是放两年再看。那个能影响到我们的大局吗？如果你一动，群众就说政策变了，人心就不安了。你解决了一个“傻子瓜子”〔43〕，会牵动人心不安，没有益处。让“傻子瓜子”经营一段，怕什么？伤害了社会主义吗？

这次经济体制改革的文件好，就是解释了什么是社会主义，有些是我们老祖宗没有说过的话，有些新话。我看讲清楚了。过去我们不可能写出这样的文件，没有前几年的实践不可能写出这样的文件。写出来，也很不容易通过，会被看作“异端”。我们用自己的实践回答了新情况下出现的一些新问题。不是说四个坚持吗？这是真正坚持社会主义，否则是“四人帮”的“宁要社会主义的草，不要资本主义的苗”。解放思想，我们老同志有这个任务。这次的好处是，中央委员会、中央顾问委员会、中央纪律检查委员会三个委员会的同志都赞成这个文件，看到了现在发布这个纲领性文件的必要性和重要性。这是个好的文件。

这个文件一共十条，最重要的是第九条，当然其他各条也都是非常重要的。第九条，概括地说就是“尊重知识，尊重人才”八个字，事情成败的关键就是能不能发现人才，能不能用人才。说具体点，现在有些五十多岁的同志很不错，但五十几岁的人再过十年就六十几岁了，所以要大胆起用中青年干部。特别是陈云〔44〕同志讲要选拔三四十岁的年轻人，这个意见很好。这些年轻人选拔上来以后，可以干得久一些。他们现在经验不够，过两年经验就够了；现在不称职，过两年就可能称职了。他们脑筋比较活。整党明年就要推进到基层，到各单位各企业，这是一件非常了不起的工作，成功不成功就看我们能够不能够发现一批年轻人。因为到了本世纪末，现在三十岁的，那时是四十几；现在四十岁的，那时也才五十几。我们老同志在这个问题上要多顾多问。这方面可要解放思想呀，不解放思想不行啦！要说服老一点的同志把位子腾出来，要不然年轻干部没有位子呀。整个形势是安定团结的，要说疙瘩比较多的，解决得不够好的，是在这个问题上。其他方面出这个那个毛病不要紧，但是这个问题不解决好，将来要出大问题，要犯大错误。请年纪大一些的同志腾出位子来不容易呀，但是这件事我们必须办，这条路我们必须走。两年前我就说过，我希望带头退休。顾问委员会一成立，我就说这是过渡形式，归根到底还是要建立退休制度。因为位子就那么多，还要精兵简政，老的不腾出位子，年轻的上不了，事业怎么能兴旺发达。这一点，也要学发达国家，有些第三世界国家解决得也比较好。最近我听人讲，好多国家大部分部长是三十几岁，也有岁数大一些的，但比较少。总理岁数可能比较大，一般也是五十多岁。我们刚进城的时候是年轻的，我是四十五岁，好多同志比我还年轻一些。一九二七年底我第一次当中央秘书长时二十三岁，也是大官啦，啥也不懂，也可以呀！总之，选拔年轻干部是我们顾问委员会的一个重要责任。

# 革命和建设都要走自己的路*

（一九八四年十月二十六日）

中国是个大国，又是个小国。所谓大国就是人多，土地面积大。所谓小国就是中国还是发展中国家，还比较穷，国民生产总值人均不过三百美元。中国是名副其实的小国，但是又可以说中国是名副其实的大国。联合国安全理事会常任理事国，中国算一个。中国这一票是第三世界的，是名副其实地属于第三世界不发达国家的。我们多次讲过，中国属于第三世界，将来发展起来了，还是属于第三世界，永远不做超级大国。

中国的经济发展水平现在还比较低，同我们这样一个人多地大的国家的地位不相称。我们建国三十五年来取得的成就是大的。但是中间经过一些波折，耽误了一些时间。最大的波折是“文化大革命”。如果没有这些波折，中国的面貌肯定不一样了。最近六年来，我们改变了过去一些“左”的政策。现在我们一心一意地搞经济建设。六年中，我们取得的成就超过了预想。看来，我们确定的在本世纪末国民生产总值达到人均八百美元的目标是可以实现的。为了使中国发展起来，实现我们的宏伟目标，需要一个和平的国际环境。我们是热爱和平的。

---

* 这是邓小平同志会见马尔代夫总统加尧姆时谈话的要点。

最近，我们党的十二届三中全会[35]通过了《关于经济体制改革的决定》。现在经济体制的改革重点在城市。城市的改革比农村的改革复杂得多。改革中，可能会出现这样那样的小毛病，但是不要紧。再过三年五年，可以证明我们中央全会通过的决定是正确的。如果按照决定所制定的方针走下去，我国的经济发展速度可以加快。

我们取得的成就，如果有一点经验的话，那就是这几年来重申了毛泽东同志提倡的实事求是的原则。中国革命的成功，是毛泽东同志把马克思列宁主义同中国的实际相结合，走自己的路。现在中国搞建设，也要把马克思列宁主义同中国的实际相结合，走自己的路。六年来，中国农村就是根据这样的原则，走自己的路，取得成功的。最近通过的以城市为重点的改革的决定，也是把马克思列宁主义的基本原理同中国实际相结合，走自己的路。这是我们吃了苦头总结出来的经验。今后我们可能还会犯错误。但是，第一不能犯大错误，第二发现不对就赶快改。

# 和平共处原则具有强大生命力*

（一九八四年十月三十一日）

国际上有两大问题非常突出，一个是和平问题，一个是南北问题〔16〕。还有其他许多问题，但都不像这两个问题关系全局，带有全球性、战略性的意义。现在世界上北方发达、富裕，南方不发达、贫困，而且相对地说，富的愈来愈富，穷的愈来愈穷。南方要改变贫困和落后，北方也需要南方发展。南方不发展，北方还有什么市场？资本主义发达国家遇到的最大问题是发展速度问题，再发展问题。所以，南南合作〔15〕还有一个意义，可以推动南北合作。

处理国与国之间的关系，和平共处五项原则〔14〕是最好的方式。其他方式，如“大家庭”方式，“集团政治”方式，“势力范围”方式，都会带来矛盾，激化国际局势。总结国际关系的实践，最具有强大生命力的就是和平共处五项原则。

现在进一步考虑，和平共处的原则用之于解决一个国家内部的某些问题，恐怕也是一个好办法。根据中国自己的实践，我们提出“一个国家，两种制度”的办法来解决中国的统一

---

* 这是邓小平同志会见缅甸总统吴山友时谈话的要点。

问题，这也是一种和平共处。我们解决香港问题，允许香港保留资本主义制度，五十年不变。解决台湾问题也是这个原则。台湾跟香港不同，还可以保留军队。台湾当局提出要以“三民主义”统一中国，至少是太缺乏现实感了。能用一千几百万人口的台湾的现行制度来统一十亿人口的大陆吗？我们曾多次劝台湾当局，不要这样想，要搞一个你不吃掉我、我也不吃掉你的办法。十亿人口的大陆坚定不移搞社会主义，台湾可以搞它的资本主义，北京不派人到台湾去。这不也是和平共处吗？所以，和平共处的原则不仅在处理国际关系问题上，而且在一个国家处理自己内政问题上，也是一个好办法。

台湾问题是中美关系中的主要障碍，甚至可能发展成为两国关系中爆发性的问题。如果采用“一国两制”的办法，不仅解决了中国的统一，美国利益也不致受损害。美国目前有一股势力，继承“杜勒斯[45]主义”，把台湾当作美国的“航空母舰”和势力范围。一旦通过和平共处办法解决了台湾问题，这个热点也就消失了，这些人不也就死心了吗？这对太平洋地区和全世界的和平稳定，也是一件很好的事情。

# 军队要服从整个国家建设大局*

（一九八四年十一月一日）

我想谈一谈顾全大局的问题。这个大局就是我们国家建设的大局。现在我们这个国家确实是生气勃勃，一片兴旺。外国很多人都这么看、这么说。出现这种局面是最近五年，特别是最近三年，也就是农村政策见效以后，这就增加了我们的信心。为什么这次能够摸“老虎屁股”，进行城市改革？应该说改革是有点风险的，这次北京就出现抢购物资的现象。不仅北京，好多城市都有。我们预料到这点。我们为什么不怕？因为物资比较多，群众一看，又稳定下来了。我们党的十二大〔5〕确定的目标是翻两番，现在看来肯定能够实现。翻两番是个了不起的事情。国民生产总值按人口平均不算多，叫做小康水平；但是就总量来说，国民生产总值是一万亿美元哪！国家的力量大了。翻两番包含这两个方面的含义。

一个对外经济开放，一个对内经济搞活。改革就是搞活，对内搞活也就是对内开放，实际上都叫开放政策。而对外开放，我们还有一些人没有弄清楚，以为只是对西方开放，其实

---

* 这是邓小平同志在中央军委座谈会上讲话的一部分。

我们是三个方面的开放。一个是对西方发达国家的开放，我们吸收外资、引进技术等等主要从那里来。一个是对苏联和东欧国家的开放，这也是一个方面。国家关系即使不能够正常化，但是可以交往，如做生意呀，搞技术合作呀，甚至于合资经营呀，技术改造呀，一百五十六个项目的技术改造，他们可以出力嘛。还有一个是对第三世界发展中国家的开放，这些国家都有自己的特点和长处，这里有很多文章可以做。所以，对外开放是三个方面，不是一个方面。对内经济搞活，改革经济体制，发展起来会比我们预想的要快，就是说，很有希望。中间也可能会出些问题，不要紧，我们不怕，一步步走，一步步地总结经验，不对头赶快改，不是大改，大的方针不会变了。

现在需要的是全国党政军民一心一意地服从国家建设这个大局，照顾这个大局。这个问题，我们军队有自己的责任，不能妨碍这个大局，要紧密地配合这个大局，而且要在这个大局下面行动。军队各个方面都和国家建设有关系，都要考虑如何支援和积极参加国家建设。无论空军也好，海军也好，国防科工委也好，都应该考虑腾出力量来支援国民经济的发展。如空军，可腾出一些机场，一是搞军民合用，一是搞民用，支援国家发展民航事业。海军的港口，有的可以合用，有的可以腾出来搞民用，以增大国家港口的吞吐能力。国防工业设备好，技术力量雄厚，要充分利用起来，加入到整个国家建设中去，大力发展民用生产。这样做，有百利而无一害。总之，大家都要从大局出发，照顾大局，千方百计使我们国家经济发展起来。发展起来就好办了。大局好起来了，国力大大增强了，再搞一点原子弹、导弹，更新一些装备，空中的也好，海上的也好，陆上的也好，到那个时候就容易了。

再一个是培养军队和地方两用人才，也是个顾全大局的问题。现在军队这方面工作做得不错，有成绩，这个很好[46]。军队培养两用人才，地方是欢迎的。这方面工作真正做好了，部队干部战士转业复员到地方就容易了。余秋里[47]同志告诉我，现在军队的养猪专业人员，一到地方就有用处，司机到地方是最受欢迎的。我们军队培养了不少有专业技术的人才，把其中一些人才转到地方各行各业去，对地方也是个支援。

在座的同志要教育我们各级干部，关心国家大局，就是使我们国家在二十年内发展起来，实际上从现在到二〇〇〇年，没有二十年，只有十六年了。我们军队要一切服从国家建设这个大局。

# 中国是信守诺言的*

（一九八四年十二月十九日）

我们两国的领导人就香港问题达成协议〔34〕，为各自的国家和人民做了一件非常有意义的事情。香港问题已经有近一个半世纪的历史，这个问题不解决，在我们两国和两国人民之间总是存在着阴影。现在这个阴影消除了，我们两国之间的合作和两国人民之间的友好前景光明。

如果"一国两制"的构想是一个对国际上有意义的想法的话，那要归功于马克思主义的辩证唯物主义和历史唯物主义，用毛泽东主席的话来讲就是实事求是。这个构想是在中国的实际情况下提出来的。中国面临的实际问题就是用什么方式才能解决香港问题，用什么方式才能解决台湾问题。只能有两种方式，一种是和平方式，一种是非和平方式。而采用和平方式解决香港问题，就必须既考虑到香港的实际情况，也考虑到中国的实际情况和英国的实际情况，就是说，我们解决问题的办法要使三方面都能接受。如果用社会主义来统一，就做不到三方面都接受。勉强接受了，也会造成混乱局面。即使不发生武力冲突，香港也将成为一个萧条的香港，后遗症很多的香

* 这是邓小平同志会见英国首相撒切尔夫人时谈话的一部分。

港，不是我们所希望的香港。所以，就香港问题而言，三方面都能接受的只能是"一国两制"，允许香港继续实行资本主义，保留自由港和金融中心的地位，除此以外没有其他办法。"一国两制"构想的提出还不是从香港问题开始的，是从台湾问题开始的。一九八一年国庆前夕叶剑英委员长就台湾问题发表的九条声明〔19〕，虽然没有概括为"一国两制"，但实际上就是这个意思。两年前香港问题提出来了，我们就提出"一国两制"。

我们提出这个构想时，人们都觉得这是个新语言，是前人未曾说过的。也有人怀疑这个主张能否行得通，这就要拿事实来回答。现在看来是行得通的，至少中国人坚信是行得通的，因为这两年的谈判已经证明了这一点。这个构想在解决香港问题上起了不说是决定性的作用，也是最重要的作用。这是三方面都接受了的构想。再过十三年，再过五十年，会更加证明"一国两制"是行得通的。人们担心中国在签署这个协议后，是否能始终如一地执行。我们不仅要告诉阁下和在座的英国朋友，也要告诉全世界的人：中国是信守自己的诺言的。

一位日本朋友问我，你们为什么还有一个"五十年"，即一九九七年后还要保持香港现行的资本主义制度五十年不变？你们根据的是什么，是否有个什么想法？我对他说，有。这也是从中国的实际出发的。中国现在制定了一个宏伟的目标，就是国民生产总值在两个十年内，即到本世纪末翻两番，达到小康水平。就是达到了这个目标，中国也不算富，还不是一个发达国家。所以这只能算是我们雄心壮志的第一个目标。中国要真正发达起来，接近而不是说超过发达国家，那还需要三十年到五十年的时间。如果说在本世纪内我们需要实行开放政策，那末在下个世纪的前五十年内中国要接近发达国家的水平，也不能离开这个政策，离开了这个政策不行。保持香港的繁荣稳定是符合中国的切身利益的。所以我们讲“五十年”，不是随随便便、感情冲动而讲的，是考虑到中国的现实和发展的需要。同样地，到本世纪末和下一世纪前五十年也需要一个稳定的台湾。台湾是中国的一部分，中国可以在一个国家的前提下实行两种制度，这就是制定我们国家政策的一个想法。如果懂得了这点，知道我们的基本观点，知道我们从什么出发提出这个口号、制定这个政策，就会相信我们不会变。我还对日本朋友说，如果开放政策在下一世纪前五十年不变，那末到了后五十年，我们同国际上的经济交往更加频繁，更加相互依赖，更不可分，开放政策就更不会变了。

我还想请首相告诉国际上和香港的人士，“一国两制”除了资本主义，还有社会主义，就是中国的主体、十亿人口的地区坚定不移地实行社会主义。主体地区是十亿人口，台湾是近两千万，香港是五百五十万，这就有个十亿同两千万和五百五十万的关系问题。主体是很大的主体，社会主义是在十亿人口地区的社会主义，这是个前提，没有这个前提不行。在这个前提下，可以容许在自己身边，在小地区和小范围内实行资本主义。我们相信，在小范围内容许资本主义存在，更有利于发展社会主义。我们对外开放二十来个城市〔48〕，这也是在社会主义经济是主体这个前提下进行的，不会改变它们的社会主义性质。相反地，对外开放有利于壮大和发展社会主义经济。

# 和平和发展是当代世界的两大问题*

（一九八五年三月四日）

对中国的发展，国际上可能还有一些不同的看法。他们从各种角度来分析，中国的发展对他们有利还是有害？我想从两个角度来考察和回答这个问题，一个是政治角度，一个是经济角度。

从政治角度说，我可以明确地肯定地讲一个观点，中国现在是维护世界和平和稳定的力量，不是破坏力量。中国发展得越强大，世界和平越靠得住。过去，在国际上有人认为中国是"好战"的。对这个问题，不仅我，还有中国其他领导人，包括已故的毛泽东主席、周恩来总理都多次声明，中国最希望和平。中国在毛泽东主席和周恩来总理领导的时候，就强调反对超级大国的霸权主义，并认为霸权主义是战争的根源。因为我们讲的战争不是小打小闹，是世界战争。打世界大战只有两个超级大国有资格，别人没有资格，中国没有资格，日本没有资格，欧洲也没有资格。所以，反对超级大国的霸权主义也就是维护世界和平。粉碎"四人帮"以后，我们制定中国的国策，同样也

* 这是邓小平同志会见日本商工会议所访华团时谈话的一部分。

是反对霸权主义，维护世界和平。

总起来说，世界和平的力量在发展，战争的危险还存在。核武器谈判，外层空间武器谈判，看不出有什么进展。所以，我们多年来一直强调战争的危险。后来我们的观点有点变化。我们感到，虽然战争的危险还存在，但是制约战争的力量有了可喜的发展。日本人民不希望有战争。欧洲人民也不希望有战争。第三世界，包括中国，希望自己发展起来，而战争对他们毫无好处。第三世界的力量，特别是第三世界国家中人口最多的中国的力量，是世界和平力量发展的重要因素。所以，从政治角度来说，中国的发展对世界、对亚太地区的和平和稳定都是有利的。世界上的人在议论国际局势的大三角。坦率地说，我们这一角力量是很单薄的。我们算是一个大国，这个大国又是小国。大是地多人多，地多还不如说是山多，可耕地面积并不多。另一方面实际上是个小国，是不发达国家或叫发展中国家。如果说中国是一个和平力量、制约战争的力量的话，现在这个力量还小。等到中国发展起来了，制约战争的和平力量将会大大增强。我可以大胆地说，到本世纪末，中国能达到国民生产总值翻两番的目标，也就是我曾经跟大平正芳〔49〕先生讲的达到小康水平，那时中国对于世界和平和国际局势的稳定肯定会起比较显著的作用。

再从经济角度来说。现在世界上真正大的问题，带全球性的战略问题，一个是和平问题，一个是经济问题或者说发展问题。和平问题是东西问题，发展问题是南北问题〔16〕。概括起来，就是东西南北四个字。南北问题是核心问题。欧美国家和日本是发达国家，继续发展下去，面临的是什么问题？你们的资本要找出路，贸易要找出路，市场要找出路，不解决这个问题，你们的发展总是要受到限制的。我过去跟很多日本朋友谈这个问题，跟欧洲朋友、美国朋友也谈这个问题，他们脑子里也是装了这个问题。现在世界人口是四十几亿，第三世界人口大约占世界人口的四分之三。其余四分之一的人口在发达国家，包括苏联，东欧（东欧不能算很发达），西欧，北美，日本，大洋洲的澳大利亚、新西兰，共十一二亿人口。很难说这十一二亿人口的继续发展能够建筑在三十多亿人口的继续贫困的基础上。当然，第三世界有一部分国家开始好起来，但还不能说已经发达了，而大部分国家仍处于极其贫困的状态，他们的经济问题不解决，第三世界的发展，发达国家的继续发展，都不容易。中国这么一个大的第三世界国家，对外贸易额去年才刚刚达到五百亿美元。如果对外贸易额翻一番，达到一千亿美元，国际上的市场不就扩大了吗？如果翻两番，达到两千亿美元，中国同国际上交往的范围不就更大了吗？贸易总是一进一出的，如果达到翻两番，中国容纳资金、商品的能力就大了。一些发达国家担心，如果中国发展起来，货物出口多了，会不会影响发达国家的商品输出？是存在一个竞争问题。但是，发达国家技术领先，高档的东西多，怕什么！总之，南方得不到适当的发展，北方的资本和商品出路就有限得很，如果南方继续贫困下去，北方就可能没有出路。

所以，我认为日本企业界对发展中日两国经济技术合作抱积极态度，是一种有战略眼光的决策。

# 改革科技体制是为了解放生产力*

（一九八五年三月七日）

我们今天到这里来，是祝贺你们会议的成功，是表示对科学技术、对知识的尊重。

七年前，也是三月份，开过一次科学大会，我讲过一篇话。主要讲了两个意思，两句话。一句叫做科学技术是生产力；一句叫做中国的知识分子已经成为工人阶级的一部分。当时，所以要讲这两条，是因为有争论。七年过去了，争论已经解决了。结论是谁做的？是实践做的，群众做的。

我很高兴，现在连山沟里的农民都知道科学技术是生产力。他们未必读过我的讲话。他们从亲身的实践中，懂得了科学技术能够使生产发展起来，使生活富裕起来。农民把科技人员看成是帮助自己摆脱贫困的亲兄弟，称他们是“财神爷”。“财神爷”这个词，不是我的用语，是农民的发明。但是，他们的意思，同我在科学大会上讲的话是一样的。

我也很高兴，科技界的同志这几年做了很多工作。我们国家的经济搞得不错，光景一年比一年好。人民是满意的，全世

* 这是邓小平同志在全国科技工作会议上的讲话。

界是公认的。这里面，有你们的一份功劳。中央要求科技界面向经济建设。你们是出了大力的。同志们不仅出了很多科技成果，而且以主人翁的态度，为国家出了许多很好的主意。我们的科学家、教授、工程师，走到工厂，走到地方，到处都受欢迎，到处都请你们谈战略，谈远景，谈规划。科学技术专家这样广泛地参加经济、社会决策活动，是我国几千年历史上从来没有过的。科技专家在我们国家里的政治地位社会地位已经同过去大大不同了。你们的工作做得越好，越有成绩，就会使全国人民越加懂得知识的可贵，推动大家都来尊重知识，学习知识，掌握知识。人们正在通过你们的工作，来评价科学技术在现代化建设中的地位，评价科学技术人员的作用。

现在要进一步解决科技和经济结合的问题。所谓进一步，就是说，在方针问题、认识问题解决之后，还要解决体制问题。去年，中央作了经济体制改革的决定[35]。全世界都在评论，认为这是中国共产党的勇敢的创举。现在，中央还要作科技体制改革的决定。你们这次会议为中央作出科技体制改革的决定作了准备。这个决定草案，我看是个好文件，这个文件的方向，同整个经济体制改革的方向是一致的。经济体制，科技体制，这两方面的改革都是为了解放生产力。新的经济体制，应该是有利于技术进步的体制。新的科技体制，应该是有利于经济发展的体制。双管齐下，长期存在的科技与经济脱节的问题，有可能得到比较好的解决。

改革经济体制，最重要的、我最关心的，是人才。改革科技体制，我最关心的，还是人才。人才问题，别的不说了，今天就讲两点。第一，能不能每年给知识分子解决一点问题，要切切实实解决，要真见效。第二，要创造一种环境，使拔尖人才能够脱颖而出。改革就是要创造这种环境。人才是有的。不要因为他们不是全才，不是党员，没有学历，没有资历，就把人家埋没了。善于发现人才，团结人才，使用人才，是领导者成熟的主要标志之一。这两点，请各单位讨论一下。

我们奋斗了几十年，就是为了消灭贫困。第一步，本世纪末，达到小康水平，就是不穷不富，日子比较好过的水平。第二步，再用三五十年的时间，在经济上接近发达国家的水平，使人民生活比较富裕。这是大局。我们在国际上要争取和平的环境，在国内要排除一切干扰。我们这些人能做的工作，只是为大家创造条件。有了干扰，就排除它一下。发现有什么东西束缚了大家，帮助大家想点办法，解放出来。工作还是要靠大家去做。希望大家放开手脚，把经济搞上去，把生产力搞上去。

# 一靠理想二靠纪律才能团结起来*

（一九八五年三月七日）

现在我们国内形势很好。有一点要提醒大家，就是我们在建设具有中国特色的社会主义社会时，一定要坚持发展物质文明和精神文明，坚持五讲四美三热爱〔50〕，教育全国人民做到有理想、有道德、有文化、有纪律。这四条里面，理想和纪律特别重要。我们一定要经常教育我们的人民，尤其是我们的青年，要有理想。为什么我们过去能在非常困难的情况下奋斗出来，战胜千难万险使革命胜利呢？就是因为我们有理想，有马克思主义信念，有共产主义信念。我们干的是社会主义事业，最终目的是实现共产主义。这一点，我希望宣传方面任何时候都不要忽略。现在我们搞四个现代化，是搞社会主义的四个现代化，不是搞别的现代化。我们采取的所有开放、搞活、改革等方面的政策，目的都是为了发展社会主义经济。我们允许个体经济发展，还允许中外合资经营和外资独营的企业发展，但是始终以社会主义公有制为主体。社会主义的目的就是要全国

* 这是邓小平同志在全国科技工作会议上作《改革科技体制是为了解放生产力》的讲话后，即席作的一次讲话。

人民共同富裕，不是两极分化。如果我们的政策导致两极分化，我们就失败了；如果产生了什么新的资产阶级，那我们就真是走了邪路了。我们提倡一部分地区先富裕起来，是为了激励和带动其他地区也富裕起来，并且使先富裕起来的地区帮助落后的地区更好地发展。提倡人民中有一部分人先富裕起来，也是同样的道理。对一部分先富裕起来的个人，也要有一些限制，例如，征收所得税。还有，提倡有的人富裕起来以后，自愿拿出钱来办教育、修路。当然，决不能搞摊派，现在也不宜过多宣传这样的例子，但是应该鼓励。

总之，一个公有制占主体，一个共同富裕，这是我们所必须坚持的社会主义的根本原则。我们就是要坚决执行和实现这些社会主义的原则。从长远说，最终是过渡到共产主义。现在有人担心中国会不会变成资本主义。这个担心不能说没有一点道理。我们不能拿空话而是要拿事实来解除他们的这个忧虑，并且回答那些希望我们变成资本主义的人。我们的报刊、电视和所有的宣传工作都要注意这个问题。我们这些人的脑子里是有共产主义理想和信念的。要特别教育我们的下一代下两代，一定要树立共产主义的远大理想。一定不能让我们的青少年作资本主义腐朽思想的俘虏，那绝对不行。

有了理想，还要有纪律才能实现。纪律和自由是对立统一的关系，两者是不可分的，缺一不可。我们这么大一个国家，怎样才能团结起来、组织起来呢？一靠理想，二靠纪律。组织起来就有力量。没有理想，没有纪律，就会像旧中国那样一盘散沙，那我们的革命怎么能够成功？我们的建设怎么能够成功？现在有一些值得注意的现象，就是没有理想、没有纪律的表现，比如说，一切向钱看。对这种现象的批评当然要准确，不要不适当，但是这种现象确实存在。有的党政机关设了许多公司，把国家拨的经费拿去做生意，以权谋私，化公为私。还有其他的种种不正之风。对于这些，群众很不满意。我们要提醒人们，尤其是共产党员们，不能这样做。不是在整党吗？应该首先把这些不正之风整一整。

当前在经济改革中出现了一些歪门邪道。“你有政策，我有对策。”违反法纪和政策的种种“对策”，可多了。共产党员一定要严格遵守党的纪律。无论是不是党员，都要遵守国家的法律，对于共产党员来说，党的纪律里就包括这一条。遵守纪律的最高标准，是真正维护和坚决执行党的政策，国家的政策。所以，有理想，有纪律，这两件事我们务必时刻牢记在心。一定要让我们的人民，包括我们的孩子们知道，我们是坚持社会主义和共产主义的，我们采取的各方面的政策，都是为了发展社会主义，为了将来实现共产主义。

# 改革是中国的第二次革命*

（一九八五年三月二十八日）

现在我们正在做的改革这件事是够大胆的。但是，如果我们不这样做，前进就困难了。改革是中国的第二次革命。这是一件很重要的必须做的事，尽管是有风险的事。六届人大三次会议的政府工作报告指出了我们已经遇到的一些风险。我们在确定做这件事的时候，就意识到会有这样的风险。我们的方针是，胆子要大，步子要稳，走一步，看一步。我们的政策是坚定不移的，不会动摇的，一直要干下去，重要的是走一段就要总结经验。因为改革涉及人民的切身利害问题，每一步都会影响成亿的人。改革能否成功，再过几年就能看清了。农村的改革三年见效，包括城市、农村在内的全面改革更复杂了，我们设想要五年见效。这中间一定还会犯错误，还会出问题。关键是要善于总结经验，哪一步走得不妥当，就赶快改。最近出现的一些问题没有什么了不起，国际上有人把它看得比较严重，我们自己心里是踏实的。两个开放，即对外开放和对内开放，这个政策不会变，我们现在进行的改革是两个开放政策的继续和发展。改革需要继续开放。不久前，我在全国科技工作会

---

* 这是邓小平同志会见日本自由民主党副总裁二阶堂进时谈话的一部分。

议上讲执行开放政策时，强调了理想和纪律，这是必要的。有人认为，中国谈理想，是否意味着要收了。不是这样。对于开放可能带来的消极影响，我们的头脑是清醒的，不是盲目的。我们的方针不是收，而是继续放，也许今后要放得更大。外国有的评论家说，中国的现行政策是不可逆转的。我认为这个看法是正确的。

# 政治上发展民主，经济上实行改革*

（一九八五年四月十五日）

你一九七三年来访问时，中国社会不安定，还在搞“文化大革命”。总的说，那个时候“左”得要命。“左”的结果是社会经济发展很慢。

建国后，我们在农村进行了土地改革〔51〕和合作化〔52〕，在城市进行了对资本主义工商业的社会主义改造〔53〕，都干得很好。一九五七年后，“左”的思想开始抬头，逐渐占了上风。一九五八年“大跃进”〔54〕，一哄而起搞人民公社〔55〕化，片面强调“一大二公”，吃大锅饭，带来大灾难。“文化大革命”就更不用说了。一九七六年粉碎“四人帮”后，还徘徊了两年，基本上还是因循“左”的错误，一直延续到一九七八年。从一九五八年到一九七八年整整二十年里，农民和工人的收入增加很少，生活水平很低，生产力没有多大发展。一九七八年人均国民生产总值不到二百五十美元。这年年底召开了党的十一届三中全会〔9〕。我们冷静地分析了中国的现实，总结了经验，肯定了

---

* 这是邓小平同志会见坦桑尼亚联合共和国副总统姆维尼时谈话的主要部分。

从建国到一九七八年三十年的成绩很大，但做的事情不能说都是成功的。我们建立的社会主义制度是个好制度，必须坚持。我们马克思主义者过去闹革命，就是为社会主义、共产主义崇高理想而奋斗。现在我们搞经济改革，仍然要坚持社会主义道路，坚持共产主义的远大理想，年轻一代尤其要懂得这一点。但问题是什么是社会主义，如何建设社会主义。我们的经验教训有许多条，最重要的一条，就是要搞清楚这个问题。

毛泽东同志是伟大的领袖，中国革命是在他的领导下取得成功的。然而他有一个重大的缺点，就是忽视发展社会生产力。不是说他不想发展生产力，但方法不都是对头的，例如搞“大跃进”、人民公社，就没有按照社会经济发展的规律办事。

马克思主义的基本原则就是要发展生产力。马克思主义的最高目的就是要实现共产主义，而共产主义是建立在生产力高度发展的基础上的。社会主义是共产主义的第一阶段，是一个很长的历史阶段。社会主义的首要任务是发展生产力，逐步提高人民的物质和文化生活水平。从一九五八年到一九七八年这二十年的经验告诉我们：贫穷不是社会主义，社会主义要消灭贫穷。不发展生产力，不提高人民的生活水平，不能说是符合社会主义要求的。

在总结经验的基础上，党的十一届三中全会提出一系列新的政策。就国内政策而言，最重大的有两条，一条是政治上发展民主，一条是经济上进行改革，同时相应地进行社会其他领域的改革。我们的对外政策是反对霸权主义，维护世界和平。我们把争取和平作为对外政策的首要任务。争取和平是世界人民的要求，也是我们搞建设的需要。没有和平环境，搞什么建设!

十一届三中全会以后,我们探索了中国怎么搞社会主义。归根结底,就是要发展生产力,逐步发展中国的经济。第一步,到本世纪末翻两番,达到小康水平。第二步,再花三十年到五十年时间,接近发达国家的水平。目标确定了,从何处着手呢?就要尊重社会经济发展规律,搞两个开放,一个对外开放,一个对内开放。对外开放具有重要意义,任何一个国家要发展,孤立起来,闭关自守是不可能的,不加强国际交往,不引进发达国家的先进经验、先进科学技术和资金,是不可能的。对内开放就是改革。改革是全面的改革,不仅经济、政治,还包括科技、教育等各行各业。

改革首先是从农村做起的,农村改革的内容总的说就是搞责任制,抛弃吃大锅饭的办法,调动农民的积极性。为什么要从农村开始呢?因为中国人口的百分之八十在农村,如果不解决这百分之八十的人的生活问题,社会就不会是安定的。工业的发展,商业的和其他的经济活动,不能建立在百分之八十的人口贫困的基础之上。农村改革经过三年的实践证明是成功的。现在农村面貌一新,百分之九十的人生活改善了。还有百分之十的人生活差一些,但也不难解决。刚才你说在北京看到了很多新盖的高楼大厦,这还不是中国主要的变化,中国最大的变化在农村。

农村改革取得成功以后,我们就转到城市。城市改革比农村改革更复杂,而且有风险。我们经验不足。中国社会过去闭塞,造成信息不通,是一个很大的弱点。城市改革每走一步,都会影响千家万户。但是有农村改革的成功经验作借鉴,加上我们清醒地认识到有风险，可以避免犯大的错误。当然小错误、中错误总是难免的。我们确定的原则是：胆子要大，步子要稳。所谓胆子要大，就是坚定不移地搞下去；步子要稳，就是发现问题赶快改。改革是大家的主意，人民的要求。现在尽管出现了一些问题，我们心里是踏实的。如果说农村改革三年成功，城市改革经过三年五载也能判断成败。我们相信会成功的。我们不靠上帝，而靠自己努力，靠不断总结经验，坚定地前进。总之，现在我们干的是中国几千年来从未干过的事。这场改革不仅影响中国，而且会影响世界。

我给你们介绍了我们的历史，介绍了这些年我们做的事情。社会主义究竟怎么搞？你们讲要学习、借鉴中国的经验。中国搞社会主义走了相当曲折的道路。二十年的历史教训告诉我们一条最重要的原则：搞社会主义一定要遵循马克思主义的辩证唯物主义和历史唯物主义，也就是毛泽东同志概括的实事求是，或者说一切从实际出发。

# 加强同欧洲的经济联系*

（一九八五年四月十八日）

中国经济发展了，对外贸易也会增加。在我们的对外贸易中，欧洲应占相应的份额。在外贸上应注意两个问题：第一个是技术转让，欧洲在这方面比较开放，当然，这只是比较而言。第二个是双方都应开辟贸易途径，贸易总是一来一往的，中国买欧洲产品，欧洲也要买中国产品。中国买外国产品总要有偿付能力。你们在技术上帮助我们，我们的经济发展了，对外贸易也能随着发展。现在中国的年对外贸易额是五百亿美元，翻一番是一千亿美元，到本世纪末如果外贸也翻两番，那就是两千亿美元，对发达国家来讲不算高，对我们来讲，增长不少了。现在欧洲在我们外贸中所占的比例不大，如果你们能占恰当的份额，我们是很高兴的。三年来，我们一直在考虑加强同欧洲的经济联系，这是作为一项政策来考虑的。希望欧洲的企业界为中国商品进入欧洲市场创造条件。

---

* 摘自邓小平同志会见英国前首相希思时的谈话。

# 把教育工作认真抓起来*

（一九八五年五月十九日）

今天，我来参加这个会议，主要是表示对教育工作的支持，并且向你们，向全国教育工作者表示慰问。

教育体制改革的决定草案，我看是个好文件。现在，纲领有了，蓝图有了，关键是要真正重视，扎扎实实地抓，组织好施工。

我们多次说过，我国的经济，到建国一百周年时，可能接近发达国家的水平。我们这样说，根据之一，就是在这段时间里，我们完全有能力把教育搞上去，提高我国的科学技术水平，培养出数以亿计的各级各类人才。我们国家，国力的强弱，经济发展后劲的大小，越来越取决于劳动者的素质，取决于知识分子的数量和质量。一个十亿人口的大国，教育搞上去了，人才资源的巨大优势是任何国家比不了的。有了人才优势，再加上先进的社会主义制度，我们的目标就有把握达到。现在小学一年级的娃娃，经过十几年的学校教育，将成为开创二十一世纪大业的生力军。中央提出要以极大的努力抓教育，并且从中小学抓起，这是有战略眼光的一着。如果现在不向全党提出

---

* 这是邓小平同志在全国教育工作会议上的讲话。

这样的任务，就会误大事，就要负历史的责任。

近几年来，从中央到地方，到农村党支部，有越来越多的同志，懂得知识和人才的重要，懂得教育的重要。这是我们党的一大进步。另一方面，还有相当一部分同志，包括一些高级干部，对于发展和改革教育的必要性，认识不足，缺乏紧迫感，或者口头上承认教育重要，到了解决实际问题时又变得不那么重要了。我们不是已经实现了全党全国工作重点的转移吗？这个重点，本来就应当包括教育。一个地区，一个部门，如果只抓经济，不抓教育，那里的工作重点就是没有转移好，或者说转移得不完全。忽视教育的领导者，是缺乏远见的、不成熟的领导者，就领导不了现代化建设。各级领导要像抓好经济工作那样抓好教育工作。

各级党委和政府，对教育工作不仅要抓，并且要抓紧、抓好，严格要求，少讲空话，多干实事。比如说，改革的决定，在你那个地区、那个部门，怎样贯彻落实？校舍和教学设备不够，怎样解决？学校经费不足，怎样筹集？师生的伙食，怎样办得好一点？师资培训，怎样组织？学校的思想政治工作，怎样改进？等等。各级党政负责同志，要经常深入学校，倾听广大师生的意见和呼声，为他们排忧解难。什么叫领导？领导就是服务。几年前，我曾说过，愿意给教育、科技部门的同志当后勤部长。今天，我还是这个态度。领导者必须多干实事。那种只靠发指示、说空话过日子的坏作风，一定要转变过来。各个部门和地方，特别是主要负责同志，都要注意这个问题。

对我国教育的发展，我是乐观的。困难是有，但要看到有利条件。不管怎么说，这几年经济发展是快的。经济是基础。

经济的发展必然会带动教育的发展。我国城乡和社会各界，蕴藏着极大的办学热情，不少爱国侨胞也热心捐资办学。现在我们又有了一个正确的纲领。在这样的条件下，只要各级领导认真抓，我看教育的事情好办，悲观是没有根据的。扎扎实实抓他几年，中华民族教育事业空前繁荣的新局面，一定会到来。

我很高兴，从去年十月以来，中央相继作出了三项改革决定〔56〕。这些改革的总目标是一致的，都是为了使我国消灭贫穷，走向富强，消灭落后，走向现代化，建设有中国特色的社会主义。在七个月的时间里，办了过去多年想办而未办成的事。这一事实，表明我们党的认识能力有了新的提高，表明我们党已经能够创造性地运用马克思主义的基本原理，来解决当代中国社会主义建设中的许多新问题。当前，全世界都在关注着我国的改革。希望全党同志和全国各族人民，按照中央已经确定的目标继续前进，努力把各项改革搞成功！

# 搞资产阶级自由化就是走资本主义道路*

（一九八五年五月、六月）

## 一

我们大陆坚持社会主义，不走资本主义的邪路。社会主义与资本主义不同的特点就是共同富裕，不搞两极分化。创造的财富，第一归国家，第二归人民，不会产生新的资产阶级。国家拿的这一部分，也是为了人民，搞点国防，更大部分是用来发展经济，发展教育和科学，改善人民生活，提高人民文化水平。

中国在粉碎“四人帮”以后出现一种思潮，叫资产阶级自由化，崇拜西方资本主义国家的“民主”、“自由”，否定社会主义。这不行。中国要搞现代化，绝不能搞自由化，绝不能走西方资本主义道路。对搞资产阶级自由化并且触犯了刑律的人，不严肃处理是不行的。因为他们搞的这一套无非是大鸣、大放、大字报，出非法刊物，实际上是一种动乱，是“文化大革命”

* 这两段话分别摘自邓小平同志一九八五年五月二十日同陈鼓应教授的谈话和一九八五年六月六日同“大陆与台湾”学术研讨会主席团全体成员的谈话。

遗留下来的做法。不能让这股风刮起来。全国人大一九八〇年专门做了决议，废除宪法中肯定“大鸣、大放、大辩论、大字报”的条款，这个条款是“文化大革命”中写进宪法的。那些崇拜西方“民主”的人总想搞这个“四大”。中国经过十年“文化大革命”的沉痛教训，再不能那样干了。中国要坚持社会主义制度，要发展社会主义经济，要实现四个现代化，没有理想是不行的，没有纪律也是不行的。

我们党的十一届三中全会〔9〕决定实行开放政策，同时也要求刹住自由化的风，这是相互关联的问题。不刹住这股风，就不能实行开放政策。要搞四个现代化，要实行开放政策，就不能搞资产阶级自由化。自由化的思想前几年有，现在也有，不仅社会上有，我们共产党内也有。自由化思潮一发展，我们的事业就会被冲乱。总之，一个目标，就是要有一个安定的政治环境。不安定，政治动乱，就不可能从事社会主义建设，一切都谈不上。治理国家，这是一个大道理，要管许多小道理。那些小道理或许有道理，但是没有这个大道理就不行。

## 二

我们依法处理过几个人，他们的问题实际上是搞自由化并且触犯了刑律。在我们的国家，搞资产阶级自由化，就是走资本主义道路，就统一不起来了。不是同台湾的统一问题，而是大陆内部的统一问题。搞资产阶级自由化，我们内部就成了一个乱的社会，不是一个安定的社会，什么建设都搞不成了。

对我们来说,这是一个非常关键的原则的问题。

你们对处理这几个人有不同的意见,从人权的观点提出问题。这就要问,什么是人权?首先一条,是多少人的人权?是少数人的人权,还是多数人的人权,全国人民的人权?西方世界的所谓“人权”和我们讲的人权,本质上是两回事,观点不同。

# 在军委扩大会议上的讲话

（一九八五年六月四日）

在这么一个重要会议上，我想先就裁减军队这件事情，讲几句话。我们下这样大的决心，把中国人民解放军的员额减少一百万，这是中国共产党、中国政府和中国人民有力量、有信心的表现。它表明，拥有十亿人口的中华人民共和国，愿意并且用自己实际行动对维护世界和平作出贡献。减少一百万，实际上并没有削弱军队的战斗力，而是增强了军队的战斗力。即使国际形势恶化，这个裁减也是必要的，而且更加必要。过去我们讲过，这么臃肿的机构如果不“消肿”，不要说指挥作战，就是疏散也不容易。“消肿”，比较难的是安置退下来的几十万干部。杨尚昆〔57〕同志在小组会上讲了这个问题，我们要想妥善的办法把它解决好。这次军委会议开得很好，大家想到一块儿了。在这方面，我看没有不同意见。这说明我们军队的同志是从全局着眼，从国际大局和国内大局着眼来看问题的。

今天我主要想讲一讲国际形势，中国的国际地位和对外政策。这个问题同我们会议也有关系。粉碎“四人帮”以后，特别是党的十一届三中全会以后，我们对国际形势的判断有变化，对外政策也有变化，这是两个重要的转变。

第一个转变，是对战争与和平问题的认识。过去我们的观点一直是战争不可避免，而且迫在眉睫。我们好多的决策，包括一、二、三线的建设布局〔58〕，“山、散、洞”〔59〕的方针在内，都是从这个观点出发的。这几年我们仔细地观察了形势，认为就打世界大战来说，只有两个超级大国有资格，一个苏联，一个美国，而这两家都还不敢打。首先，苏美两家原子弹多，常规武器也多，都有毁灭对手的力量，毁灭人类恐怕还办不到，但有本事把世界打得乱七八糟就是了，因此谁也不敢先动手。其次，苏美两家都在努力进行全球战略部署，但都受到了挫折，都没有完成，因此都不敢动。同时，苏美两家还在进行军备竞赛，世界战争的危险还是存在的，但是世界和平力量的增长超过战争力量的增长。这个和平力量，首先是第三世界，我们中国也属于第三世界。第三世界的人口占世界人口的四分之三，是不希望战争的。这个和平力量还应该包括美苏以外的发达国家，真要打仗，他们是不干的呀！美国人民、苏联人民也是不支持战争的。世界很大，复杂得很，但一分析，真正支持战争的没有多少，人民是要求和平、反对战争的。还要看到，世界新科技革命蓬勃发展，经济、科技在世界竞争中的地位日益突出，这种形势，无论美国、苏联、其他发达国家和发展中国家都不能不认真对待。由此得出结论，在较长时间内不发生大规模的世界战争是有可能的，维护世界和平是有希望的。根据对世界大势的这些分析，以及对我们周围环境的分析，我们改变了原来认为战争的危险很迫近的看法。

第二个转变，是我们的对外政策。过去有一段时间，针对苏联霸权主义的威胁，我们搞了“一条线”的战略，就是从日本到欧洲一直到美国这样的“一条线”。现在我们改变了这个战略，这是一个重大的转变。世界上都在说苏、美、中"大三角"。我们不讲这个话，我们对自己力量的估计是清醒的，但是我们也相信中国在国际事务里面是有足够分量的。我们奉行独立自主的正确的外交路线和对外政策，高举反对霸权主义、维护世界和平的旗帜，坚定地站在和平力量一边，谁搞霸权就反对谁，谁搞战争就反对谁。所以，中国的发展是和平力量的发展，是制约战争力量的发展。现在树立我们是一个和平力量、制约战争力量的形象十分重要，我们实际上也要担当这个角色。根据独立自主的对外政策，我们改善了同美国的关系，也改善了同苏联的关系。我们中国不打别人的牌，也不允许任何人打中国牌，这个我们说到做到。这就增强了中国在国际上的地位，增强了中国在国际问题上的发言权。

总之，一个是对国际形势的判断，一个是根据这个判断相应地调整对外政策，这是我们的两个大变化。现在看来，这两个变化是正确的，对我们是有益的，我们要坚持下去。只要坚持这样的判断和这样的政策，我们就能放胆地一心一意地好好地搞我们的四个现代化建设。我们的立足点还是自力更生，但是我们搞开放政策，利用国际和平环境更多地吸收对我们有用的东西，这对加速我们的发展比较有利。

最后我再讲一点。大家很关心军队的建设，关心军队装备的现代化，这个问题也涉及大局。四个现代化，其中就有一个国防现代化。如果不搞国防现代化，那岂不是只有三个现代化了？但是，四化总得有先有后。军队装备真正现代化，只有国民经济建立了比较好的基础才有可能。所以，我们要忍耐几年。我看，到本世纪末我们肯定会超过翻两番的目标，到那个时候我们经济力量强了,就可以拿出比较多的钱来更新装备。可以从外国买,更要立足于自己搞科学研究,自己设计出好的飞机、好的海军装备和陆军装备。先把经济搞上去,一切都好办。现在就是要硬着头皮把经济搞上去,就这么一个大局,一切都要服从这个大局。

# 改革开放是很大的试验*

（一九八五年六月二十九日）

深圳经济特区是个试验，路子走得是否对，还要看一看。它是社会主义的新生事物。搞成功是我们的愿望，不成功是一个经验嘛。搞社会主义，中心任务是发展社会生产力。一切有利于发展社会生产力的方法，包括利用外资和引进先进技术，我们都采用。这是个很大的试验，是书本上没有的。

我们最大的试验是经济体制的改革。改革先从农村开始，农村见了成效，我们才有勇气进行城市的改革。城市改革实际上是整个经济体制的改革，这是要冒很大风险的。刚开始就出现了一些问题，去年年底发现多发了一百亿的钞票，今年物价涨得不符合我们的要求。但是不要紧。要理顺各种经济关系需要几年时间。如果关系理顺了，到本世纪末翻两番就有把握。我们要按价值规律办事，按经济规律办事。搞得好，有可能为今后五十年以至七十年的持续、稳定、协调发展打下基础。进行全面的经济体制改革需要有勇气，胆子要大，步子要稳。这是我们党和国家当前压倒一切的最艰巨的任务。

---

* 这是邓小平同志会见阿尔及利亚民族解放阵线党代表团时谈话的一部分。

# 抓住时机，推进改革*

（一九八五年七月十一日）

不是说慎重初战、务求必胜吗？十二届三中全会〔35〕后已经过了一段时间，现在需要回顾一下。

我对外国人说，改革的势头不错，这话正是在北京出现一阵抢购，有半个月人心惶惶的时候说的。那时候，我心里是踏实的。现在看势头还是好的，我总是讲这么个观点。经济体制改革成不成功，成功大小，要看三年到五年。见效了才能说服人，证明第二个三中全会决议是正确的。

改革的意义，是为下一个十年和下世纪的前五十年奠定良好的持续发展的基础。没有改革就没有今后的持续发展。所以，改革不只是看三年五年，而是要看二十年，要看下世纪的前五十年。这件事必须坚决干下去。

物价改革是个很大的难关，但这个关非过不可。不过这个关，就得不到持续发展的基础。十二届三中全会以来九个月的实践证明，物价改革是对的。理顺生活资料价格恐怕要用三年，加上生产资料价格的改革，需要的时间更长。如果用五年

---

* 这是邓小平同志在听取中央负责同志汇报当前经济情况时谈话的一部分。

时间理顺物价关系，就是了不起的事。这项工作很艰巨。改革的势头好，要坚持搞下去，这个路子必须走。今后即使出现风波，甚至出现大的风波，改革也必须坚持。否则，下一个十年没有希望。我们要抓住时机，现在是改革的最好时机。

工业生产特别是出口产品的生产，中心是提高质量，把质量摆到第一位。乡镇企业也要抓质量。要提高质量，就必须改革。要立些法，要有一套质量检验标准，而且要有强有力的机构来严格执行。这一关把住了，可以减少很多弊端，卡住那些弄虚作假的行为。质量问题虽然经常提，但现在只是一般地提不行，要突出地提，切实地抓。

# 特区经济要从内向转到外向*

（一九八五年八月一日）

我们特区〔29〕的经济从内向转到外向，现在还是刚起步，所以能出口的好的产品还不多。只要深圳没有做到这一步，它的关就还没有过，还不能证明它的发展是很健康的。不过，听说这方面有了一点进步。

前不久我对一位外国客人说，深圳是个试验，外面就有人议论，说什么中国的政策是不是又要改变，是不是我否定了原来关于经济特区的判断。所以，现在我要肯定两句话：第一句话是，建立经济特区的政策是正确的；第二句话是，经济特区还是一个试验。这两句话不矛盾。我们的整个开放政策也是一个试验，从世界的角度来讲，也是一个大试验。总之，中国的对外开放政策是坚定不移的，但在开放过程中要小心谨慎。我们取得了一些成绩，但一定要保持谦逊态度。

---

* 摘自邓小平同志会见日本公明党第十三次访华代表团时的谈话。

# 对中国改革的两种评价*

（一九八五年八月二十一日）

世界上对我国的经济改革有两种评论。有些评论家认为改革会使中国放弃社会主义，另一些评论家则认为中国不会放弃社会主义。后一种看法比较有眼光。我们所有的改革都是为了一个目的，就是扫除发展社会生产力的障碍。过去我们进行了新民主主义革命，建国后完成了土地改革，又进行了农业、手工业和资本主义工商业的社会主义改造，建立了社会主义经济基础，那是一个伟大的革命。那个革命搞了三十几年。但是在建立社会主义经济基础以后，多年来没有制定出为发展生产力创造良好条件的政策。社会生产力发展缓慢，人民的物质和文化生活条件得不到理想的改善，国家也无法摆脱贫穷落后的状态。这种情况，迫使我们在一九七八年十二月召开的党的十一届三中全会[9]上决定进行改革。我们总的原则是四个坚持：坚持社会主义道路，坚持人民民主专政，坚持共产党的领导，坚持马列主义、毛泽东思想。这已经写进中国的宪法。问题是怎么坚持。是坚持那种不能摆脱贫穷落后状态的

---

* 这是邓小平同志会见坦桑尼亚联合共和国总统尼雷尔时谈话的一部分。

政策，还是在坚持四项原则的基础上选择好的政策，使社会生产力得到比较快的发展？十一届三中全会决定进行改革，就是要选择好的政策。改革的性质同过去的革命一样，也是为了扫除发展社会生产力的障碍，使中国摆脱贫穷落后的状态。从这个意义上说，改革也可以叫革命性的变革。

我们的经济改革，概括一点说，就是对内搞活，对外开放。对内搞活，也是对内开放，通过开放调动全国人民的积极性。农村经济一开放，八亿农民的积极性就起来了。城市经济开放，同样要调动企业和社会各方面的积极性。对内搞活经济，是活了社会主义，没有伤害社会主义的本质。至于吸收外国资金，这是作为发展社会生产力的一个补充，不用担心它会冲击社会主义制度。搞活开放也会带来消极影响，我们要意识到这一点，但有办法解决，没有什么了不起。因为从政治上讲，我们的国家机器是社会主义性质的，它有能力保障社会主义制度。从经济上讲，我国的社会主义经济在工业、农业、商业和其他方面已经建立了相当坚实的基础。这就是我们对这个问题的看法。

我们的改革不仅在中国，而且在国际范围内也是一种试验，我们相信会成功。如果成功了，可以对世界上的社会主义事业和不发达国家的发展提供某些经验。当然，不是把它搬给别国。我们的原则是把马克思主义同中国的实践相结合，走中国自己的道路，我们叫建设有中国特色的社会主义。

# 改革是中国发展生产力的必由之路*

（一九八五年八月二十八日）

从中华人民共和国成立到毛泽东主席逝世这段时间，我们做了大量的工作。特别是从新民主主义革命转变到社会主义革命，搞了土改〔51〕，搞了第一个五年计划的大规模工业化建设，搞了对农业、手工业和资本主义工商业的社会主义改造，事情做得非常好。一九五七年开始有一点问题了，问题出在一个“左”字上。反对资产阶级右派是必要的，但是搞过分了。“左”的思想发展导致了一九五八年的“大跃进”〔54〕和人民公社〔55〕化运动，这是比较大的错误，使我们受到惩罚。一九五九年到一九六一年三年困难时期，工农业减产，市场上的商品很少，人民群众吃不饱饭，积极性受到严重挫伤。那时，我们党和毛泽东主席由于长期斗争历史形成的威望很高，我们把困难的情况如实告诉了人民，“大跃进”的口号不再喊了，并且采取了比较切合实际的政策、步骤和方法，一九六二年就开始从困难的境况中恢复，一九六三年、一九六四年情况比较

* 这是邓小平同志会见津巴布韦非洲民族联盟主席、政府总理穆加贝时谈话的一部分。

好。但是“左”的指导思想并没有根除。一九六五年又提出党内有走资本主义道路的当权派。以后就搞了“文化大革命”，走到了“左”的极端，极左思潮泛滥。“文化大革命”实际上从一九六五年就开始了，一九六六年正式宣布。从一九六六年到一九七六年搞了整整十年，党内的骨干差不多都被打倒了，这场“革命”的对象就是这些老干部。

粉碎“四人帮”以后，我们拨乱反正，就是要纠正极左思潮。同时我们提出还是要坚持马列主义、毛泽东思想。我们一九八一年见面时谈过“四个坚持”，就是坚持社会主义道路，坚持人民民主专政，坚持共产党的领导，坚持马列主义、毛泽东思想。这是四项基本原则。如果不坚持这四项基本原则，纠正极左就会变成“纠正”马列主义，“纠正”社会主义。

我们总结了几十年搞社会主义的经验。社会主义是什么，马克思主义是什么，过去我们并没有完全搞清楚。马克思主义的另一个名词就是共产主义。我们多年奋斗就是为了共产主义，我们的信念理想就是要搞共产主义。在我们最困难的时期，共产主义的理想是我们的精神支柱，多少人牺牲就是为了实现这个理想。共产主义是没有人剥削人的制度，产品极大丰富，各尽所能，按需分配。按需分配，没有极大丰富的物质条件是不可能的。要实现共产主义，一定要完成社会主义阶段的任务。社会主义的任务很多，但根本一条就是发展生产力，在发展生产力的基础上体现出优于资本主义，为实现共产主义创造物质基础。我们在一个长时期里忽视了发展社会主义社会的生产力。从一九五七年起，我们生产力的发展非常缓慢。拿农村来说，到一九六六年的十年间，农民的收入没有增长多少。虽然有一些地区的农民生活比较宽裕，但是多数地区的农民还处在贫困状态。当然，同旧中国相比，还是进步了。如果按照社会主义的标准来要求，这是很不够的。"文化大革命"时期，情况更加困难。

我们拨乱反正，就是要在坚持四项基本原则的基础上发展生产力。为了发展生产力，必须对我国的经济体制进行改革，实行对外开放的政策。党的十一届三中全会以来，我们逐步进行改革。改革首先从农村开始。农村改革已经见效了，农村面貌发生明显变化。有了农村改革的经验，现在我们转到城市经济改革。城市经济改革就是全面的改革，从去年下半年开始到现在有一年时间了。城市经济改革比农村经济改革复杂得多，难免出差错，冒风险。我们意识到了这一点。但是，要发展生产力，经济体制改革是必由之路，对此我们有充分的信心。不过，要证实我们城市经济改革的路子走得对不对，还需要三五年的时间。

在改革中坚持社会主义方向，这是一个很重要的问题。我们要实现工业、农业、国防和科技现代化，但在四个现代化前面有"社会主义"四个字，叫"社会主义四个现代化"。我们现在讲的对内搞活经济、对外开放是在坚持社会主义原则下开展的。社会主义有两个非常重要的方面，一是以公有制为主体，二是不搞两极分化。公有制包括全民所有制和集体所有制，现在占整个经济的百分之九十以上。同时，发展一点个体经济，吸收外国的资金和技术，欢迎中外合资合作，甚至欢迎外国独资到中国办工厂，这些都是对社会主义经济的补充。一个三资企业〔60〕办起来，工人可以拿到工资，国家可以得到税收，合资合作的企业收入还有一部分归社会主义所有。更重要的是，从这些企业中，我们可以学到一些好的管理经验和先进的技术，用于发展社会主义经济。这样做不会也不可能破坏社会主义经济。我们倒是觉得现在外国投资太少，还不能满足我们的需要。至于不搞两极分化，我们在制定和执行政策时注意到了这一点。如果导致两极分化，改革就算失败了。会不会产生新的资产阶级？个别资产阶级分子可能会出现，但不会形成一个资产阶级。总之，我们的改革，坚持公有制为主体，又注意不导致两极分化，过去四年我们就是按照这个方向走的，这就是坚持社会主义。

我还要说，我们社会主义的国家机器是强有力的。一旦发现偏离社会主义方向的情况，国家机器就会出面干预，把它纠正过来。开放政策是有风险的，会带来一些资本主义的腐朽东西。但是，我们的社会主义政策和国家机器有力量去克服这些东西。所以事情并不可怕。

我们的同志编辑出版了一本小册子《建设有中国特色的社会主义》〔61〕，里面是我的一些讲话，有十二大的开幕词，不知你读过没有？社会主义究竟是个什么样子，苏联搞了很多年，也并没有完全搞清楚。可能列宁的思路比较好，搞了个新经济政策〔62〕，但是后来苏联的模式僵化了。中国革命取得成功，就是因为把马列主义的普遍原则用到自己的实际中去。在社会主义建设方面，我们的经验有正面的，也有反面的，正反两方面的经验都有用。要特别注意我们“左”的错误。“左”的错误带来的损失，历史已经作出结论。我们都是搞革命的，搞革命的人最容易犯急性病。我们的用心是好的，想早一点进入共产主义。这往往使我们不能冷静地分析主客观方面的情况，从而违反客观世界发展的规律。中国过去就是犯了性急的错误。我们特别希望你们注意中国不成功的经验。外国的经验可以借鉴，但是绝对不能照搬。

# 在中国共产党全国代表会议上的讲话

（一九八五年九月二十三日）

同志们：

这次党的全国代表会议开得很好，圆满完成了预定的任务。现在，我讲四点意见。

第一点，关于形势和改革。

大家都看到，十一届三中全会以来的将近七年，是建国以来最好的、关键性的时期之一。这确实来之不易。我们主要做了两件事，一是拨乱反正，二是全面改革。

多少年来我们吃了一个大亏，社会主义改造基本完成了，还是"以阶级斗争为纲"，忽视发展生产力。"文化大革命"更走到了极端。十一届三中全会以来，全党把工作重点转移到社会主义现代化建设上来，在坚持四项基本原则的基础上，集中力量发展社会生产力。这是最根本的拨乱反正。不彻底纠正"左"的错误，坚决转移工作重点，就不会有今天的好形势。同样，不认真坚持四项基本原则，就不能保持安定团结的局面，还会把纠"左"变成"纠正"社会主义和马列主义，也不会有今天的好形势。

改革的问题，十一届三中全会也已经提出来了。改革从农村开始，一度议论纷纷。经过三年，解决了许多实践中出现的新问题，取得成效，认识也就比较一致了。当然也还有新问题，还需要继续解决。十二届三中全会〔35〕以后，改革的重点转移到城市。在多年酝酿和农村改革成功的基础上，经济体制的全面改革逐步展开。改革促进了生产力的发展，引起了经济生活、社会生活、工作方式和精神状态的一系列深刻变化。改革是社会主义制度的自我完善，在一定的范围内也发生了某种程度的革命性变革。这是一件大事，表明我们已经开始找到了一条建设有中国特色的社会主义的路子。

在改革中，我们始终坚持两条根本原则，一是以社会主义公有制经济为主体，一是共同富裕。有计划地利用外资，发展一部分个体经济，都是服从于发展社会主义经济这个总要求的。鼓励一部分地区、一部分人先富裕起来，也正是为了带动越来越多的人富裕起来，达到共同富裕的目的。总的说来，除了个别例外，全国人民的生活，都有了不同程度的改善。当然，在改革过程中，难免带来某些消极的东西。只要我们正视这些东西，采取针对性的坚决步骤，问题是不难解决的。

我国经济体制的全面改革刚刚起步，总的方向、原则有了，具体章法还要在试验中一步步立起来。我们要抓住当前的有利时机，坚定不移，大胆探索，同时注意及时发现问题和解决问题，力争在不太长的时间内把改革搞好。我相信，凡是符合最大多数人的根本利益，受到广大人民拥护的事情，不论前进的道路上还有多少困难，一定会得到成功。

第二点，关于“七五”计划。

这次会议通过的制定“七五”计划的建议，方针政策是正确的，确定的目标是切合实际的，是一个好文件。

“七五”期间，工农业总产值的年增长率定在百分之七左右，这是政治局常委一致同意的，执行中可能超过。百分之七的速度并不低。速度过高，带来的问题不少，对改革和社会风气也有不利影响，还是稳妥一点好。一定要控制固定资产的投资规模，不要把基本建设的摊子铺大了。一定要首先抓好管理和质量，讲求经济效益和总的社会效益，这样的速度才过得硬。

“七五”这五年很重要。如果经过这五年，使改革基本就绪，经济又能够持续、稳定、协调地发展，我们实现十二大〔5〕提出的本世纪末的目标就有了充分的把握。

现在人们说中国发生了明显的变化。我对一些外宾说，这只是小变化。翻两番，达到小康水平，可以说是中变化。到下世纪中叶，能够接近世界发达国家的水平，那才是大变化。到那时，社会主义中国的分量和作用就不同了，我们就可以对人类有较大的贡献。

第三点，关于精神文明建设。

社会主义精神文明建设，很早就提出了。中央、地方和军队都做了不少工作，特别是群众中涌现了一大批先进人物，影响很好。不过就全国来看，至今效果还不够理想。主要是全党没有认真重视。我们为社会主义奋斗，不但是因为社会主义有条件比资本主义更快地发展生产力，而且因为只有社会主义才能消除资本主义和其他剥削制度所必然产生的种种贪婪、腐败和不公正现象。这几年生产是上去了，但是资本主义和封建主义的流毒还没有减少到可能的最低限度，甚至解放后绝迹已久的一些坏事也在复活。我们再不下大的决心迅速改变这种情况，社会主义的优越性怎么能全面地发挥出来？我们又怎么能充分有效地教育我们的人民和后代？不加强精神文明的建设，物质文明的建设也要受破坏，走弯路。光靠物质条件，我们的革命和建设都不可能胜利。过去我们党无论怎样弱小，无论遇到什么困难，一直有强大的战斗力，因为我们有马克思主义和共产主义的信念。有了共同的理想，也就有了铁的纪律。无论过去、现在和将来，这都是我们的真正优势。这个真理，有些同志已经不那么清楚了。这样，也就很难重视精神文明的建设。

当前的精神文明建设，首先要着眼于党风和社会风气的根本好转。

端正党风，是端正社会风气的关键。整党要遵照十二届二中全会的决定，统一思想，整顿作风，加强纪律，纯洁组织，四者缺一不可。党章对这些都有明确的规定，每个党组织应该要求每个党员逐条对照，开展自我批评和相互批评，必要的时候要采取纪律措施。每个党员都能以身作则，我们的一切事情就都好办了。

改善社会风气要从教育入手。教育一定要联系实际。对一部分干部和群众中流行的影响社会风气的重要思想问题，要经过充分调查研究，由适当的人进行周到细致、有充分说服力的教育，简单片面武断的说法是不行的。群众关心的实际生活问题和时事政策问题，各级领导一定要经常据实讲解，告诉大家客观的情况以及党和政府所作的努力，并且对群众所反映的不合理现象及时纠正。群众从事实上感觉到党和社会主义好，这样，理想纪律教育，共产主义思想教育和爱国主义教育，才会有效。

思想政治工作和思想政治工作队伍都必须大大加强，决不能削弱。同样，对严重犯罪活动的防范和打击，也必须继续加强。对一些严重危害社会风气的腐败现象，要坚决制止和取缔。一切企业事业单位，一切经济活动和行政司法工作，都必须实行信誉高于一切，严格禁止坑害勒索群众。

思想文化教育卫生部门，都要以社会效益为一切活动的唯一准则，它们所属的企业也要以社会效益为最高准则。思想文化界要多出好的精神产品，要坚决制止坏产品的生产、进口和流传。资产阶级自由化的宣传，也就是走资本主义道路的宣传，一定要坚决反对。毫无疑问，我们仍然坚持“双百”方针〔27〕，坚持宪法和法律所保障的各项自由，坚持对思想上的不正确倾向以说服教育为主的方针，不搞任何运动和“大批判”。对坚持错误拒绝改正的党员要执行党纪，但是在处理这些问题的时候不允许重犯任何简单化、扩大化的“左”的错误。

做好以上几方面的工作，社会风气的根本好转也就有了保证。

第四点，关于干部的新老交替和理论学习。

几年来新老干部的合作和交替，进行得比较顺利。从中央到地方的党政军各级领导岗位，都补充了一批德才兼备年富力强的优秀干部。这次三个委员会成员的进退，工作做得很好，特别是中央委员会的年轻化，前进了一大步。一批老同志以实际行动，带头废除领导职务终身制，推进干部制度的改革，这件事在党的历史上值得大书特书。

这次增选的中央委员，新近上任的部长、省委书记，都比较年轻。一般是五十多岁，有的才四十出头。我们开国时的好多部长、省委书记，也就是这个年龄。中青年干部接班，最重要的是接老同志坚持革命斗争方向的英勇精神的班。希望通过你们的努力，把党的好传统、好作风发扬起来。我曾经说过，干部不是只要年轻，有业务知识，就能解决问题，还要有好的作风。要全心全意为人民服务，深入群众倾听他们的呼声；要敢说真话，反对说假话，不务虚名，多做实事；要公私分明，不拿原则换人情；要任人唯贤，反对任人唯亲。

我们常说，干部的新老交替，是从组织上保证我们党的政策的连续性。究竟什么是我们党的政策的连续性呢？这里当然包括独立自主、民主法制、对外开放、对内搞活等内外政策，这些政策我们是不会改变的。而所有这些政策的基础，就是四项基本原则，对此我们更是不会改变，不会动摇的。不然的话，我们的社会就将是一个乱的社会，就谈不上安定团结，什么建设改革、振兴中华，都将成为空话。

现在我还想提出一个新的要求，这不仅是专对新干部，对老干部也同样适用，就是要学习马克思主义理论。或者会有同志问：现在我们是在建设，最需要学专业知识和管理知识，学马克思主义理论有什么实际意义？同志们，这是一种误解。马克思主义理论从来不是教条，而是行动的指南。它要求人们根据它的基本原则和基本方法，不断结合变化着的实际，探索解决新问题的答案，从而也发展马克思主义理论本身。俄国的十月革命和我们中国的革命，不就是这样成功的吗？我们现在要建设有中国特色的社会主义，时代和任务不同了，要学习的新知识确实很多，这就更要求我们努力针对新的实际，掌握马克思主义基本理论。因为只有这样，才能提高我们运用它的基本原则基本方法，来积极探索解决新的政治经济社会文化基本问题的本领，既把我们的事业和马克思主义理论本身推向前进，也防止一些同志，特别是一些新上来的中青年同志在日益复杂的斗争中迷失方向。因此，我希望党中央能作出切实可行的决定，使全党的各级干部，首先是领导干部，在繁忙的工作中，仍然有一定的时间学习，熟悉马克思主义的基本理论，从而加强我们工作中的原则性、系统性、预见性和创造性。只有这样，我们党才能坚持社会主义道路，建设和发展有中国特色的社会主义，一直达到我们的最后目的，实现共产主义。

# 社会主义和市场经济不存在根本矛盾*

（一九八五年十月二十三日）

**格隆瓦尔德**（美国时代公司总编辑）：中国共产党一直教育人民要大公无私，为人民服务。现在经济改革，你们教育人民要致富，出现了少数贪污腐化和滥用权力的现象，你们准备采取什么办法解决这些问题？

**邓小平**：我们主要通过两个手段来解决，一个是教育，一个是法律。这些问题不可能在一夜之间解决，也不可能靠几个人讲几句话就见效。但是我们有信心，我们的党、我们的国家有能力逐步克服并最终消除这些消极现象。

**格**：这种现象是否反映了一个潜在的、很难解决的矛盾，即市场经济和社会主义制度之间的矛盾？

**邓**：社会主义和市场经济之间不存在根本矛盾。问题是用什么方法才能更有力地发展社会生产力。我们过去一直搞计划经济，但多年的实践证明，在某种意义上说，只搞计划经济会束缚生产力的发展。把计划经济和市场经济结合起来，就更

---

* 这是邓小平同志会见美国时代公司组织的美国高级企业家代表团时回答提问的一部分。

能解放生产力，加速经济发展。

三中全会以来，我们一直强调坚持四项基本原则，其中最重要的一条是坚持社会主义制度。而要坚持社会主义制度，最根本的是要发展社会生产力，这个问题长期以来我们并没有解决好。社会主义优越性最终要体现在生产力能够更好地发展上。多年的经验表明，要发展生产力，靠过去的经济体制不能解决问题。所以，我们吸收资本主义中一些有用的方法来发展生产力。现在看得很清楚，实行对外开放政策，搞计划经济和市场经济相结合，进行一系列的体制改革，这个路子是对的。这样做是否违反社会主义的原则呢？没有。因为我们在改革中坚持了两条，一条是公有制经济始终占主体地位，一条是发展经济要走共同富裕的道路，始终避免两极分化。我们吸收外资，允许个体经济发展，不会影响以公有制经济为主体这一基本点。相反地，吸收外资也好，允许个体经济的存在和发展也好，归根到底，是要更有力地发展生产力，加强公有制经济。只要我国经济中公有制占主体地位，就可以避免两极分化。当然，一部分地区、一部分人可以先富起来，带动和帮助其他地区、其他的人，逐步达到共同富裕。我相信，随着经济的发展，随着科学文化和教育水平的提高，随着民主和法制建设的加强，目前社会上那些消极的现象也必然会逐步减少并最终消除。总之，我国当前压倒一切的任务就是一心一意地搞四化建设。我们发挥社会主义固有的特点，也采用资本主义的一些方法（是当作方法来用的），目的就是要加速发展生产力。在这个过程中出现了一些消极的东西，但更重要的是，搞这些改革，走这样的路，已经给我们带来了可喜的结果。中国不走这条路，就没有别的路可走。只有这条路才是通往富裕和繁荣之路。

**麦克亨利**（乔治城大学外交学院教授、前美国驻联合国代表）：你对现在的领导机构和领导人的变动是否满意？是否认为他们会继续执行改革政策？

**邓**：请客人们注意我们这次党代表会议的情况。我们这次党代表会议采取了两个重要措施。一是总结过去七年的经验，为我国经济发展确定一个适宜的速度，并通过“七五”计划，为中国在本世纪内和下世纪的长期、稳定和持续发展创造条件。二是从组织上解决政策连续性问题，即从中央开始逐步实现领导班子的年轻化，这次首先解决的是中央和国家领导机关。

我们的政策是否有连续性，主要看两条。首先是看政策本身对不对，这是最重要的。如果政策不对，有什么必要连续呢？如果政策对，能推动社会主义社会生产力发展，使人民生活逐步好起来，这种政策本身就保证了它的连续性。其次要看执行政策的人。从中央到各个地方，都要有一批勇于探索、精力较好的人。党的十一届三中全会以后，我们就逐步实行干部队伍的年轻化，当然还有革命化、知识化、专业化。召开这次党代表会议是一九八二年十二大就决定的，因为当时党的领导机构的成员年龄偏高，所以决定在两次代表大会之间开一次党代表会议，中心目的是实现年轻化。

**普拉格**（美国《时代》杂志海外版编辑）：我想问一个关于你个人的问题。在你漫长的革命经历中，你多次改变了中国人民的命运和方向。如果今后你不在了，你希望人民如何来怀念你？

**邓**：永远不要过分突出我个人。我所做的事，无非反映了中国人民和中国共产党人的愿望，党的这些政策也是由集体制定的。在“文化大革命”前，我也是党的主要领导人之一，那时候的一些错误我也要负责的，世界上没有完人嘛。

# 在中央政治局常委会上的讲话

（一九八六年一月十七日）

抓精神文明建设，抓党风、社会风气好转，必须狠狠地抓，一天不放松地抓，从具体事件抓起。经济犯罪的案件，在国外严重丧失国格人格的事件，还有搞特务的案件，都要抓紧处理。高级干部及其子女绝大多数是好的。但是现在确有个别干部子弟泄露经济情报，卷入了情报网，出卖消息，出卖文件。越是高级干部子弟，越是高级干部，越是名人，他们的违法事件越要抓紧查处，因为这些人影响大，犯罪危害大。抓住典型，处理了，效果也大，表明我们下决心克服一切阻力抓法制建设和精神文明建设。那些小萝卜头漏掉一点关系不大，当然不是说就可以放松。我看，真正抓紧大有希望，不抓紧就没有希望。高级干部在对待家属、子女违法犯罪的问题上必须有坚决、明确、毫不含糊的态度，坚决支持查办部门。不管牵涉到谁，都要按照党纪、国法查处。要真正抓紧实干，不能手软。青海省杨小民那个案子〔63〕拖了多年，几任省委书记没有解决，现在处理了，处理得好。就是要查处这样的案子，才会有震动。

死刑不能废除，有些罪犯就是要判死刑。我最近看了一些材料，屡教屡犯的多得很，劳改几年放出来以后继续犯罪，而且更熟练、更会对付公安司法机关了。对这样的累犯为什么不依法杀一些?还有贩卖妇女、儿童,搞反动会道门活动,屡教不改的,为什么不依法从重判处?当然,杀人要慎重,但总得要杀一些。涉及政治领域、思想领域的问题,只要不触犯刑律,就不受刑事惩处,不涉及死刑问题。但是对严重的经济罪犯、刑事罪犯,总要依法杀一些。现在总的表现是手软。判死刑也是一种必不可少的教育手段。(陈云〔44〕同志:杀一儆百。杀一些可以挽救一大批干部。)现在一般只是杀那些犯杀人罪的人,其他的严重犯罪活动呢?广东卖淫罪犯那么猖獗,为什么不严惩几个最恶劣的?老鸨,抓了几次不改,一律依法从重判处。经济犯罪特别严重的,使国家损失几百万、上千万的国家工作人员,为什么不可以按刑法规定判死刑?一九五二年杀了两个人,一个刘青山,一个张子善〔64〕,起了很大的作用。现在只杀两个起不了那么大作用了,要多杀几个,这才能真正表现我们的决心。

书记处抓整顿风气抓得好,建议狠抓两年,抓出成效。这件事抓好了,就可以真正促进改革和建设。就是这样下决心抓,也要奋斗至少十年,才能恢复到五十年代最好时期的党风和社会风气。现在党中央的路线政策都好,改革和开放的方针必须坚持。但是管理工作和其他工作中的漏洞也不少,有些党员干部的作风和社会风气实在太坏了,在整顿风气中确实有些人要开除党籍,要清理一下。抓党风和社会风气,没有十年的努力不行。十年育人嘛!“文化大革命”十年,青年一代中毒相当深,有些大学生闹事就是同这种遗毒有关。前两年抓整顿风气这件事,实际上在许多方面犹豫不决,明明白白的案子,这里调查那里调查，这里批那里批，批了调查，调查了批，好几年处理不了。有些案子当断即断，抓住事件的主要问题，查清了就处理。也有个雷厉风行的问题啊！

从这次中央机关干部大会〔65〕开始，要狠狠地抓。大会开了还不到十天嘛，各方面反应都很好。会上几位同志的讲话也算是中央一号文件，一九八六年一号文件嘛。

还是我们过去的想法，搞四个现代化一定要有两手，只有一手是不行的。所谓两手，即一手抓建设，一手抓法制。党有党纪，国有国法。坚持四项基本原则中为什么要有一条坚持人民民主专政？只有人民内部的民主，而没有对破坏分子的专政，社会就不可能保持安定团结的政治局面，就不可能把现代化建设搞成功。

今年开始，真正抓两年。经济建设这一手我们搞得相当有成绩，形势喜人，这是我们国家的成功。但风气如果坏下去，经济搞成功又有什么意义？会在另一方面变质，反过来影响整个经济变质，发展下去会形成贪污、盗窃、贿赂横行的世界。所以，不能不讲四个坚持，不能不讲专政，这个专政可以保证我们的社会主义现代化建设顺利进行，有力地对付那些破坏建设的人和事。

赞成书记处这么抓。

# 拿事实来说话*

（一九八六年三月二十八日）

我们的改革是从农村开始的，在农村先见成效，但发展不平衡。有百分之十左右的农村地区还没有摆脱贫穷，主要是在西北干旱地区和西南的一部分地区。我们的政策是让一部分人、一部分地区先富起来，以带动和帮助落后的地区，先进地区帮助落后地区是一个义务。我们坚持走社会主义道路，根本目标是实现共同富裕，然而平均发展是不可能的。过去搞平均主义，吃“大锅饭”，实际上是共同落后，共同贫穷，我们就是吃了这个亏。改革首先要打破平均主义，打破“大锅饭”，现在看来这个路子是对的。

对这个政策有一些人感到不那么顺眼，我们的做法是允许不同观点存在，拿事实来说话。农村改革，开始的一两年里有些地区根本不理睬，他们不相信这条路，就是不搞。观望了一年，有的观望了两年，看到凡是执行改革政策的都好起来了，他们就跟着走了。这里指的不是农民群众，主要是一些领导干部。所以，改革的政策，人们一开始并不是都能理解的，要通过事实的证明才能被普遍接受。

---

* 这是邓小平同志会见新西兰总理朗伊时谈话的一部分。

现在我们搞以城市经济体制改革为中心的全面改革，同农村改革一样，起初有些人怀疑，或者叫担心，他们要看一看。对这种怀疑态度，我们也允许存在，因为这是正常的。既然搞的是天翻地覆的事业，是伟大的实验，是一场革命，怎么会没有人怀疑呢？即使在主张和提倡改革的人当中，保留一点怀疑态度也有好处。处理的办法也一样，就是拿事实来说话，让改革的实际进展去说服他们。

我们的现代化建设要取得成功，决定于两个条件。一个是国内条件，就是坚持现行的改革开放政策。如果改革成功，会为中国今后几十年的持续稳定发展奠定基础。还有一个是国际条件，就是持久的和平环境。我们奉行反对霸权主义、维护世界和平的外交政策。谁搞和平，我们就拥护；谁搞战争和霸权，我们就反对。我们同美苏两个超级大国都改善关系，但是他们哪件事做得不对，我们就批评，就不投赞成票。我们不能坐到别人的车子上去。我们这种独立自主的外交政策，最有利于世界和平。问题的关键是中国的现行政策不能变，无论对内还是对外政策都不能变。我相信，只要坚持现行政策，搞他几十年，中国会发展起来的。

我们现在搞两个文明建设，一是物质文明，一是精神文明。实行开放政策必然会带来一些坏的东西，影响我们的人民。要说有风险，这是最大的风险。我们用法律和教育这两个手段来解决这个问题。只要不放松，认真抓，就会有办法。对贪污、行贿、盗窃以及其他乌七八糟的东西，人民是非常反感的，我们依靠人民的力量，一定能够逐步加以克服。

# 坚持社会主义，坚持和平政策*

（一九八六年四月四日）

一九四九年中华人民共和国建立，到现在快三十七年了。这中间，中国走的道路很曲折，有顺利发展的时期，也有遭受挫折的时期。“文化大革命”结束以后，我们冷静地估计了形势，考虑今后的路怎么走。界限的划分是我们党的十一届三中全会〔9〕，这次会议确定了一系列新的方针和政策。

我们的改革，我们的对外开放、对内搞活，是坚持社会主义道路的。社会主义的任务就是要发展社会生产力，增强社会主义国家的力量，使人民的生活逐步得到改善，然后为将来进入共产主义准备基础。过去很长一个时期，我们忽视了社会主义阶段要发展生产力。我们总结了经验，就是要对外开放，打破闭关自守，对内搞活，调动全国人民的积极性。不这样，生产力发展不起来。搞平均主义，吃“大锅饭”，人民生活永远改善不了，积极性永远调动不起来。我们现在采取的措施，都是为社会主义发展生产力服务的。

对于我们党的十一届三中全会提出改革开放，当时国际

---

* 这是邓小平同志会见南斯拉夫社会主义联邦共和国主席团主席弗拉伊科维奇时谈话的一部分。

舆论特别是西方世界的舆论，以为我们是搞资本主义，或者以为我们这样搞最终要走到资本主义。经过这几年改革的实践，他们慢慢懂得了，我们是坚持社会主义的。坚持社会主义，是中国一个很重要的问题。如果十亿人的中国走资本主义道路，对世界是个灾难，是把历史拉向后退，要倒退好多年。如果十亿人的中国不坚持和平政策，不反对霸权主义，或者是随着经济的发展自己搞霸权主义，那对世界也是一个灾难，也是历史的倒退。十亿人的中国坚持社会主义，十亿人的中国坚持和平政策，做到这两条，我们的路就走对了，就可能对人类有比较大的贡献。

# 在听取经济情况汇报时的谈话*

（一九八六年六月十日）

当前经济情况总的是不错的。前景如何，会遇到什么障碍？我想，是不是有两三个问题，如果解决得不好，将会影响我们经济的发展。

一是农业，主要是粮食问题。农业上如果有一个曲折，三五年转不过来。粗略估计一下，到二〇〇〇年，以十二亿人口每人八百斤计算，粮食年产量要达到九千六百亿斤。从现在起，每年要增产一百多亿斤才能达到这个目标。但是，现在粮食增长较慢。有位专家说，农田基本建设投资少，农业生产水平降低，中国农业将进入新的徘徊时期。这是值得注意的。我们从宏观上管理经济，应该把农业放到一个恰当位置上，总的目标始终不要离开本世纪末达到年产九千六百亿斤粮食的盘子。要避免过几年又出现大量进口粮食的局面，如果那样，将会影响我们经济发展的速度。

二是外汇问题。外汇短缺，外贸发生逆差，会不会拖我们的后腿？中国有很多东西可以出口。要研究多方面打开国际

---

* 这是邓小平同志在听取中央负责同志汇报当前经济情况时的谈话。

市场，包括进一步打开香港、东南亚和日本市场。还要研究提高产品质量。我去年就说过，产品不能只讲数量，首先要讲质量。要打开出口销路，关键是提高质量。质量不高，就没有竞争能力。逐年减少外贸逆差是个战略性问题。否则，经济长期持续稳定发展就不可能，总有一天要萎缩下去。

三是政治体制改革问题。现在看，不搞政治体制改革不能适应形势。改革，应该包括政治体制的改革，而且应该把它作为改革向前推进的一个标志。我们要精兵简政，真正下放权力，扩大社会主义民主，把人民群众和基层组织的积极性调动起来。现在机构不是减少了，而是增加了。设立许多公司，实际是官办机构，用公司的形式把放给下面的权又收了上来。机构多、人多，就找事情干，就抓住权不放，下边搞不活，企业没有积极性了。上半年经济发展速度比较低，就有这么一条原因。解决这个问题从何入手，要很好研究。一九八〇年就提出政治体制改革，但没有具体化，现在应该提到日程上来。不然的话，机构庞大，人浮于事，官僚主义，拖拖拉拉，互相扯皮，你这边往下放权，他那边往上收权，必然会阻碍经济体制改革，拖经济发展的后腿。

我看，改革总的进展比较顺利。通过改革，要取得长期持续稳定发展的条件。现在，我们是背着大包袱前进，每年几百亿元价格补贴，越背越重。这个问题，总得有计划有步骤地妥善解决。权力不下放，企业没有自主权，也就没有责任，搞得好坏都是上面负责。全部由上面包起来，怎么能搞好工作，调动积极性？总之，改革要继续进行下去。

# 争取整个中华民族的大团结*

（一九八六年六月十八日）

从历史上讲，你们荣家〔66〕在发展我国民族工业上是有功的，对中华民族做出了贡献。民族工业的发展是推动历史前进的，至于资本主义的消极因素那是另外一回事。这次你们亲属团聚是一件喜事，是我们民族大团结的一个体现，一个演习。我们要争取整个中华民族的大团结。

你们有本领、有知识，是能够为我们国家做出重要贡献的。你们联系的人多，朋友多，希望你们跟他们讲讲我们国家的事情。让他们回来看看，看一次不够，看几次就比较了解了，就可以看到我们国家是怎样前进的。现在我们有些条件还不怎么好，这不要紧，以后会逐步改善。

我们的国家是有希望的。我们的目标，第一步是到二〇〇〇年建立一个小康社会。雄心壮志太大了不行，要实事求是。所谓小康社会，就是虽不富裕，但日子好过。我们是社会主义国家，国民收入分配要使所有的人都得益，没有太富的

---

* 这是邓小平同志会见来自美国、加拿大、澳大利亚、联邦德国、巴西以及港澳等国家和地区的荣氏亲属回国观光团部分成员和内地的荣氏亲属时谈话的一部分。

人，也没有太穷的人，所以日子普遍好过。更重要的是，那时我们可以进入国民生产总值达到一万亿美元以上的国家的行列，这样的国家不多。国家总的力量大了，那时办事情就不像现在这样困难了。比如，拿出国民生产总值的百分之五办教育，就是五百亿美元，现在才七八十亿美元。如果拿出百分之五去搞国防，军费就可观了，但是我们不打算这样搞，因为我们不参加军备竞赛，总收入要更多地用来改善人民生活，用来办学。有了本世纪末的基础，再花三十年到五十年时间，人均国民生产总值再翻两番，我可以肯定地说，中国将更加强大，对世界和平就更加有利。我们欢迎在海外的华侨、华人参与这个具有前景的事业。

我们坚持独立自主的和平外交政策，不参加任何集团。同谁都来往，同谁都交朋友，谁搞霸权主义我们就反对谁，谁侵略别人我们就反对谁。我们讲公道话，办公道事。这样，我们国家的政治分量就更加重了。这个政策很见效，我们要坚持到底。

我们欢迎海外的华侨、华人都回来走走。一是了解我们的国家，二是看看有什么事情可以参与，可以尽力。我相信在国外的华侨、华人是会热心支持我国的建设事业的。

# 在全体人民中树立法制观念*

（一九八六年六月二十八日）

纠正不正之风、打击犯罪活动中属于法律范围的问题，要用法制来解决，由党直接管不合适。党要管党内纪律的问题，法律范围的问题应该由国家和政府管。党干预太多，不利于在全体人民中树立法制观念。这是一个党和政府的关系问题，是一个政治体制的问题。我看明年党的十三大可以提出这个问题，把关系理顺。现在从党的工作来说，重点是端正党风，但从全局来说，是加强法制。我们国家缺少执法和守法的传统，从党的十一届三中全会以后就开始抓法制，没有法制不行。法制观念与人们的文化素质有关。现在这么多青年人犯罪，无法无天，没有顾忌，一个原因是文化素质太低。所以，加强法制重要的是要进行教育，根本问题是教育人。法制教育要从娃娃开始，小学、中学都要进行这个教育，社会上也要进行这个教育。纠正不正之风中属于法律范围、社会范围的问题，应当靠加强法制和社会教育来解决。我们要把经验好好总结一下，使这方面工作来一个改善。

党管政府怎么管法，也需要总结经验。党政分开，从十一

---

* 这是邓小平同志在中央政治局常委会上的讲话。

届三中全会以后就提出了这个问题。我们坚持党的领导，问题是党善于不善于领导。党要善于领导，不能干预太多，应该从中央开始。这样提不会削弱党的领导。干预太多，搞不好倒会削弱党的领导，恐怕是这样一个道理。上次找几位同志谈经济工作的时候，我提到要注意政治体制改革，包括党政分开和下放权力。我想中央的领导同志，特别是书记处的同志，要考虑一下这个问题。允许用年把时间搞调查研究，把问题理一理，把主意拿好，然后再下手。政治体制改革同经济体制改革应该相互依赖，相互配合。只搞经济体制改革，不搞政治体制改革，经济体制改革也搞不通，因为首先遇到人的障碍。事情要人来做，你提倡放权，他那里收权，你有什么办法？从这个角度来讲，我们所有的改革最终能不能成功，还是决定于政治体制的改革。

这半年端正党风的工作是有成绩的，但是不要估计太高，现在还刚刚开始。我们说从今年起狠抓两年，实际上两年以后还要继续干这件事，当然不一定要设专门机构。开放、搞活，必然带来一些不好的东西，不对付它，就会走到邪路上去。所以，开放、搞活政策延续多久，端正党风的工作就得干多久，纠正不正之风、打击犯罪活动就得干多久，这是一项长期的工作，要贯穿在整个改革过程之中，这样才能保证我们开放、搞活政策的正确执行。

# 视察天津时的谈话*

（一九八六年八月十九日——二十一日）

我这次来天津，要看看你们的开发区，看看市容，还要到港口看一看。

对外开放还是要放，不放就不活，不存在收的问题。天津开发区很好嘛，已经创出了牌子，投资环境有所改善，外国人到这里投资就比较放心了。

你们在港口和市区之间有这么多荒地，这是个很大的优势，我看你们潜力很大。可以胆子大点，发展快点。你们这里有些基础设施比上海好，有些事情办起来可能容易些。你们准备向外国借一百亿美元，有没有对象？可以多找一些国家。人家借给我们钱都不怕，我们怕什么？我向来不怕。十年时间，有一两个地方，借百把亿美元，只要讲效益，有什么危险？两百亿也没有什么了不起！

要研究投资方向问题。日本人说搞现代化要从交通、通讯上入手，我看有道理。我们在这方面老是舍不得花钱。

天津港下放两年来经济效益显著提高。人还是这些人，地

* 这是邓小平同志在天津听取汇报和进行视察的过程中同天津市负责同志的一些谈话。他在视察天津经济技术开发区时题词："开发区大有希望"。

还是这块地，一改革，效益就上来了。无非是给了他们权，其中最重要的是用人权。

中环线搞得这么快，是不是搞了承包？就是要搞改革，搞承包，分段、分级承包，实行责任制。中山门蝶式立交桥的设计者干得好，破格批准他为工程师，应该，这是谁也不应反对的，这也叫改革。

改革，现代化科学技术，加上我们讲政治，威力就大多了。到什么时候都得讲政治，外国人就是不理解后面这一条。你们经常搞义务劳动，这也是政治嘛。

我的一贯主张是，让一部分人、一部分地区先富起来，大原则是共同富裕。一部分地区发展快一点，带动大部分地区，这是加速发展、达到共同富裕的捷径。

把年轻干部放到第一线压担子，这个路子对，不能只靠人家扶着。他们受到了锻炼，提上来别人也会服气。

建设居民小区，人民群众有了好的环境，看到了变化，就有信心，就高兴，事情也就好办了。

# 答美国记者迈克·华莱士问*

（一九八六年九月二日）

**迈克·华莱士**：邓主任，您对戈尔巴乔夫最近在海参崴的讲话[67]有何看法？

**邓小平**：戈尔巴乔夫在海参崴的讲话有点新东西，所以我们对他的新的带积极性的东西表示了谨慎的欢迎。但戈尔巴乔夫讲话也表明，他的步子迈得并不大。在戈尔巴乔夫发表讲话后不久，苏联外交部官员也讲了一篇话，调子同戈尔巴乔夫的不一样。这就说明，苏联对中国政策究竟怎么样，我们还要观察。

**迈**：您以前有没有见过戈尔巴乔夫？

**邓**：没有。

**迈**：您是否想见见他？因为他说过，他愿意同你们在任何时候、任何级别上谈任何问题。您愿意同他进行最高级会晤吗？

**邓**：如果戈尔巴乔夫在消除中苏间三大障碍[68]，特别是在促使越南停止侵略柬埔寨和从柬埔寨撤军问题上走出扎扎

---

* 这是邓小平同志接受美国哥伦比亚广播公司“六十分钟”节目记者迈克·华莱士电视采访时的谈话。

实实的一步，我本人愿意跟他见面。

**迈**：越南人今天发表讲话，表示愿意和中国谈判，以便结束中越之间的困难局面。

**邓**：越南这种表示至少有一百次了。我们也明确告诉他们，前提是越南从柬埔寨撤出全部军队。柬埔寨问题由柬埔寨四方商量解决。

**迈**：所以，就邓小平和戈尔巴乔夫举行最高级会晤来说，球在戈尔巴乔夫一边。

**邓**：要越南从柬埔寨全部撤军。对这个问题，苏联是能够有所作为的。因为如果苏联不帮助越南，越南一天仗都打不了。戈尔巴乔夫在海参崴讲话一直回避这个问题。所以我说，苏联在消除中苏关系三大障碍上迈的步子并不大。

**迈**：看来，中国同资本主义的美国的关系比同苏联共产党人的关系更好一些，这是为什么？

**邓**：中国观察国家关系问题不是看社会制度。中美关系是看中国和美国关系的具体情况来决定。中苏关系是看中国和苏联关系的具体情况来决定。

**迈**：邓主任，刚才我的节目制作人要我再问一下邓主任是否愿意会见戈尔巴乔夫。

**邓**：我刚才说了，如果苏联能够帮助越南从柬埔寨撤军，这就消除了中苏关系的主要障碍。我再说一次，越南入侵柬埔寨问题是中苏关系的主要障碍。越南在柬埔寨驻军也是中苏关系实际上处于热点的问题。只要这个问题消除了，我愿意跟戈尔巴乔夫见面。我可以告诉你，我现在年龄不小了，过了八十二了，我早已经完成了出国访问的历史任务。我是决心不出国的了。但如果消除了这个障碍，我愿意破例地到苏联任何地方同戈尔巴乔夫见面。我相信这样的见面对改善中苏关系，实现中苏国家关系正常化很有意义。

**迈**：具体地说，哪一件事应该放在第一位做呢？

**邓**：三大障碍主要是越南侵柬，因为中苏实际上处于热点和对峙，不过方式是通过越南军队同中国对峙。

**迈**：是指越南在柬埔寨的军队吗？

**邓**：是的。

**迈**：里根总统和夫人对我的节目很有兴趣，差不多每个星期天都看这个节目，在我的采访节目播出时，他们一定会观看。不知你有什么话对里根总统说？

**邓**：在里根总统和夫人访问中国时，我们认识了。我们相互间的谈话是融洽的和坦率的。我愿意通过你们的电视台，转达我对里根总统和夫人的良好祝愿。我希望在里根总统执政期间，中美关系能有进一步的发展。

**迈**：目前中美双方是否存在大的分歧问题？

**邓**：有。如果说中苏关系有三大障碍，中美关系也有个障碍，就是台湾问题，就是中国的海峡两岸统一的问题。美国有一种议论说，对中国的统一问题，即台湾问题，美国采取“不介入”的态度。这个话不真实。因为美国历来是介入的。在五十年代，麦克阿瑟〔69〕、杜勒斯〔45〕就把台湾看作是美国在亚洲和太平洋的“永不沉没的航空母舰”，所以台湾问题一直是中美建交谈判中最重要的问题。

**迈**：美国在处理美台关系时是否未能按照它承担的义务去做？

**邓**：我认为美国应该在这个问题上采取更明智的态度。

**迈**：什么态度？

**邓**：很遗憾地说，在卡特[38]执政的后期，美国国会通过了《与台湾关系法》[39]，这就变成了中美关系的一个很大的障碍。刚才我说，希望里根总统执政期间，能够使中美关系得到进一步发展，其中就包括美国在中国统一问题上能有所作为。我相信，美国特别是里根总统，在这个问题上是能有所作为的。

**迈**：他们在这个问题上能有哪些作为呢？

**邓**：可以鼓励、劝说台湾首先跟我们搞"三通"：通商、通航、通邮。通过这种接触，能增进海峡两岸的相互了解，为双方进一步商谈统一问题创造条件。

**迈**：台湾有什么必要同大陆统一？

**邓**：这首先是个民族问题，民族的感情问题。凡是中华民族子孙，都希望中国能统一，分裂状况是违背民族意志的。其次，只要台湾不同大陆统一，台湾作为中国领土的地位是没有保障的，不知道哪一天又被别人拿去了。第三点理由是，我们采取"一国两制"的方式解决统一问题。大陆搞社会主义，台湾搞它的资本主义。这对台湾的社会制度和生活方式不会改变，台湾人民没有损失。至于比较台湾和大陆的发展程度，这个问题要客观地看。差距是暂时的。拿大陆来说，我们建国三十七年来，有些失误，耽误了，但根据大陆的现行政策，发展速度不会慢，距离正在缩小。我相信大陆在若干年内至少不会低于台湾的发展速度。道理很简单，台湾资源很缺乏，大陆有丰富的资源。如果说台湾已发挥了自己的潜力，大陆的潜力还没有发挥，肯定会很快发挥出来的。而且就整体力量来说，现在大陆比台湾强得多。所以单就台湾国民平均收入比大陆现在高一些这一点来比较，是不全面的。

**迈**：中国谈到，搞现代化，发展经济，需要西方的资金，但现在西方投资者抱怨同中国做生意太难，存在一些问题，房租太高，谈合同争吵不休，各种税收名目繁多，劳动力太贵，贪污、受贿，还存在着官僚主义。您是否了解这些情况？

**邓**：我了解，是有这种现象。因为同西方做生意这对我们来说是一件新事物，有一些差错是难免的。外国投资者有这些意见，我能理解。投资不赚一点钱，那不可能，那谁愿意来？我们正在采取一些有效措施改变这种状况，相信问题可以逐步得到解决。解决了这些问题，还会有新的问题产生，还要加以解决。作为领导来说，要摸清情况，采取措施，包括教育干部。

**迈**：现在中国领导提出致富光荣的口号，资本主义国家很多人对此感到意外，这个口号同共产主义有什么关系？

**邓**：我们经历了"文化大革命"。关于共产主义，"文化大革命"中有一种观点，宁要穷的共产主义，不要富的资本主义。我在一九七四年、一九七五年重新回到中央工作时就批驳了这种观点。正因为这样，当然还有其他原因，我又被打下去了。当时我告诉他们没有穷的共产主义，按照马克思主义观点，共产主义社会是物质极大丰富的社会。因为物质极大丰富，才能实现各尽所能、按需分配的共产主义原则。社会主义是共产主义第一阶段，当然这是一个很长很长的历史阶段。社会主义时期的主要任务是发展生产力，使社会物质财富不断增长，人民生活一天天好起来，为进入共产主义创造物质条件。不能有穷的共产主义，同样也不能有穷的社会主义。致富不是罪过。但我们讲的致富不是你们讲的致富。社会主义财富属于人民，社会主义的致富是全民共同致富。社会主义原则，第一是发展生产，第二是共同致富。我们允许一部分人先好起来，一部分地区先好起来，目的是更快地实现共同富裕。正因为如此，所以我们的政策是不使社会导致两极分化，就是说，不会导致富的越富，贫的越贫。坦率地说，我们不会容许产生新的资产阶级。

**迈**：在广东珠江三角洲，我看到现在农民生活得很好，有摩托车、彩电，自己盖新房。你们采取措施，鼓励他们致富。他们把一部分收入交给国家，其余部分归自己。这跟我们的制度差不多，我们的人交完税，其余的就归自己。

**邓**：我们的制度是以公有制为主体的，还有其他经济成分。现在在农村受到赞扬的有些万元户，一万元不过二三千美元，还是一年的收入，能够算富吗？我们就算富了，那能有多少？比起发达国家来，人均国民收入还是很低的。

**迈**：邓主任刚才谈到“文化大革命”，在那时候您和您的家人遭遇如何？

**邓**：那件事，看起来是坏事，但归根到底也是好事，促使人们思考，促使人们认识我们的弊端在哪里。毛主席经常讲坏事转化为好事。善于总结“文化大革命”的经验，提出一些改革措施，从政治上、经济上改变我们的面貌，这样坏事就变成了好事。为什么我们能在七十年代末和八十年代提出了现行的一系列政策，就是总结了“文化大革命”的经验和教训。

**迈**：到现在为止，还没有看到在中国的任何公众场合挂您的照片，这是为什么？

**邓**:我们不提倡这个。个人是集体的一分子。任何事情都不是一个人做得出来的。所以就我个人来说,我从来不赞成给我写传。我这个人,多年来做了不少好事,但也做了一些错事。“文化大革命”前,我们也有一些过失,比如“大跃进”〔54〕这个事情,当然我不是主要的提倡者,但我没有反对过,说明我在这个错误中有份。如果要写传,应该写自己办的好事,也应该写自己办的不好的事,甚至是错事。

**迈**:还有两个问题。您说过,您要活到一百岁,然后可以去见马克思,到那时候,马克思旁边可能还坐着毛泽东,他们可能对您说些什么?

**邓**:我是个马克思主义者。我一直遵循马克思主义的基本原则。马克思主义,另一个词叫共产主义。我们过去干革命,打天下,建立中华人民共和国,就因为有这个信念,有这个理想。我们有理想,把马克思主义基本原则同中国实际相结合,所以我们才能取得胜利。革命胜利以后搞建设,我们也是把马克思主义的基本原则同中国实际相结合。我们搞四个现代化建设,人们常常忘记是什么样的四个现代化,是社会主义的四个现代化。这就是我们今天做的事。

**迈**:每个人都会问这样的问题:在过去几年中,邓小平干得不错,现代化搞得不错,经济在发展,人们不像以前那样担心害怕,但邓小平以后情况会怎样?是否会回到以前的状况?

**邓**:肯定不会。因为确定现行政策会不会发生变化的主要根据是,现行政策对不对,对国家来说对不对,对人民来说对不对,人民的日子是不是逐步好过一些。我相信人民的眼睛是雪亮的。现行政策只要一改变,人民生活肯定会下降。如果人民认为现行政策是正确的，谁要改变现行政策，谁就要被打倒。

**迈**：毛泽东逝世已经十年，他对现在的一些事会怎么看？现在的领导人主张致富光荣，主张个人幸福，允许私人办企业，准备搞政治改革，人民有了言论自由，这一切同毛泽东的主张都不一样，毛泽东会怎么看？

**邓**：有些不一样，但有些原则还是一样的。现在毛泽东思想还是我们的指导思想。我们有一个《关于建国以来党的若干历史问题的决议》〔26〕，解答了这些问题。

**迈**：但我还是不清楚。邓小平领导下的中国和毛泽东领导下的中国是不一样的。看来中国现在在进行一场新的革命，至少是试图进行一场新的革命。

**邓**：这个话是对的，我们也讲现在我们搞的实质上是一场革命。从另一个意义来说，我们现在做的事都是一个试验。对我们来说，都是新事物，所以要摸索前进。既然是新事物，难免要犯错误。我们的办法是不断总结经验，有错误就赶快改，小错误不要变成大错误。

**迈**：最后一个问题。您是中国的第一号领导人物，您准备在主要领导人和主要顾问的位子上再留多长时间？

**邓**：我提倡废除终身制，而且提倡建立退休制度。你也知道，我同意大利记者法拉奇谈话时说，我干到一九八五年就行了，现在超过一年了。我正在考虑什么时候退休。就我个人来说，我是希望早退休。但这个问题比较困难，在党内和人民当中很难说服。我相信，在我有生之年退休，对现行政策能继续下去比较有利，也符合我个人向来的信念。但这件事还要做更多的说服工作。最终我是一个共产党员，要服从党的决定。我是一个中华人民共和国的公民，要服从人民的意愿。我还是希望能够说服人民。

**迈**：您当时告诉法拉奇准备一九八五年退休，您准备对华莱士作什么表示呢？

**邓**：坦率地告诉你，我正在说服人们，我明年在党的十三大时就退下来。但到今天为止，遇到的是一片反对声。

# 关于政治体制改革问题*

（一九八六年九月——十一月）

## 一

现在我们的经济体制改革进行得基本顺利。但是随着改革的发展，不可避免地会遇到障碍。对于改革，在党内、国家内有一部分人反对，但是真正反对的并不多。重要的是政治体制不适应经济体制改革的要求。

我们提出改革时，就包括政治体制改革。现在经济体制改革每前进一步，都深深感到政治体制改革的必要性。不改革政治体制，就不能保障经济体制改革的成果，不能使经济体制改革继续前进，就会阻碍生产力的发展，阻碍四个现代化的实现。

政治体制改革的内容现在还在讨论。这个问题太困难，每项改革涉及的人和事都很广泛，很深刻，触及许多人的利益，会遇到很多的障碍，需要审慎从事。我们首先要确定政治体制

---

* 这是邓小平同志一九八六年九月至十一月的四次谈话中有关政治体制改革问题的内容节录。

改革的范围，弄清从哪里着手。要先从一两件事上着手，不能一下子大干，那样就乱了。国家这么大，情况太复杂，改革不容易，因此决策一定要慎重，看到成功的可能性较大以后再下决心。

进行政治体制改革的目的，总的来讲是要消除官僚主义，发展社会主义民主，调动人民和基层单位的积极性。要通过改革，处理好法治和人治的关系，处理好党和政府的关系。党的领导是不能动摇的，但党要善于领导，党政需要分开，这个问题要提上议事日程。

（一九八六年九月三日会见日本公明党委员长竹入义胜时的谈话）

## 二

不搞政治体制改革，经济体制改革难于贯彻。党政要分开，这涉及政治体制改革。党委如何领导？应该只管大事，不能管小事。党委不要设经济管理部门，那些部门的工作应该由政府去管，现在实际上没有做到。

政治体制改革包括什么内容，应该议一下，理出个头绪。我想政治体制改革的目的是调动群众的积极性，提高效率，克服官僚主义。改革的内容，首先是党政要分开，解决党如何善于领导的问题。这是关键，要放在第一位。第二个内容是权力要下放，解决中央和地方的关系，同时地方各级也都有一个权力下放问题。第三个内容是精简机构，这和权力下放有关。

改革总要有一个期限，不能太迟，明年党的代表大会要有一个蓝图。在改革中，不能照搬西方的，不能搞自由化。过去我们那种领导体制也有一些好处，决定问题快。如果过分强调搞互相制约的体制，可能也有问题。

（一九八六年九月十三日听取中央财经领导小组汇报时的谈话）

## 三

我们政治体制改革总的目标是三条：第一，巩固社会主义制度；第二，发展社会主义社会的生产力；第三，发扬社会主义民主，调动广大人民的积极性。而调动人民积极性的最中心的环节，还是发展生产力，提高人民的生活水平。生产力发展了，人民积极性调动起来了，社会主义国家的力量就增强了，社会主义制度就巩固了。

我们两国原来的政治体制都是从苏联模式来的。看来这个模式在苏联也不是很成功的。即使在苏联是百分之百的成功，但是它能够符合中国的实际情况吗？能够符合波兰的实际情况吗？各国的实际情况是不相同的。我们现在提出政治体制改革，是根据我国的实际情况决定的。

（一九八六年九月二十九日会见波兰统一工人党中央第一书记、国务委员会主席雅鲁泽尔斯基时的谈话）

## 四

我们越来越感到进行政治体制改革的必要性和紧迫性，但现在还没有完全理出头绪。最近我在设想，要向着三个目标进行。

第一个目标是始终保持党和国家的活力。这里说的活力，主要是指领导层干部的年轻化。几年前我们就提出干部队伍要“四化”，即革命化、年轻化、知识化、专业化。这些年在这方面做了一些事情，但只是开始。领导层干部年轻化的目标，并不是三五年就能够实现的，十五年内实现就很好了。明年党的十三大要前进一步，但还不能完成，设想十四大再前进一步，十五大完成这个任务。这不是我们这样年纪的人完成得了的。但是制定一个目标十分重要。哪一天中国出现一大批三四十岁的优秀的政治家、经济管理家、军事家、外交家就好了。同样，我们也希望中国出现一大批三四十岁的优秀的科学家、教育家、文学家和其他各种专家。要制定一系列制度包括干部制度和教育制度，鼓励年轻人。在这方面，严格说来我们刚刚开步走，需要思考的问题和需要采取的措施还很多，必须认真去做。

第二个目标是克服官僚主义，提高工作效率。效率不高同机构臃肿、人浮于事、作风拖拉有关，但更主要的是涉及党政不分，在很多事情上党代替了政府工作，党和政府很多机构重复。我们要坚持党的领导，不能放弃这一条，但是党要善于领导。几年前就提出这个问题了，但如何做还没有考虑清楚。搞四个现代化不讲工作效率不行。现在的世界，人类进步一日千里，科学技术方面更是这样，落后一年，赶都难赶上。所以必须解决效率问题。当然，提高工作效率不仅是党政分开问题，还有其他方面的问题也需要解决。

第三个目标是调动基层和工人、农民、知识分子的积极性。这些年来搞改革的一条经验，就是首先调动农民的积极性，把生产经营的自主权力下放给农民。农村改革是权力下放，城市经济体制改革也要权力下放，下放给企业，下放给基层，同时广泛调动工人和知识分子的积极性，让他们参与管理，实现管理民主化。各方面都要解决这个问题。

领导层有活力，克服了官僚主义，提高了效率，调动了基层和人民的积极性，四个现代化才真正有希望。

（一九八六年十一月九日会见日本首相中曾根康弘时的谈话）

# 在党的十二届六中全会上的讲话*

（一九八六年九月二十八日）

反对资产阶级自由化，我讲得最多，而且我最坚持。为什么？第一，现在在群众中，在年轻人中，有一种思潮，这种思潮就是自由化。第二，还有在那里敲边鼓的，如一些香港的议论，台湾的议论，都是反对我们的四项基本原则，主张我们把资本主义一套制度都拿过来，似乎这样才算真正搞现代化了。自由化是一种什么东西？实际上就是要把我们中国现行的政策引导到走资本主义道路。这股思潮的代表人物是要把我们引导到资本主义方向上去。所以，我多次解释，我们搞的四个现代化有个名字，就是社会主义四个现代化。我们实行开放政策，吸收资本主义社会的一些有益的东西，是作为发展社会主义社会生产力的一个补充。

大家可以回想一下，粉碎"四人帮"以后，全国人大在一九八〇年通过一个议案，取消宪法中的关于"大鸣、大放、大辩论、大字报"这一条。为什么做这件事？因为有一股自由化思

---

* 这是邓小平同志在中共十二届六中全会讨论《中共中央关于社会主义精神文明建设指导方针的决议》（草案）时的讲话。

潮。搞自由化，就会破坏我们安定团结的政治局面。没有一个安定团结的政治局面，就不可能搞建设。

自由化本身就是资产阶级的，没有什么无产阶级的、社会主义的自由化，自由化本身就是对我们现行政策、现行制度的对抗，或者叫反对，或者叫修改。实际情况是，搞自由化就是要把我们引导到资本主义道路上去，所以我们用反对资产阶级自由化这个提法。管什么这里用过、那里用过，无关重要，现实政治要求我们在决议中写这个。我主张用。

看来，反对自由化，不仅这次要讲，还要讲十年二十年。这个思潮不顶住，加上开放必然进来许多乌七八糟的东西，一结合起来，是一种不可忽视的、对我们社会主义四个现代化的冲击。你们注意看一些香港的议论，一些外国资产阶级学者的议论，大都是要求我们搞自由化，包括说我们没有人权。我们要坚持的东西，他们反对，他们希望我们改变。我们还是按照自己的实际来提问题，解决问题。

# 中国要发展，离不开科学*

（一九八六年十月十八日）

对于科学我是外行，但我是热心科学的。中国要发展，离开科学不行。在这方面，我们还比较落后。你们成立国际科学文化中心——世界实验室，是一个重要的创举，特别是可以使第三世界国家得到益处。中国是第三世界国家，中国的科学技术人员要积极参加这个世界实验室的工作。

中国的现代化建设刚起步，也许本世纪末可以看到比较显著的进步，真正的进步要到下个世纪的三十至五十年。中国的特点是又大又落后，办起事情来不容易。对于你们的帮助，我非常感激。当然还要靠我们自己的努力。从现在的状况看，是有希望的。

在发展科学技术方面，我们要共同努力。实现人类的希望离不开科学，第三世界摆脱贫困离不开科学，维护世界和平也离不开科学。

发展高科技，我们还是要花点钱，该花的就要花。前几年有的外国科学家问我，你们在不富裕的情况下为什么要搞加

* 这是邓小平同志会见美籍华裔学者李政道教授夫妇和意大利学者齐吉基教授夫妇时的谈话。

速器[70]？我说，我们是从长远考虑。现在看来搞对了，决心下对了，起码争取了几年时间。在高科技方面，我们要开步走，不然就赶不上，越到后来越赶不上，而且要花更多的钱，所以从现在起就要开始搞。

# 悼伯承

（一九八六年十月二十一日）

伯承[71]久病，终于不治。我和他长期共事，相知甚深。他的辞世，使我至为悲痛。

伯承早年从军，戎马一生。在辛亥革命后的护国护法战争中，他就是“手执青锋卫共和”的一员猛将。我至今保存着他赠给的一九一五年所摄的照片，那时，他二十二岁，风华正茂，雄姿英发。就在第二年讨袁战争的四川丰都之役，他率部冲锋陷阵，头部连中两弹，失去右眼。他在大半个世纪中，指挥了无数次战役战斗，九处负伤，屡建战功，以足智多谋的“独目将军”闻名于世。

我认识伯承，是一九三一年在中央苏区。初次见面，他就给我留下忠厚、诚挚、和蔼的深刻印象。我们一起工作，是一九三八年在八路军一二九师，一个师长，一个政治委员，以后在晋冀鲁豫野战军、中原野战军、第二野战军，前后共事十三年，两人感情非常融洽，工作非常协调。我比他小十多岁，性格爱好也不尽相同，但合作得很好。人们习惯地把“刘邓”连在一起，在我们两人心里，也觉得彼此难以分开。同伯承一起共事，一起打仗，我的心情是非常愉快的。伯承善于与同志团结共事的高尚风格，在今天仍是我们领导干部的表率。

伯承同志党性坚强，突出表现在考虑问题从党的全局出发，事事顾全大局，服从大局。为了党的整体利益，他总是毫不犹豫地牺牲个人和局部的利益，总是主动挑起最艰巨最危险的任务，兢兢业业，排除万难去圆满完成。长征开始前，他因反对军事指挥上的教条主义，被错误地撤销了总参谋长的职务，到五军团去当参谋长。他忍辱负重，积极工作。长征一开始，伯承率五军团担负了最艰巨的殿后任务，同数倍于我的敌人展开恶战，保护了中央机关的安全。后来他又担任先遣司令，率领部队斩关夺隘，为长征开辟前进道路。红军第一、四方面军会合后，他坚决拥护党中央北上抗日的方针，对张国焘〔72〕另立中央、分裂党分裂红军的行为，进行了坚决的斗争。在抗日战争、解放战争时期和建国以后，他始终保持着党性坚强的高贵品质。解放战争的第二年，中央决定晋冀鲁豫十万大军挺进大别山，将战争引向国民党统治区。这是一个无后方作战的十分艰险的战略任务。当时有的干部对执行这一任务有顾虑，伯承对他们说，这个行动可以把敌人吸引到我们身上来，减轻兄弟野战军的压力。釜底抽薪，焉能惧怕烫手，即使作出牺牲，也义无反顾。伯承这种态度，堪称执行党的各项决议和中央战略方针的典范。

伯承同志是我党我军的大知识分子，大军事家。他的军事指挥艺术和军事理论造诣，在国内外屈指可数。他熟谙兵法，博采古今中外军事学术精华，运用于中国的革命战争。他用兵作战最讲实事求是，从实际出发。他判断敌情准确，计划战斗周密，长于出奇制胜，就连敌人也不得不佩服他的神机妙算。作战指挥上的神机妙算，用伯承的话说，就是首先要靠弄清楚任务、敌情、我情、时间、地形。他把这五个要素比作五行，常说："五行不定，输得干干净净。"伯承最反对军事指挥上墨守成规，粗枝大叶，大而化之。他常用"烧香找错庙门"，"蚊子叮泥菩萨，看错了对象"等四川俗话，幽默诙谐地批评那些不重视侦察和调查，指挥莽撞，办事马虎的同志。伯承善于总结经验，把军事实践上升到理论高度，又善于创造性地用理论指导军事实践。他是卓越的马克思主义军事理论家。对于毛泽东军事思想的形成和发展，伯承是有大贡献的。说伯承同志的军事理论是毛泽东军事思想的重要组成部分，是恰如其分的。

作为一个杰出的军事家，伯承的战略眼光不仅表现在战场上面，也表现在他对我军现代化、正规化建设的高瞻远瞩。当我军还处在小米加步枪的年代，他就从诸兵种联合作战的前景，来考虑我军的建设问题。一九四六年下半年，正是晋冀鲁豫解放区战事频繁的时候，平均二十天就要打一仗。在那种情况下，他还抓紧一切空隙时间补译、校订《合同战术》一书。他很欣赏苏联著名话剧《前线》，多次强调不要做戈尔洛夫式的保守人物，而要像欧格涅夫那样勇于接受新鲜事物。伯承自己就是面对新形势下的作战特点，最早重视汲取各国现代军事科学成果，最早把教育训练提到我军建设战略位置的领导人之一。大陆解放不久，他从军事建设的全局出发，给中央写信，恳请辞去西南军政委员会主席和第二野战军司令员的职务，自告奋勇去办陆军大学（后命名为军事学院）。为造就具有现代军事科学知识的干部，伯承呕心沥血，在仅剩的一只左眼视力也已严重减退的情况下，还拿着放大镜，将上百万字的外国军事译著和大量的自编教材加以校订和审定。他在军事学院的许多建树，对我军现代化、正规化建设至今仍有重大作用。一九五八年批判他搞教条主义，那是不公正的。完全可以说，伯承是我军现代化、正规化建设的奠基人之一。他在这方面的重大贡献，永远值得我们珍视。

伯承非常重视政治工作，不但对政治委员，而且对政治机关的工作人员都很尊重。他下部队，总要请政治机关派人一起去。不是为了替他写讲话稿，或者为他本人的活动写新闻报道，而是把他们看作政治机关的代表，遇事随时随地同他们商量；在作军事部署的时候，便于他们及时布置政治工作。当他要向部队传达中央指示或作政治动员时，往往把自己起草的讲话提纲送政治机关阅改。他这样做，不只是出于谦虚，更是出于把政治工作看成我军的生命线。他一贯关心干部战士的政治思想教育，关心政治工作建设。可以说，他是我军高级军事指挥员中重视和善于做政治工作的模范。

伯承从青少年时代起就立志“拯民于水火”，正是这种博大的胸襟，使伯承从旧民主主义者逐步转变为共产主义者。和许多忧国忧民之士一样，他从自己的切身经历中看清楚了，要谋求中华民族的独立和中国人民的解放，除了走共产党指引的道路，别无他途。伯承在一九二四年就接触了共产党人，但他没有马上参加共产党的组织，而是在经过了两年认真的观察和思考之后，才确定了自己的政治选择。一旦看准了，选定了，他就为实现自己的信仰鞠躬尽瘁，万死不辞。从他接受马克思主义、参加中国共产党那一天起，从民主革命时期到社会主义革命和建设时期，从战争年代到和平年代，从指挥作战到治学办校，顺境也好，逆境也好，无论何时何地，客观环境有什么变化，他始终是把自己的一切贡献于、服从于党的需要，把自己融合于党的事业之中，毫无个人荣辱得失的考虑，真正达到了忘我的境界。

一九四二年冬天，太行山区军民和延安的同志祝贺伯承五十寿辰的时候，他曾说过：离开党，像我们这些人，都不会搞出什么名堂来的。他接着还说了这样一段话：如果我去世的时候，能在我墓上立一块碑，上书中国布尔什维克刘伯承之墓，那就是我莫大的安慰。

回顾伯承为共产主义事业所走过的战斗历程，他的卓越贡献，他的坚强党性，中国布尔什维克——这个意味着真正共产党人的光荣称号，他是受之无愧的。

# 用坚定的信念把人民团结起来*

（一九八六年十一月九日）

现在中国提出“四有”，有理想、有道德、有文化、有纪律。其中我们最强调的，是有理想。根据我长期从事政治和军事活动的经验，我认为，最重要的是人的团结，要团结就要有共同的理想和坚定的信念。我们过去几十年艰苦奋斗，就是靠用坚定的信念把人民团结起来，为人民自己的利益而奋斗。没有这样的信念，就没有凝聚力。没有这样的信念，就没有一切。我们共产党人的最高理想是实现共产主义，在不同历史阶段又有代表那个阶段最广大人民利益的奋斗纲领。因此我们才能够团结和动员最广大的人民群众，叫做万众一心。有了这样的团结，任何困难和挫折都能克服。过去我们打败国民党用美国装备武装起来的几百万现代化军队，就靠这一条。那时我们没有飞机，没有大炮，主要是靠人。所以我说，人的因素重要，不是指普通的人，而是指认识到人民自己的利益并为之而奋斗的有坚定信念的人。对我们军队来说，有坚定的信念现在仍然是一个建军的原则，仍然不能丢掉，这是中国自己的特点。在

* 这是邓小平同志会见日本首相中曾根康弘时谈话的节录。

军队里要讲信念，在人民中间，在青年中间，也要讲信念。首先要向青年进行有理想、有纪律的教育。没有理想和纪律，建设四化是不可能的。许多青年崇拜西方的所谓自由，但什么叫自由他们并不懂。要使他们懂得自由和纪律的关系。

马克思主义必须发展。我们不把马克思主义当作教条，而是把马克思主义同中国的具体实践相结合，提出自己的方针，所以才能取得胜利。过去我们以农村包围城市，取得了革命的胜利，这一点在马克思列宁主义书本里是没有的。现在我们还是坚持马克思列宁主义、毛泽东思想。这里有继承的部分，有发展的部分。我们建设社会主义，准确地说是建设有中国特色的社会主义，这样才是真正地坚持了马克思主义。我们历来主张世界各国共产党根据自己的特点去继承和发展马克思主义，离开自己国家的实际谈马克思主义，没有意义。所以我们认为国际共产主义运动没有中心，不可能有中心。我们也不赞成搞什么“大家庭”，独立自主才真正体现了马克思主义。

# 企业改革和金融改革*

（一九八六年十二月十九日）

我们的改革到底要走几步？多长时间完成？请你们研究一下。

从长远看，粮食问题很重要，要通过改革解决农业发展后劲问题。企业改革，主要是解决搞活国营大中型企业的问题。

用多种形式把所有权和经营权分开，以调动企业积极性，这是改革的一个很重要的方面。这个问题在我们一些同志的思想上还没有解决，主要是受老框框的束缚。其实，许多经营形式，都属于发展社会生产力的手段、方法，既可为资本主义所用，也可为社会主义所用，谁用得好，就为谁服务。

企业下放，政企分开，是经济体制改革，也是政治体制改革。下放总会遇到障碍。现在机构臃肿，有的部委据说有上万人，必须精简。否则，这么多人，就要当"婆婆"，揽权。这些人在中央机关工作多年，多数都有一定知识，到基层竞选厂长、经理，显示自己的本领去嘛！

要搞企业联合。现在电子工业是否太分散了，为什么不可

---

* 这是邓小平同志在听取几位中央负责同志汇报当前经济情况和明年改革设想时的谈话要点。

以左邻右舍挂钩，联合起来搞？太分散，各搞各的不行，那样质量上不去。汽车工业如何组织起来，也要研究一下。汽车出口我们应该是可以做到的。形成企业集团，就形成力量，信息也就比较灵通了。

金融改革的步子要迈大一些。要把银行真正办成银行。我们过去的银行是货币发行公司，是金库，不是真正的银行。对金融问题，我们知识不足，可以聘请外国专家做顾问嘛。

对借外债要作具体分析。有些国家借了很多外债，不能说都是失败的，有得有失。他们由经济落后的国家很快达到了中等发达国家的水平。我们要借鉴两条，一是学习他们勇于借外债的精神，二是借外债要适度，不要借得太多。要注意这两方面的经验。借外债不可怕，但主要要用于发展生产，如果用于解决财政赤字，那就不好。

为了解决财政赤字问题，基建规模特别是非生产性建设规模不能过大，有些开支不能完全由中央承担。中央的收入少了，中央对开支也不能包那么多。要把地方上和社会上的钱，转一部分用于基础建设。我们只能走这条路。还要注意消费不要搞高了，要适度。

总之，今年的经济情况不错，比预料的还好。我们的改革是有希望的。

# 旗帜鲜明地
# 反对资产阶级自由化*

（一九八六年十二月三十日）

学生闹事〔73〕，大事出不了，但从问题的性质来看，是一个很重大的事件。凡是冲天安门的，要采取坚决措施。北京市既然公布了游行示威的规定，就是法律性质的，必须坚决执行，不能让步。我们对学生闹事，前一段主要采取疏导的方法，是必要的。疏导，也包括运用法律的手段。如果破坏社会秩序，触犯了刑律，就必须坚决处理。凡是闹得起来的地方，都是因为那里的领导旗帜不鲜明，态度不坚决。这也不是一个两个地方的问题，也不是一年两年的问题，是几年来反对资产阶级自由化思潮旗帜不鲜明、态度不坚决的结果。要旗帜鲜明地坚持四项基本原则，否则就是放任了资产阶级自由化，问题就出在这里。这件事发生了，也是好事，提醒了我们。

我看了方励之〔74〕的讲话，根本不像一个共产党员讲的，这样的人留在党内干什么？不是劝退的问题，要开除。有的人并没有放弃他的观点，但这次学生闹事他表示不参加，这就好嘛！你的观点可以保留，只要你没有反党反社会主义行动。上

---

* 这是邓小平同志关于学生闹事问题同几位中央负责同志的谈话。

海的王若望〔75〕猖狂得很，早就说要开除，为什么一直没有办？上海的群众中传说中央有个保护层，对是否坚持四项基本原则，是否要反对自由化，也有两种意见。因此，闹起事来后，上海人要看一看。应该说，从中央到地方，在思想理论战线上是软弱的，丧失了阵地，对于资产阶级自由化是个放任的态度，好人得不到支持，坏人猖狂得很。好人没有勇气讲话，好像自己输了理似的。没有什么输理的。四项基本原则必须讲，人民民主专政必须讲。要争取一个安定团结的政治局面，没有人民民主专政不行，不能让那些颠倒是非、混淆黑白、造谣诬蔑的人畅行无阻，煽动群众。前几年，我们不是对那几个搞自由化并且触犯了刑律的人依法处理了吗？难道因此中国的名誉就坏了吗？中国的形象并没有因此而变坏，我们的名誉还是一天比一天好起来。

我们讲民主，不能搬用资产阶级的民主，不能搞三权鼎立那一套。我经常批评美国当权者，说他们实际上有三个政府。当然，美国资产阶级对外用这一手来对付其他国家，但对内自己也打架，造成了麻烦。这种办法我们不能采用。

我们执行对外开放政策，学习外国的技术，利用外资，是为了搞好社会主义建设，而不能离开社会主义道路。我们要发展社会生产力，发展社会主义公有制，增加全民所得。我们允许一些地区、一些人先富起来，是为了最终达到共同富裕，所以要防止两极分化。这就叫社会主义。

中国没有共产党的领导、不搞社会主义是没有前途的。这个道理已经得到证明，将来还会得到证明。如果我们达到人均国民生产总值四千美元，而且是共同富裕的，到那时就能够更好地显示社会主义制度优于资本主义制度，就为世界四分之三的人口指出了奋斗方向，更加证明了马克思主义的正确性。所以，我们要理直气壮地坚持社会主义道路，坚持四项基本原则。

没有专政手段是不行的。对专政手段，不但要讲，而且必要时要使用。当然，使用时要慎重，抓人要尽量少。但是如果有人要制造流血事件，你有什么办法？我们的方针是首先揭露他们的阴谋，尽量避免流血，宁可我们自己人被打伤，对为首闹事触犯刑律的依法处理。不下这个决心是制止不了这场事件的。如果不采取措施，我们后退了，以后麻烦会更多。

在这次学生闹事中，民主党派表现是好的，周谷城、费孝通、钱伟长〔76〕等几位著名的民主人士的态度是好的，不好的倒是我们有些共产党员。

对于那些明显反对社会主义、反对共产党的，这次就要处理。可能会引起波浪，那也不可怕。对方励之、刘宾雁〔77〕、王若望处理要坚决，他们狂妄到极点，想改变共产党，他们有什么资格当共产党员？

在六中全会〔78〕上我本来不准备讲话，后来我不得不讲了必须写上反对资产阶级自由化那一段话，看来也没有起什么作用，听说没有传达。

反对精神污染的观点，我至今没有放弃，我同意将我当时在二中全会上的讲话全文收入我的论文集〔79〕。

反对资产阶级自由化至少还要搞二十年。民主只能逐步地发展，不能搬用西方的那一套，要搬那一套，非乱不可。我们的社会主义建设，必须在安定团结的条件下有领导、有秩序地进行，我特别强调有理想、有纪律，就是这个道理。如果搞资产阶级自由化，就是再来一次折腾。搞资产阶级自由化，否定党的领导，十亿人民没有凝聚的中心，党也就丧失了战斗力，那样的党连个群众团体也不如了，怎么领导人民搞建设？

一九五七年反对资产阶级右派的斗争〔80〕，有太过火的地方，应当平反。但我们对它没有全盘否定。

反对资产阶级自由化是不可缺少的，不要怕外国人说我们损害了自己的名誉。走自己的路，建设有中国特色的社会主义，中国才有希望。要让外国人看到中国政局是稳定的。如果搞得乱七八糟、一盘散沙，那还有什么希望？过去帝国主义欺侮我们，还不是因为我们是一盘散沙？

处理学生闹事是一件大事，领导要旗帜鲜明，群众才能擦亮眼睛。《人民日报》三篇文章〔81〕写得不错，《北京日报》社论《大字报不受法律保护》写得也不错，李瑞环在天津的讲话〔82〕也不错。正因为态度鲜明了，给积极分子鼓了气，中间群众才能站过来。领导态度坚决了，就闹不起来了。

# 排除干扰，继续前进*

（一九八七年一月十三日）

最近，我们有些学生闹事[73]。这次闹事的性质同前年“九一八”时学生上街[83]不同。我们正在处理这个问题。我们重视的不是仅占全国大学生百分之一多一点、不到百分之二的一小部分学生的闹事。问题不在这里，几个学生上街影响不了大局。问题在于我们思想战线上出现了一些混乱，对青年学生引导不力。这是一个重大失误。我们要改变这种引导不力的软弱状态，要用我们自己的历史来教育青年，也要揭露那些别有用心的人，因为他们这次的口号是反对共产党的领导，反对社会主义道路。有些人在搞煽动，使用的语言很恶毒。他们一方面反对共产党的领导，反对社会主义制度，另一方面又主张全盘西化，要把西方资本主义制度全盘搬到中国来。这些煽动者都是成名的人，我们要对付这些人。这些人恰恰就在共产党里。共产党要有纪律。世界上不管什么党都有自己的纪律。这次主要是检查这样的问题。

学生闹点事，影响不大，搞不垮我们。我要告诉朋友们，这样的事情，我们会妥善处理的。即使再闹得大一些，也影响不

* 这是邓小平同志会见日本自民党干事长竹下登时谈话的一部分。

了我们的根本，影响不了我们既定的政策。处理这样问题的结果，只会使我们的政治局面更加安定，更加团结；只会使我们既定的方针政策，包括开放、改革、建设的方针政策，更加顺利地、稳步地、坚定不移地贯彻执行。当然，我们也会在处理这种事情的过程中，总结经验，逐步消除弊端，如消除工作中的官僚主义等等。这样做，最终会使坏事变成好事，使领导者更加清醒，使人民更加清醒。

搞改革、搞四化可不简单。我们从来没有自我陶醉，没有认为会一帆风顺。一定会有来自多方面的干扰，有“左”的干扰，也有右的干扰。如果说我们过去对“左”的干扰注意得多，对右的干扰注意不够，那末这次学生闹事提醒了我们，要加强注意右的干扰。我们必须排除干扰。没有安定团结的政治局面，不可能搞建设，更不可能实行改革开放政策，这些都搞不成。开放不简单，比开放更难的是改革，必须有秩序地进行。所谓有秩序，就是既大胆又慎重，要及时总结经验，稳步前进。如果没有秩序，遇到这样那样的干扰，把我们的精力都消耗在那上面，改革就搞不成了。总之，我相信我们以后做的事情将更加证明我们的现行路线、方针、政策是正确的。只要我们八年来的发展趋势继续下去，注意排除各方面的干扰，继续发展，继续前进，人民生活进一步改善，问题就会逐步获得解决。

学生闹事，要向他们讲清楚危害在哪里，这就不能对他们只用拍拍肩膀的办法。要把是非讲清楚，要把利害讲清楚。是非是涉及我国根本利益的是非，利害是关系到我国社会主义发展能不能达到本世纪目标和下个世纪目标的重大利害。这才是对青年的爱护，对青年的真诚引导。从一九七八年党的十一届三中全会开始，我们就反对无政府主义，反对极端个人主义。而现在有些人却想把我们的社会引到无法无天的境地，这怎么行呢？连资本主义社会也不允许无法无天，何况我们坚持的是社会主义制度，我们要建设的是具有中国特色的社会主义！诸位很关心这个问题，我要告诉朋友们，学生闹事不会出大问题，不会影响我们既定的方针政策，不会影响改革、开放的政策。这件事既提醒了我们自己，也提醒了朋友们，观察中国问题，一定要认识中国问题的复杂性。中国有十亿多人口，几十个民族，建国后三十多年又经历了曲折的历史，所以，发生这样的事情也不奇怪。我们要避免事态的扩大，但即便扩大十倍，也影响不了我们的根本，影响不了我们的政策，因为我们现在执行的政策是正确的，人民得到了利益。“文化大革命”时搞“大民主”，以为把群众哄起来，就是民主，就能解决问题。实际上一哄起来就打内战。我们懂得历史的经验教训。

# 加强四项基本原则教育，坚持改革开放政策*

（一九八七年一月二十日）

最近我们这里发生了一些事情，一是学生闹事〔73〕，二是党的总书记更换。这两件事是有联系的，我们已经作了处理。为什么学生会闹事？根本上是反映了我们领导上的软弱。我们讲坚持四项基本原则，就需要经常用四项基本原则教育人民。这几年来，一直存在着资产阶级自由化思潮，但反对不力。尽管我多次强调要注意这个问题，可是在实际工作中我们党的领导不力。这是胡耀邦同志的重大失误。所以党中央接受了他提出的辞去总书记职务的请求。学生闹事和总书记更换都不是小事，但我们党有足够的能力处理这些事情。我们对胡耀邦同志问题的处理是合情合理的，可以说是处理得非常温和，问题解决得也很顺利。学生闹事，也很好地解决了。这两件事的处理，都不会影响我们党的路线、方针、政策，不会影响我们对内、对外开放的政策，不会影响经济体制的改革，也不会影响政治体制的改革，而只会使我们的党和人民更加清醒，更加相信我们走的道路是正确的。尽管发生了这两件事，一切

* 这是邓小平同志会见津巴布韦总理穆加贝时谈话的一部分。

都将照常进行，不会有任何改变。这是我要告诉同志们的。

八年来，我们党的十一届三中全会〔9〕制定的路线、方针、政策得到了顺利的贯彻，国家得到了明显的发展，人民生活确实有了比较明显的改善。学生闹事也否认不了这个现实。八年来的成功，主要是因为我们政策的制定立足于中国的实际情况，立足于我们自身的努力。我们的目标是现实的，提高人民生活水平是个长期奋斗的过程。建国以来我们犯的几次错误，都是由于要求过急，目标过高，脱离了中国的实际，结果发展反倒慢了。搞社会主义可不是一件容易的事。

一个国家要取得真正的政治独立，必须努力摆脱贫困。而要摆脱贫困，在经济政策和对外政策上都要立足于自己的实际，不要给自己设置障碍，不要孤立于世界之外。根据中国的经验，把自己孤立于世界之外是不利的。要得到发展，必须坚持对外开放、对内改革，包括上层建筑领域的政治体制的改革。中国执行开放政策是正确的，得到了很大的好处。如果说有什么不足之处，就是开放得还不够。我们要继续开放，更加开放。因为我们的承受能力比较大，加上我们有正确的政策，即使有一些消极的东西也不会影响我们社会主义制度的根本。教育人民坚持四项基本原则，这就为我们事业的健康发展从根本上提供了保证。

# 计划和市场都是发展生产力的方法*

（一九八七年二月六日）

为什么一谈市场就说是资本主义，只有计划才是社会主义呢？计划和市场都是方法嘛。只要对发展生产力有好处，就可以利用。它为社会主义服务，就是社会主义的；为资本主义服务，就是资本主义的。好像一谈计划就是社会主义，这也是不对的，日本就有一个企划厅嘛，美国也有计划嘛。我们以前是学苏联的，搞计划经济。后来又讲计划经济为主，现在不要再讲这个了。

前一段出了点差错没有什么了不起，不值得那么大惊小怪。不要怕，一怕就不能搞改革了。我倒觉得，我们是否搞得过稳了。当然在目前情况下，学生闹事〔73〕不久，稳一点好，但从长远来说，改革的步伐不能太慢。

十三大〔84〕报告要在理论上阐述什么是社会主义，讲清楚我们的改革是不是社会主义。要申明四个坚持的必要，反对资产阶级自由化的必要，改革开放的必要，在理论上讲得更加明白。十三大报告应该是一篇好的著作。

---

* 这是邓小平同志同几位中央负责同志谈话的一部分。

# 用中国的历史教育青年*

（一九八七年二月十八日）

大学生闹事〔73〕，主要责任不在学生，而是少数别有用心的人煽动，其中主要是少数党内高级知识分子。我们严肃地处理了这件事。但是，反对资产阶级自由化的斗争还没有结束。对于中国现在干的究竟是什么事情，有些人还没有搞清楚。我们干四个现代化，人们都说好，但有些人脑子里的四化同我们脑子里的四化不同。我们脑子里的四化是社会主义的四化。他们只讲四化，不讲社会主义。这就忘记了事物的本质，也就离开了中国的发展道路。这样，关系就大了。在这个问题上我们不能让步。这个斗争将贯穿在实现四化的整个过程中，不仅本世纪内要进行，下个世纪还要继续进行。正因为斗争是长期的，所以我们不搞运动，主要是进行教育。既是斗争的过程，也是说服教育的过程，但最终说服不相信社会主义的人要靠我们的发展。如果我们本世纪内达到了小康水平，那就可以使他们清醒一点；到下世纪中叶我们建成中等发达水平的社会主义国家时，就会大进一步地说服他们，他们中的大多数人才会真正认识到自己错了。现在看，实现我们确定的宏伟目标有

---

* 这是邓小平同志会见加蓬总统邦戈时谈话的一部分。

希望。

这些年总的发展不错,国家情况好,人民生活逐步提高。学生们放假回家,可以看到自己家里生活确实发生了变化,父母也要给他们上课的。所以,学生闹事这类问题对中国影响不会很大,更不会改变我们的现行方针和政策。至于我们党的总书记胡耀邦同志自己要求辞职,这与学生闹事这件事有一定的关系。但是,这一人事变动对我们的方针政策不会有任何影响,就是说我们的方针政策不会改变,可能执行得更好。总之,我们是一切照旧干下去,我们的决心更加强了。

学生们闹一下的好处,是提醒我们好好总结这几年的发展经验,使我们更清楚了问题在哪里。几年来我们制定的方针政策是成功的,但是在发展中也带来一些消极因素。只有消除消极因素,才能更好地实现发展。消极因素主要表现在理论、思想、文化领域。因此,我们特别强调坚持四项基本原则,反对资产阶级自由化,同时提出加强思想政治工作、说服教育工作,同社会不良风气包括特权思想进行斗争。"文化大革命"带坏了一代人。所以,我们提出要教育人民成为"四有"人民,教育干部成为"四有"干部。"四有"就是有理想、有道德、有文化、有纪律。搞资产阶级自由化的人提出的理想与我们的不同。我们讲的是社会主义、共产主义理想,而他们却提倡资本主义理想。中国从鸦片战争〔32〕起沦为半殖民地半封建社会,中国人成了世界著名的"东亚病夫"。从那时起的近一个世纪,我国有识之士包括孙中山都在寻求中国的出路。孙中山开始就想学习西方,所谓西方即资本主义。后来,孙中山觉得资本主义西方不行了,提出"以俄为师"〔85〕,学习十月革命后的俄国,开始了国共合作，导致北伐战争的胜利。孙中山逝世以后，国民党的统治使中国继续处在半殖民地半封建社会的悲惨地位，在日本侵华期间大片国土沦为殖民地。在帝国主义、封建主义和后来发展起来的官僚资本主义压迫下，中国继续贫穷下去。这个历史告诉我们，中国走资本主义道路不行，中国除了走社会主义道路没有别的道路可走。一旦中国抛弃社会主义，就要回到半殖民地半封建社会，不要说实现“小康”，就连温饱也没有保证。所以了解自己的历史很重要。青年人不了解这些历史，我们要用历史教育青年，教育人民。总之，我们在本世纪还要用十几年时间，下世纪还要用三五十年时间，继续向人们证明，我们选择的道路是正确的。我们对自己的发展充满信心，同时也认识到这不是一件轻而易举的事，不能丧失警惕。斗争要求我们把工作做得更细致一些，注意经常总结经验。

# 中国只能走社会主义道路*

（一九八七年三月三日）

我们最近遇到的麻烦已经过去了。事实终将证明我们采取的方针、办法、措施是符合全国人民利益的，人民也会更进一步地理解我们现在采取的方针、办法、措施是合情合理的。拿中央的人事变动来说，我们历来对待这样性质的事总是过分，鉴于过去的经验教训，我们这次用很温和的方式来处理这件事。反对资产阶级自由化的问题，我们不搞运动，尽量缩小这个问题的范围，减轻这个问题的性质和分量。世界上有些议论，说中国会不会因此而改变既定的方针政策。不会的。搞了八年了，既然是行之有效的方针政策，为什么要改变？

有两条要讲一下。第一条，中国只能走社会主义道路。第二条，中国要搞四个现代化建设，没有一个稳定的政治形势不行。

少数知识分子煽动学生闹事，他们的主张实际上是反对社会主义制度，搞资产阶级自由化。所谓资产阶级自由化，就是要中国全盘西化，走资本主义道路。中国根据自己的经验，不可能走资本主义道路。道理很简单，中国十亿人口，现在还

---

* 这是邓小平同志会见美国国务卿舒尔茨时谈话的一部分。

处于落后状态，如果走资本主义道路，可能在某些局部地区少数人更快地富起来，形成一个新的资产阶级，产生一批百万富翁，但顶多也不会达到人口的百分之一，而大量的人仍然摆脱不了贫穷，甚至连温饱问题都不可能解决。只有社会主义制度才能从根本上解决摆脱贫穷的问题。所以我们不会容忍有的人反对社会主义。我们说的社会主义是具有中国特色的社会主义，而要建设社会主义，没有共产党的领导是不可能的。我们的历史已经证明了这一点。

中国要实现四个现代化，摆脱落后状态，必须有一个安定团结的政治局面，必须有领导有秩序地进行建设。闹事就使我们不能安心建设，我们已经有“文化大革命”的经验教训，这样一闹，就会出现新的“文化大革命”。这次闹事的学生多半是大学一二年级、二十岁以下的青年，他们没有社会实践经验。今年放寒假回去后，几乎每个家庭都给学生上了课。他们看看左邻右舍，同时又跑了一些地方，看到这几年搞的事情对每个家庭都有好处。所以，很多人回校后承认他们原来的认识和行动不对。当然，反对资产阶级自由化是一个长期教育的问题，同四个现代化建设将是并行的。为了刹住一个时期的势头，例如对这次学生闹事，需要采取一些比较紧迫的办法，但从根本上说，这是一个长期的事。四个现代化，我们要搞五十至七十年，在整个四个现代化的过程中都存在一个反对资产阶级自由化的问题。既然是长期的事，不可能搞运动，只能靠经常性的说服教育，必要时采取一些行政手段和法律手段。我们坚定不移的原则是要有稳定的政治局面，以保证有秩序地进行四个现代化建设。

我们历来提倡有理想、有道德、有文化、有纪律，其中最重要的是有理想、有纪律。理想就是社会主义现代化。很多人只讲现代化，忘了我们讲的现代化是社会主义现代化。要搞四个现代化，使中国发展起来，就要有纪律、有秩序地进行建设。这些是一九七八年我们党的十一届三中全会以来一直这样讲的，从来没有变过。我们只是坚持既定的方针、政策，坚持原来的路线。

中国的改革遇到的困难并不算多，总的比较顺利。有些人对改革的某些方面、某些方法不赞成，但不是完全不赞成。中国不存在完全反对改革的一派。国外有些人过去把我看作是改革派，把别人看作是保守派。我是改革派，不错；如果要说坚持四项基本原则是保守派，我又是保守派。所以，比较正确地说，我是实事求是派。

# 有领导有秩序地进行社会主义建设*

（一九八七年三月八日）

党的十一届三中全会以来我们制定的方针，第一条是坚持四项基本原则，第二条是搞社会主义四个现代化建设。我们确定了两个阶段的目标，就是本世纪末达到小康水平，然后在下个世纪用三十到五十年的时间达到中等发达国家的水平。实现这两个阶段的目标，需要两个条件，一个是国际上的和平环境，另一个是国内安定团结的政治局面，使我们能有领导有秩序地进行社会主义建设。根据这一方针，我们制定了两个开放的政策，即对外开放和对内开放。搞社会主义现代化建设，没有这两个开放不行。同时，还要使人民有更多的民主权利，特别是要给基层、企业、乡村中的农民和其他居民以更多的自主权。在发扬社会主义民主的同时，还要加强社会主义法制，做到既能调动人民的积极性，又能保证我们有领导有秩序地进行社会主义建设。这是一整套相互关联的方针政策。

我们搞的是有中国特色的社会主义。我们在实行对外开放政策的时候，已经意识到将带进资本主义国家的一些消极

---

* 这是邓小平同志会见坦桑尼亚联合共和国总统姆维尼时谈话的一部分。

影响。西方好的东西,应该借鉴、学习。但开放也会带来一些坏的东西,影响人们的思想,特别是青年的思想。所以我们同时必须反对资产阶级自由化。这不是今天才讲的,而是十一届三中全会以来一直在讲的。有人说我们改变了方针政策,那是一种误解。我相信我们的方针政策将会更好更顺利地得到贯彻,包括领导人逐步年轻化的方针也要继续贯彻。今年下半年,我们要召开党的十三大〔84〕,大家看了十三大的结果就会清楚。总的讲,我们有四个不变:坚持四项基本原则不变,一心一意搞四个现代化建设不变,对外开放政策不变,进行经济体制改革和政治体制改革的方针不变。我们的改革和开放都将继续进行下去。

在实现四个现代化的整个过程中,至少在本世纪剩下的十几年,再加上下个世纪的头五十年,都存在反对资产阶级自由化的问题。去年九月召开的党的六中全会上,有的同志主张在《中共中央关于社会主义精神文明建设指导方针的决议》中不要写反对资产阶级自由化。胡耀邦同志实际上就持这种观点。我在那个会上讲了话。当时我说,反对资产阶级自由化不仅现在要讲,而且还要讲十年到二十年。今天,我又加上五十年。因为如果不讲,就没有安定团结的政治局面,而是乱哄哄的。既然这是个长期的任务,我们就不能搞运动,方法以教育、引导为主。当然,如果有人搞得我们总是不安宁,也不能排除使用某种专政手段,使用纪律、法律手段。总之,我们需要一个安定的环境,以便进行改革和建设。

我们实行的民主不是搬用西方的民主。最近我同美国人谈话时讲过,中国只有坚持搞社会主义才有出路,搞资本主义没有出路〔86〕。中国不能乱哄哄的，只有在安定团结的局面下搞建设才有出路。一切反对、妨碍我们走社会主义道路的东西都要排除，一切导致中国混乱甚至动乱的因素都要排除。这也不是今天才讲的，而是十一届三中全会以来一直在讲的，以后更要这样做。要用这个道理教育人民，特别是青年学生。这就是最近我们处理学生闹事的原则和方法。这类问题不但今天有，在我们社会主义建设的整个过程中都会存在。

八年来，我们取得了建设的经验和可喜的成果，这证明坚持四项基本原则、坚持改革和开放的政策是正确的。第一个十年，一九八一至一九九〇年，国民生产总值翻一番估计不成问题，可以提前完成。第二个十年，即从一九九一年到本世纪末，再翻一番，从发展趋势看也是可靠的。十一届三中全会以来的八年中人民生活确有明显改善。到本世纪末，尽管我们人均国民生产总值八百到一千美元不算多，但是年国民生产总值将超过一万亿美元。有了这个基础，再争取达到中等发达国家的水平是有希望的。

当然，对这次学生在游行中提出的我们国家中确实存在着的一些弊端，诸如官僚主义、机构臃肿、不正之风等，要重视，要注意解决。因此，经济体制要改革，政治体制也要改革。大体前景就是这样。

# 怎样评价一个国家的政治体制*

（一九八七年三月二十七日）

我们评价一个国家的政治体制、政治结构和政策是否正确，关键看三条：第一是看国家的政局是否稳定；第二是看能否增进人民的团结，改善人民的生活；第三是看生产力能否得到持续发展。这八年，我们在这三个方面取得了一些成绩。我们人口多，国家大，基础又很薄弱，办事困难很多，但是有希望。

不要光喊社会主义的空洞口号，社会主义不能建立在贫困的基础上。各国情况不同，政策也应该有区别。中国搞社会主义，强调要有中国的特色。我们坚信马克思主义，但马克思主义必须与中国实际相结合。只有结合中国实际的马克思主义，才是我们所需要的真正的马克思主义。我们正是根据这样的思想，力求实现我们的发展目标。

我国百分之八十的人口是农民。农民没有积极性，国家就发展不起来。八年前我们提出农村搞开放政策，这个政策是很成功的。农民积极性提高，农产品大幅度增加，大量农业劳动

---

* 这是邓小平同志会见喀麦隆总统比亚时谈话的一部分。

力转到新兴的城镇和新兴的中小企业。这恐怕是必由之路。总不能老把农民束缚在小块土地上，那样有什么希望？

# 会见香港特别行政区基本法起草委员会委员时的讲话

（一九八七年四月十六日）

今天没有别的，同大家见见面，快两年时间没有见面了，应该对你们道道辛苦嘛！

你们委员会工作了一年零八个月，靠大家的辛苦、智慧，工作进展是顺利的，合作是好的，这样香港会过渡得更好。我们的“一国两制”能不能够真正成功，要体现在香港特别行政区基本法里面。这个基本法还要为澳门、台湾作出一个范例。所以，这个基本法很重要。世界历史上还没有这样一个法，这是一个新的事物。起草工作还有三年时间，要把它搞得非常妥当。

今天我想讲讲不变的问题。就是说，香港在一九九七年回到祖国以后五十年政策不变，包括我们写的基本法，至少要管五十年。我还要说，五十年以后更没有变的必要。香港的地位不变，对香港的政策不变，对澳门的政策也不变，对台湾的政策按照“一国两制”方针解决统一问题后五十年也不变，我们对内开放和对外开放政策也不变。到本世纪末，中国人均国民生产总值将达到八百至一千美元，看来一千美元是有希望的。世界上一百几十个国家，那时我们恐怕还是在五十名以下吧，但是我们国家的力量就不同了。那时人口是十二亿至十二亿五千万，国民生产总值就是一万至一万二千亿美元了。我们社会主义制度是以公有制为基础的，是共同富裕，那时候我们叫小康社会，是人民生活普遍提高的小康社会。更重要的是，有了这个基础，再过五十年，再翻两番，达到人均四千美元的水平，在世界上虽然还是在几十名以下，但是中国是个中等发达的国家了。那时，十五亿人口，国民生产总值就是六万亿美元，这是以一九八〇年美元与人民币的比价计算的，这个数字肯定是居世界前列的。我们实行社会主义的分配制度，不仅国家力量不同了，人民生活也好了。

要达到这样一个目标，需要什么条件呢？第一条，需要政局稳定。为什么我们对学生闹事问题〔73〕处理得这么严肃，这么迅速呢？因为中国不能再折腾，不能再动荡。一切要从大局出发。中国发展的条件，关键是要政局稳定。第二条，就是现行的政策不变。我刚才说，要从我们整个几十年的目标来看这个不变的意义。比如说，现在我们国内人们议论雇工问题，我和好多同志谈过，犯不着在这个问题上表现我们在"动"，可以再看几年。开始我说看两年，两年到了，我说再看看。现在雇工的大致上只是小企业和农村已经承包的农民，雇工人数同全国一亿多职工相比，数目很小。从全局看，这只不过是小小的一点。要动也容易，但是一动就好像政策又在变了。动还是要动，因为我们不搞两极分化。但是，在什么时候动，用什么方法动，要研究。动也就是制约一下。像这样的事情，我们要考虑到不要随便引起动荡甚至引起反复，这是从大局来看问题。重要的是，鼓励大家动脑筋想办法发展我们的经济，有开拓的精神，而不要去损害这种积极性，损害了对我们不利。

一个是政局稳定，一个是政策稳定，两个稳定。不变也就是稳定。如果到下一个五十年，这个政策见效，达到预期目标，就更没有理由变了。所以我说，按照“一国两制”的方针解决统一问题后，对香港、澳门、台湾的政策五十年不变，五十年之后还会不变。当然，那时候我不在了，但是相信我们的接班人会懂得这个道理的。

还要讲一个不变。大家对于中国党和中国政府坚持开放政策不变，很高兴，但是一看到风吹草动，一看到反对资产阶级自由化，又说是不是在变了。他们忽略了中国的政策基本上是两个方面，说不变不是一个方面不变，而是两个方面不变。人们忽略的一个方面，就是坚持四项基本原则，坚持社会主义制度，坚持共产党领导。人们只是说中国的开放政策是不是变了，但从来不提社会主义制度是不是变了，这也是不变的嘛！

我们坚持社会主义制度，坚持四项基本原则，是老早就确定了的，写在宪法上的。我们对香港、澳门、台湾的政策，也是在国家主体坚持四项基本原则的基础上制定的，没有中国共产党，没有中国的社会主义，谁能够制定这样的政策？没有哪个人有这个胆识，哪一个党派都不行。你们看我这个讲法对不对？没有一点胆略是不行的。这个胆略是要有基础的，这就是社会主义制度，是共产党领导下的社会主义中国。我们搞的是有中国特色的社会主义，所以才制定“一国两制”的政策，才可以允许两种制度存在。没有点勇气是不行的，这个勇气来自人民的拥护，人民拥护我们国家的社会主义制度，拥护党的领导。忽略了四项基本原则，这也是带有片面性嘛！看中国的政策变不变，也要看这方面变不变。老实说，如果这方面变了，也就没有香港的繁荣和稳定。要保持香港五十年繁荣和稳定，五十年以后也繁荣和稳定，就要保持中国共产党领导下的社会主义制度。我们的社会主义制度是有中国特色的社会主义制度，这个特色，很重要的一个内容就是对香港、澳门、台湾问题的处理，就是“一国两制”。这是个新事物。这个新事物不是美国提出来的，不是日本提出来的，不是欧洲提出来的，也不是苏联提出来的，而是中国提出来的，这就叫做中国特色。讲不变，应该考虑整个政策的总体、各个方面都不变，其中一个方面变了，都要影响其他方面。所以请各位向香港的朋友解释这个道理。试想，中国要是改变了社会主义制度，改变了中国共产党领导下的具有中国特色的社会主义制度，香港会是怎样？香港的繁荣和稳定也会吹的。要真正能做到五十年不变，五十年以后也不变，就要大陆这个社会主义制度不变。我们反对资产阶级自由化，就是要保证中国的社会主义制度不变，保证整个政策不变，对内开放、对外开放的政策不变。如果这些都变了，我们要在本世纪末达到小康水平、在下世纪中叶达到中等发达国家水平的目标就没有希望了。现在国际垄断资本控制着全世界的经济，市场被他们占了，要奋斗出来很不容易。像我们这样穷的国家要奋斗出来更不容易，没有开放政策、改革政策，竞争不过。这个你们比我们更清楚，确是很不容易。这个“不变”的问题，是人们议论纷纷的问题，而且我相信，到本世纪末、到下世纪还要议论。我们要用事实证明这个“不变”。

现在有人议论，中国的改革、开放政策在收。我要说，我们的物价有点问题，对基本建设的投资也收紧了一点。但问题要从全局看。每走一步都必定会有的收，有的放，这是很自然的事情。总的是要开放。我们的开放政策肯定要继续下去，现在是开放得不够。我们的开放、改革是很不容易的事情，胆子要大，要坚决。不开放不改革没有出路，国家现代化建设没有希望。但在具体事情上要小心，要及时总结经验。我们每走一步都要总结经验，哪些事进度要快一点，哪些要慢一点，哪些还要收一收，没有这条是不行的，不能蛮干。有些人看到我们在某些方面有些紧缩，就认为政策变了，这种看法是不妥当的。

"一国两制"也要讲两个方面。一方面，社会主义国家里允许一些特殊地区搞资本主义，不是搞一段时间，而是搞几十年、成百年。另一方面，也要确定整个国家的主体是社会主义。否则怎么能说是"两制"呢？那就变成"一制"了。有资产阶级自由化思想的人希望中国大陆变成资本主义，叫做"全盘西化"。在这个问题上，思想不能片面。不讲两个方面，"一国两制"几十年不变就行不通了。

美国记者华莱士曾向我提出一个问题，大陆现在的经济发展水平大大低于台湾，为什么台湾要同大陆统一？我回答说，主要有两条。第一条，中国的统一是全中国人民的愿望，是一百几十年的愿望，一个半世纪了嘛！从鸦片战争〔32〕以来，中国的统一是包括台湾人民在内的中华民族的共同愿望，不是哪个党哪个派，而是整个民族的愿望。第二条，台湾不实现同大陆的统一，台湾作为中国领土的地位是没有保障的，不知道哪一天会被别人拿去。现在国际上有好多人都想在台湾问题上做文章。一旦台湾同大陆统一了，哪怕它实行的制度等等一切都不变，但是形势就稳定了。所以，解决这个问题，海峡两岸的人都会认为是一件大好事，为我们国家、民族的统一作出了贡献。

还想讲点基本法的起草问题。过去我曾经讲过，基本法不宜太细。香港的制度也不能完全西化，不能照搬西方的一套。香港现在就不是实行英国的制度、美国的制度，这样也过了一个半世纪了。现在如果完全照搬，比如搞三权分立，搞英美的议会制度，并以此来判断是否民主，恐怕不适宜。对这个问题，请大家坐到一块深思熟虑地想一下。关于民主，我们大陆讲社会主义民主，和资产阶级民主的概念不同。西方的民主就是三权分立，多党竞选，等等。我们并不反对西方国家这样搞，但是我们中国大陆不搞多党竞选，不搞三权分立、两院制。我们实行的就是全国人民代表大会一院制，这最符合中国实际。如果政策正确，方向正确，这种体制益处很大，很有助于国家的兴旺发达，避免很多牵扯。当然，如果政策搞错了，不管你什么院制也没有用。对香港来说，普选就一定有利？我不相信。比如说，我过去也谈过，将来香港当然是香港人来管理事务，这些人用普遍投票的方式来选举行吗？我们说，这些管理香港事务的人应该是爱祖国、爱香港的香港人，普选就一定能选出这样的人来吗？最近香港总督卫奕信讲过，要循序渐进，我看这个看法比较实际。即使搞普选，也要有一个逐步的过渡，要一步一步来。我向一位外国客人讲过，大陆在下个世纪，经过半个世纪以后可以实行普选。现在我们县级以上实行的是间接选举，县级和县以下的基层才是直接选举。因为我们有十亿人口，人民的文化素质也不够，普遍实行直接选举的条件不成熟。其实有些事情,在某些国家能实行的,不一定在其他国家也能实行。我们一定要切合实际,要根据自己的特点来决定自己的制度和管理方式。

还有一个问题必须说明:切不要以为香港的事情全由香港人来管,中央一点都不管,就万事大吉了。这是不行的,这种想法不实际。中央确实是不干预特别行政区的具体事务的,也不需要干预。但是,特别行政区是不是也会发生危害国家根本利益的事情呢?难道就不会出现吗?那个时候,北京过问不过问?难道香港就不会出现损害香港根本利益的事情?能够设想香港就没有干扰,没有破坏力量吗?我看没有这种自我安慰的根据。如果中央把什么权力都放弃了,就可能会出现一些混乱,损害香港的利益。所以,保持中央的某些权力,对香港有利无害。大家可以冷静地想想,香港有时候会不会出现非北京出头就不能解决的问题呢?过去香港遇到问题总还有个英国出头嘛!总有一些事情没有中央出头你们是难以解决的。中央的政策是不损害香港的利益,也希望香港不会出现损害国家利益和香港利益的事情。要是有呢?所以请诸位考虑,基本法要照顾到这些方面。有些事情,比如一九九七年后香港有人骂中国共产党,骂中国,我们还是允许他骂,但是如果变成行动,要把香港变成一个在"民主"的幌子下反对大陆的基地,怎么办?那就非干预不行。干预首先是香港行政机构要干预,并不一定要大陆的驻军出动。只有发生动乱、大动乱,驻军才会出动。但是总得干预嘛!

总的来说,"一国两制"是个新事物,有很多我们预料不到的事情。基本法是个重要的文件,要非常认真地从实际出发来制定。我希望这是一个很好的法律，真正体现"一国两制"的构想，使它能够行得通，能够成功。

# 社会主义必须摆脱贫穷*

（一九八七年四月二十六日）

一九七八年我们党的十一届三中全会〔9〕确定了现行的方针政策。这八年多，我们的事情干得比较好。过去耽误太多，特别是“文化大革命”的十年，自己找麻烦，自己遭灾，不过教训总结起来很有益处。现在的方针政策，就是对“文化大革命”进行总结的结果。最根本的一条经验教训，就是要弄清什么叫社会主义和共产主义，怎样搞社会主义。搞社会主义必须根据本国的实际。我们提出建设有中国特色的社会主义，相信你们是理解的。

我们过去固守成规，关起门来搞建设，搞了好多年，导致的结果不好。经济建设也在逐步发展，也搞了一些东西，比如原子弹、氢弹搞成功了，洲际导弹也搞成功了，但总的来说，很长时间处于缓慢发展和停滞的状态，人民的生活还是贫困。“文化大革命”当中，“四人帮”更荒谬地提出，宁要贫穷的社会主义和共产主义，不要富裕的资本主义。不要富裕的资本主义还有道理，难道能够讲什么贫穷的社会主义和共产主义吗？结

* 这是邓小平同志会见捷克斯洛伐克总理什特劳加尔时谈话的一部分。

果中国停滞了。这才迫使我们重新考虑问题。考虑的第一条就是要坚持社会主义,而坚持社会主义,首先要摆脱贫穷落后状态,大大发展生产力,体现社会主义优于资本主义的特点。要做到这一点,就必须把我们整个工作的重点转到建设四个现代化上来,把建设四个现代化作为几十年的奋斗目标。同时,鉴于过去的教训,必须改变闭关自守的状态,必须调动人民的积极性,这样才制定了开放和改革的政策。开放是两个内容,一个对内开放,一个对外开放。我们首先开放农村,很快见效。有的地方一年翻身,有的地方两年翻身。农村取得经验之后,转到城市。现在城市改革已经搞了近三年的时间,要做的事情还多得很。对外开放,也很快收到成效。

中国科学技术落后,困难比较多,特别是人口太多,现在就有十亿五千万,增加人民的收入很不容易,短期内要摆脱贫困落后状态很不容易。必须一切从实际出发,不能把目标定得不切实际,也不能把时间定得太短。一九八四年第四季度到一九八五年,发展速度比较快,但也带来一些问题。所以要调整一下,收缩一下。这也是好事情,我们取得了经验。

总的来说,我们确定的目标不高。从一九八一年开始到本世纪末,花二十年的时间,翻两番,达到小康水平,就是年国民生产总值人均八百到一千美元。在这个基础上,再花五十年的时间,再翻两番,达到人均四千美元。那意味着什么?就是说,到下一个世纪中叶,我们可以达到中等发达国家的水平。如果达到这一步,第一,是完成了一项非常艰巨的、很不容易的任务;第二,是真正对人类作出了贡献;第三,就更加能够体现社会主义制度的优越性。我们实行的是社会主义的分配制度,我们的人均四千美元不同于资本主义国家的人均四千美元。特别是中国人口多,如果那时十五亿人口,人均达到四千美元,年国民生产总值就达到六万亿美元,属于世界前列。这不但是给占世界总人口四分之三的第三世界走出了一条路,更重要的是向人类表明,社会主义是必由之路,社会主义优于资本主义。

所以,搞社会主义,一定要使生产力发达,贫穷不是社会主义。我们坚持社会主义,要建设对资本主义具有优越性的社会主义,首先必须摆脱贫穷。现在虽说我们也在搞社会主义,但事实上不够格。只有到了下世纪中叶,达到了中等发达国家的水平,才能说真的搞了社会主义,才能理直气壮地说社会主义优于资本主义。现在我们正在向这个路上走。

搞社会主义,搞四个现代化,有"左"的干扰。我们党的十一届三中全会以来,着重反对"左",因为我们过去的错误就在于"左"。但是也有右的干扰。所谓右的干扰,就是要全盘西化,不是坚持社会主义,而是把中国引导到资本主义。我们已经解决了最近发生的资产阶级自由化思潮泛滥的问题,并且作了人事调整。

总之,我们要坚持走十一届三中全会以来确定的道路。现在走了八年多了,看来本世纪末的目标肯定能够达到。下一步五十年的任务更艰巨,相信我们的目标也能够达到。

# 吸取历史经验，防止错误倾向*

（一九八七年四月三十日）

总的说我们的情况是好的。粉碎“四人帮”以后，从十一届三中全会开始，我们制定了一系列新的方针政策，实践证明这些方针政策是正确的。但毕竟我们只是开步走。我们原定的目标是，第一步在八十年代翻一番。以一九八〇年为基数，当时国民生产总值人均只有二百五十美元，翻一番，达到五百美元。第二步是到本世纪末，再翻一番，人均达到一千美元。实现这个目标意味着我们进入小康社会，把贫困的中国变成小康的中国。那时国民生产总值超过一万亿美元，虽然人均数还很低，但是国家的力量有很大增加。我们制定的目标更重要的还是第三步，在下世纪用三十年到五十年再翻两番，大体上达到人均四千美元。做到这一步，中国就达到中等发达的水平。这是我们的雄心壮志。目标不高，但做起来可不容易。

现在我们可以说，第一步的原定目标可以提前在今年或者明年完成。这并不意味着第二步就很容易。看起来，第二步的目标也能完成，但第三步比前两步要困难得多。已经过去的

---

* 这是邓小平同志会见西班牙工人社会党副总书记、政府副首相格拉时谈话的一部分。

八年多证明，我们走的路是对的。但要证明社会主义真正优越于资本主义，要看第三步，现在还吹不起这个牛。我们还需要五六十年的艰苦努力。那时，我这样的人就不在了，但相信我们现在的娃娃会完成这个任务。

中华人民共和国建立以来，确实改变了中国的面貌。中华民族自鸦片战争〔32〕以来的一个多世纪，在世界上一直处于卑下地位，人家看不起中国人。在中国共产党的领导下，中国人民奋斗了二十八年，打败了帝国主义的侵略，推翻了蒋家王朝。一九四九年，中国人确实站起来了。但从一九四九年建国到现在三十八年，这中间我们又确实有不少失误。我们建设社会主义的方向是完全正确的，但什么叫社会主义，怎样建设社会主义，还在摸索之中。社会主义的第一个任务是要发展社会生产力。一九四九年取得全国政权后，解放了生产力，土地改革〔51〕把占人口百分之八十的农民的生产力解放出来了。但是解放了生产力以后，如何发展生产力，这件事做得不好。主要是太急，政策偏“左”，结果不但生产力没有顺利发展，反而受到了阻碍。一九五七年开始，我们犯了“左”的错误，政治上的“左”导致一九五八年经济上搞“大跃进”〔54〕，使生产遭到很大破坏，人民生活很困难。一九五九、一九六〇、一九六一年三年非常困难，人民饭都吃不饱，更不要说别的了。一九六二年开始好起来，逐步恢复到原来的水平。但思想上没有解决问题，结果一九六六年开始搞“文化大革命”，搞了十年，这是一场大灾难。当时很多老干部受迫害，包括我在内。我是刘少奇之后第二号“走资本主义道路的当权派”，刘少奇是“统帅”，我是“副统帅”。这十年中，许多怪东西都出来了。要人们安于贫困落后，说什么宁要贫困的社会主义和共产主义，不要富裕的资本主义。这就是“四人帮”搞的那一套。哪有什么贫困的社会主义、贫困的共产主义！马克思主义的理想是实现共产主义。马克思讲的共产主义是“各尽所能，按需分配”的社会。什么是按需分配？没有生产力的极大发达，没有物质产品的极大丰富，怎么搞按需分配？马克思主义讲的共产主义是物质产品极大丰富的社会。共产主义的第一阶段是社会主义，社会主义就是要发展生产力，这是一个很长的历史阶段。生产力不断发展，最后才能达到共产主义。“四人帮”荒谬的理论导致中国处于贫困、停滞的状态。

粉碎“四人帮”之初，“左”的错误没有完全纠正。一九七七年和一九七八年，中国还处于徘徊状态。直到一九七八年底我们党的十一届三中全会，非常严肃和认真地总结了建国后的近三十年的经验。在这个基础上，我们提出了现在的一系列政策，主要是改革和开放，对内开放和对外开放；提出了我们的根本路线，就是把工作重点转到建设上来，不受任何干扰，一心一意、坚定不移地搞社会主义现代化建设。要实现四个现代化，搞好改革和开放，在国内需要有安定团结的政治局面，在国际上需要一个和平环境，根据这个情况提出了我们的对外政策，概括地说，就是反对霸权主义和维护世界和平。

这八年多的经历证明，我们所做的事情是成功的，总的情况是好的，但不是说没有干扰。几十年的“左”的思想纠正过来不容易，我们主要是反“左”，“左”已经形成了一种习惯势力。现在中国反对改革的人不多，但在制定和实行具体政策的时候，总容易出现有一点留恋过去的情况，习惯的东西就起作用，就冒出来了。同时也有右的干扰，概括起来就是全盘西化，打着拥护开放、改革的旗帜，想把中国引导到搞资本主义。这种右的倾向不是真正拥护改革、开放政策，是要改变我们社会的性质。一旦中国全盘西化，搞资本主义，四个现代化肯定实现不了。中国要解决十亿人的贫困问题，十亿人的发展问题。如果搞资本主义，可能有少数人富裕起来，但大量的人会长期处于贫困状态，中国就会发生闹革命的问题。中国搞现代化，只能靠社会主义，不能靠资本主义。历史上有人想在中国搞资本主义，总是行不通。我们搞社会主义虽然犯过错误，但总的说来，改变了中国的面貌。我们既有"左"的干扰，也有右的干扰，但最大的危险还是"左"。习惯了，人们的思想不容易改变。对青年人来说，右的东西值得警惕，特别是他们不知道什么是资本主义，什么是社会主义，因此要对他们进行教育。

我们搞四个现代化和改革、开放，以后还会遇到风险、困难，包括我们自己还会犯错误。中国是这么大的国家，我们做的事是前人没有做过的。中国有自己的特点，所以我们只能按中国的实际办事，别人的经验可以借鉴，但不能照搬。搞改革完全是一件新的事情，难免会犯错误，但我们不能怕，不能因噎废食，不能停步不前。胆子还是要大，没有胆量搞不成四个现代化。但处理具体事情要谨慎小心，及时总结经验。小错误难免，避免犯大错误。

# 警惕日本极少数人复活军国主义*

（一九八七年五月五日）

发展中日两国和两国人民之间的友好关系，从毛泽东主席、周恩来总理那个时候就开始了。日本很多朋友，包括政治界、学术界、新闻界等，很多人都做了几十年的工作，做了很多事情。宇都宫德马〔87〕先生就是中日友好关系的“掘井人”之一。在座的朋友都是搞了几十年中日友好工作的。就中国人民的心情来说，是希望同日本人民友好的，日本百分之九十几的人也是愿意中日友好的。

如果说中日关系有点问题，那就是中国人民担心日本有很少很少一部分人，其中可能有的是有政治影响的人，存在复活军国主义的倾向。我们只担心这么一点。中国人民也很高兴地看到，日本绝大多数人是反对这种倾向的。一个多世纪以来，日本军国主义的所作所为，受害的不仅是中国人民和亚洲其他国家的人民，日本人民也是受害者。我们赞赏日本舆论界、政治界的许多人士对这种倾向持批评态度，持警惕态度。对付这种军国主义倾向，不仅要加强批评、揭露，而且要扎扎

---

* 这是邓小平同志会见宇都宫德马等日本朋友时谈话的一部分。

实实地做一些发展我们两国和两国人民之间友好关系的事情,加深我们之间的友谊,加深我们之间的了解,加深我们之间的感情。

"中日两国人民世世代代友好下去"的口号,代表了我们大家的理想。应该说,这个口号三十多年前就提出来了,不是今天提出来的,更不是某一个人提出来的,是中日双方提出来的。

# 改革开放使中国真正活跃起来*

（一九八七年五月十二日）

我没有去过你们的国家，听说荷兰不少土地是填海造出来的，这种艰苦奋斗的精神了不起。中国有句话，叫做“愚公移山”，这是我们民族的一个传统，你们称得上是“愚公移海”。中国的人均耕地面积在世界上是比较少的，你们比我们更少，但是搞得很好，成为一个农产品出口大国，我们要向你们学习。

欢迎你第二次到中国来。一九七三年你来访问的时候，中国还在“文化大革命”期间，那时“四人帮”当权横行，人民心情沉闷，甚至可以说是在忧虑之中，整个社会处于停滞状态。“文化大革命”结束以后，还有两年徘徊。中国真正活跃起来，真正集中力量做人民所希望做的事情，还是在一九七八年底党的十一届三中全会以后。从那时到现在的八年多时间，我们四个现代化的新长征走了第一步。我们确定一心一意搞建设是正确的。为了搞建设，需要实行两个开放，一个是对内开放，一个是对外开放，这也是正确的。这八年多只是开始起步，虽然已经取得比较明显的成就，但是还没有摆脱贫穷落后的状态。我

* 这是邓小平同志会见荷兰首相吕贝尔斯时谈话的主要部分。

们的目标是到本世纪末，就是再过十三年，达到一个小康社会的水平。我们进一步的目标是下一个世纪的五十年，达到中等发达国家的水平。到那时，国家总的力量就大了，可以为人类做更多的事情，在解决南北问题〔16〕方面可以尽更多的力量。我们就是有这么一个雄心壮志。

对于总的国际局势，我的看法是，争取比较长期的和平是可能的，战争是可以避免的。这一点，我们两国的观点一致。一九七八年我们制定一心一意搞建设的方针，就是建立在这样一个判断上的。要建设，没有和平环境不行。我们在制定国内搞建设这个方针的同时，调整了对外政策。我们奉行独立自主的和平外交政策，这有利于和平。我们不打别人的牌，就是说不打苏联的牌，也不打美国的牌。我们也不让别人打我们的牌。我们在分析国际状况时特别注意欧洲，欧洲是决定和平与战争的关键地区。在过去相当长一个时期里，我们同东欧关系不正常。现在我们根据客观的判断，认为西欧和东欧都是维护和平的力量。东欧、西欧都需要发展，越发展和平力量越大。为什么说欧洲是和平力量呢？因为欧洲经历了两次世界大战的灾难。要打第三次世界大战，任何一个国家都没有能力，只有两个超级大国才有资格发动。而战争一旦打起来，首先受害的将是欧洲。我们希望有一个联合、强大、发展的欧洲。只要欧洲，包括东欧和西欧，不绑在别人的战车上，战争就打不起来。所以，我们说，争取比较长一点的和平时间是可能的。如果下一个世纪五十年里，第三世界包括中国有一个可喜的发展，整个欧洲有一个可喜的发展，我看那个时候可以真正消除战争的危险。我们感觉，欧洲比较开放一些，特别是技术上开放，我们比较满意，当然不是完全满意。所以我们确定的政策是同欧洲，包括西欧和东欧，发展友好合作关系。这不仅是立足于中国自身的发展，也是为了维护世界和平。我们对荷兰，对整个欧洲共同体的政策都是一样的。我们同东欧也在发展关系，这是我们的新方针。

对于中国共产党的历史，你们可能不太熟悉。我们党的发展，走过了曲折道路。很长时期比较顺利，但也犯过这样那样的错误。一九二五年至一九二七年大革命，这个时期的后期有陈独秀右倾机会主义〔88〕，那个错误导致中国大革命的失败。我们党被打入地下，被迫同蒋介石进行了长期的战争。三十年代前期有王明为代表的“左”倾机会主义〔89〕，那个错误导致我们多数革命根据地受挫折，使三十万革命军队减少到三万。我们为什么要长征？长征是被迫进行的。从一九三五年开始，我们党在毛泽东同志的正确领导下，经过抗日战争、解放战争，赢得了胜利，一九四九年建立了中华人民共和国。建国后的头八年，我们进行了社会主义改造，建立了一些基础工业。从一九三五年以来二十几年都搞得很好。但是到了一九五七年，我们又犯错误了，反右扩大化〔80〕。一九五八年，要求过急，搞“大跃进”〔54〕，搞人民公社〔55〕，不对头了，给我们带来很大灾难。我们花了三年时间，纠正错误，才使情况又好起来。经济情况有好转，但是指导思想上没有解决问题，这就是为什么一九六六年又开始了“文化大革命”。“文化大革命”搞了整整十年。我为什么讲这个历史？因为我们现在的路线、方针、政策是在总结了成功时期的经验、失败时期的经验和遭受挫折时期的经验后制定的。历史上成功的经验是宝贵财富，错误的经验、失败的经验也是宝贵财富。这样来制定方针政策,就能统一全党思想,达到新的团结。这样的基础是最可靠的。有人说,我们现在有保守派、改革派,这是猜测。事实证明,改革是正确的,很见效。如果外国朋友都能看出我们的变化,看出我们搞得不错,我们自己的人民还能看不见?人民有自己的亲身经历,眼睛是雪亮的。过去吃不饱,穿不暖,现在不仅吃饱穿暖,而且有现代化生活用品,人民是高兴的。既然如此,我们的政策还能不稳定?政策的稳定反映了党的稳定。最近,我们党的总书记辞职,这样的事在你们那里不算一个问题。大概由于我们过去开放不够,一有变化好像就是中国发生大问题了。其实没有发生什么大事,我们很快就解决了。我们提出反对资产阶级自由化,就是反对全盘西化,反对否定党的领导和社会主义制度。但是我们着重在教育。这是长期的任务,不采取运动的方式来处理。我们不搞运动,这也不是运动所能解决的问题。一切工作照常运转。我们今年秋季召开党的十三大〔84〕,将更加清楚地阐明我们的现行政策,而且要进一步提出政治体制改革的任务来适应经济的发展。我们现行的方针政策不会有任何变化,开放政策只会更加开放。不但本世纪如此,中国达到中等发达国家水平以后还会如此,以后更是如此。中国是稳定的。过去我们多灾多难,党和国家经过许多波折,有些事情人们难以理解也不奇怪,但我们自己是有清醒估计的。

# 改革的步子要加快*

（一九八七年六月十二日）

自从我们两党关系恢复以来，我们之间的关系是很密切的。铁托〔90〕同志打开了两党关系的新局面，是他首先到中国来访问的。那个时候我们党的主席是华国锋同志，我是以老战士身份同铁托同志见面的，我们谈得很好，达成了共同的谅解，就是过去的事情都不谈了，一切向前看。现在，我们同东欧其他各国的党和国家的关系也是采取这个态度，把今天当作新的起点，好好地发展我们之间的友好合作关系。至于过去的经验，也值得总结一下。我想有一点最重要，就是任何大党、中党、小党，都要相互尊重对方的选择和经验，对别的党、别的国家的事情不应该随便指手画脚。对执政党是这样，对没有执政的党也应该是这样。比如法国党和意大利党，过去我们同他们谈的也是这个问题，就是应该尊重他们的经验，尊重他们的选择。如果他们犯了错误，由他们自己去纠正。同样，他们对我们也应该如此，允许我们犯错误，有了错误以后，由我们自己来纠正。因为每一个国家、每一个党都有自己的经历，情况千

---

* 这是邓小平同志会见南斯拉夫共产主义者联盟中央主席团委员科罗舍茨时谈话的一部分。

差万别。我们反对“老子党”，这一点我们是反对得对了。我们也不赞成有什么“中心”。但我们自己也犯了点随便指手画脚的错误。这个经验告诉我们，党与党之间要建立新型的关系，因此我们提出了处理这种关系的原则〔91〕。我相信，按照这样的原则来做，会使我们之间友谊和合作的基础更加牢固，更加持久，两党和两国关系在这个基础上不断得到发展。

目前我们国内正在进行改革。我是主张改革的，不改革就没有出路，旧的那一套经过几十年的实践证明是不成功的。过去我们搬用别国的模式，结果阻碍了生产力的发展，在思想上导致僵化，妨碍人民和基层积极性的发挥。我们还有其他错误，例如“大跃进”〔54〕和“文化大革命”，这不是搬用别国模式的问题。可以说，从一九五七年开始我们的主要错误是“左”，“文化大革命”是极左。中国社会从一九五八年到一九七八年二十年时间，实际上处于停滞和徘徊的状态，国家的经济和人民的生活没有得到多大的发展和提高。这种情况不改革行吗？所以，从一九七八年我们党的十一届三中全会开始，确定了我们的根本政治路线，把四个现代化建设，努力发展社会生产力，作为压倒一切的中心任务。在这个基础上制定了一系列新的方针政策，主要是改革和开放政策。改革是全面的改革，包括经济体制改革、政治体制改革和相应的其他各个领域的改革。开放是对世界所有国家开放，对各种类型的国家开放。

我们的改革和开放是从经济方面开始的，首先又是从农村开始的。为什么要从农村开始呢？因为农村人口占我国人口的百分之八十，农村不稳定，整个政治局势就不稳定，农民没有摆脱贫困，就是我国没有摆脱贫困。坦率地说，在没有改革以前，大多数农民是处在非常贫困的状况，衣食住行都非常困难。党的十一届三中全会以后决定进行农村改革，给农民自主权，给基层自主权，这样一下子就把农民的积极性调动起来了，把基层的积极性调动起来了，面貌就改变了。农业实行多种经营，因地制宜，该种粮食的地方种粮食，该种经济作物的地方种经济作物，不仅粮食大幅度增长，经济作物也大幅度增长。农村改革见效非常快，这是我们原来没有预想到的。当然，开始的时候，并不是所有的人都赞成改革。有两个省带头，一个是四川省，那是我的家乡；一个是安徽省，那时候是万里〔92〕同志主持。我们就是根据这两个省积累的经验，制定了关于改革的方针政策。还有一些省犹疑徘徊，有的观望了一年才跟上，有的观望了两年才跟上。中央的方针是等待他们，让事实教育他们。

农村改革中，我们完全没有预料到的最大的收获，就是乡镇企业发展起来了，突然冒出搞多种行业，搞商品经济，搞各种小型企业，异军突起。这不是我们中央的功绩。乡镇企业每年都是百分之二十几的增长率，持续了几年，一直到现在还是这样。乡镇企业的发展，主要是工业，还包括其他行业，解决了占农村剩余劳动力百分之五十的人的出路问题。农民不往城市跑，而是建设大批小型新型乡镇。如果说在这个问题上中央有点功绩的话，就是中央制定的搞活政策是对头的。这个政策取得了这样好的效果，使我们知道我们做了一件非常好的事情。这是我个人没有预料到的，许多同志也没有预料到，是突然冒出这样一个效果。总之，农村改革见效非常快，非常显著。当然，这并不是说农村的问题都解决了。农村改革的成功增加了我们的信心，我们把农村改革的经验运用到城市，进行以城市为重点的全面经济体制改革。

同时，我们的对外开放采取了多种方式，包括搞经济特区〔29〕，开放十四个沿海城市〔33〕。开始的时候广东提出搞特区，我同意了他们的意见，我说名字叫经济特区，搞政治特区就不好了。当时我们决定先搞深圳经济特区，除了深圳以外，还有珠海、汕头、厦门。一共四个经济特区，广东省占了三个，福建省占了一个。我去过一次深圳，那里确实是一派兴旺气象。他们让我题词，我写道："深圳的发展和经验证明，我们建立经济特区的政策是正确的。"当时我们党内还有人采取怀疑的态度，香港舆论界不管是反对我们的还是赞成我们的，也都有人持怀疑态度，不相信我们是正确的。深圳搞了七八年了，取得了很大的成绩。当然一个完全新的事物不允许犯错误是不行的，有一点错误也是很小的。他们自己总结经验，由内向型转为外向型，就是说能够变成工业基地，并能够打进国际市场。这一点明确以后，也不过两三年的时间，就改变了面貌。深圳的同志告诉我，那里的工业产品百分之五十以上出口，外汇收支可以平衡。现在我可以放胆地说，我们建立经济特区的决定不仅是正确的，而且是成功的。所有的怀疑都可以消除了。最近有的同志告诉我，厦门经济特区的发展速度比深圳还理想。一九八四年我去的时候那里还是一片荒地，只有一个机场，现在的面貌发生了很大的变化。我们正在搞一个更大的特区，这就是海南岛经济特区〔93〕。海南岛和台湾的面积差不多，那里有许多资源，有富铁矿，有石油天然气，还有橡胶和别的热带亚热带作物。海南岛好好发展起来，是很了不起的。

总之，几年的实践证明，我们搞改革、开放的路子是走对了。虽然每一个领域都还有不少问题，但是不难逐步解决。所以，我们改革、开放的政策不可能放弃，甚至于不可能放慢。现在快、慢也是议论的问题之一，因为改革、开放是有风险的。要讲究稳妥，但稳妥变成停滞不前就坏了。最近我们中央在考虑，在总结经验的基础上，加快一点改革、开放的步子。这是我讲的经济体制改革。

现在我们提出了新的问题，就是把政治体制改革提到日程上来，这是今年十月将要召开的党的十三大的主要议程之一。这个问题很复杂，政治体制改革的每一个措施都涉及千千万万的人，主要是涉及广大干部，不仅是我们一批老人。一般讲政治体制改革都讲民主化，但民主化的含义不十分清楚。资本主义社会讲的民主是资产阶级的民主，实际上是垄断资本的民主，无非是多党竞选、三权鼎立、两院制。我们的制度是人民代表大会制度，共产党领导下的人民民主制度，不能搞西方那一套。社会主义国家有个最大的优越性，就是干一件事情，一下决心，一做出决议，就立即执行，不受牵扯。我们说搞经济体制改革全国就能立即执行，我们决定建立经济特区就可以立即执行，没有那么多互相牵扯，议而不决，决而不行。就这个范围来说，我们的效率是高的，我讲的是总的效率。这方面是我们的优势，我们要保持这个优势，保证社会主义的优越性。至于经济管理、行政管理的效率，资本主义国家在许多方面比我们好一些。我们的官僚主义确实多得很。就拿人事制度来说，社会主义国家恐怕有个共同的问题，就是干部老化僵化，首先表现在思想上，组织上也有这种状况。所以，我们必须进行政治体制改革，而这种改革又不能搬用西方那一套所谓的民主，不能搬用他们的三权鼎立，不能搬用他们的资本主义制度，而要搞社会主义民主。我们要根据社会主义国家自己的实践、自己的情况来决定改革的内容和步骤。每一个社会主义国家的改革又都是不同的，历史不同，经验不同，现在所处的情况不同，各国的改革不可能一样。但是，共同的一点是要保持自己的优势，避免资本主义社会的毛病和弊端。

我们的改革要达到一个什么目的呢？总的目的是要有利于巩固社会主义制度，有利于巩固党的领导，有利于在党的领导和社会主义制度下发展生产力。对中国来说，就是要有利于贯彻执行党的十一届三中全会以来所制定的一系列路线、方针、政策。要做到这些，我个人考虑有三条：第一，党和行政机构以及整个国家体制要增强活力，就是说不要僵化，要用新脑筋来对待新事物；第二，要真正提高效率；第三，要充分调动人民和各行各业基层的积极性。

增强活力，现在最大的问题是各级领导班子的年轻化。中国的干部老化僵化问题比你们严重，比如，我们党的中央委员会的平均年龄恐怕比其他各国党的都要大，我们党的政治局、政治局常委和书记处成员的平均年龄也都偏大。我们建国的时候不存在这个问题，那时领导人都比较年轻。从党的十一大开始出现这个问题。这有客观原因，一大批老干部在“文化大革命”期间都被打倒了，后来解放了，重新恢复领导工作，所以领导班子年龄偏大。各级党政领导班子、各行各业领导班子都存在老化的问题，这是我们中国最特殊的问题。一般地讲，老年人习惯势力多一点，他们有一个共同的特点，就是考虑问题凭自己的经验。现在世界突飞猛进地发展，科技领域更是如此，中国有句老话叫“日新月异”，真是这种情况。我们要赶上时代，这是改革要达到的目的。要坚决执行领导班子年轻化的方针，但步子要稳妥，也不是只讲年龄这一条，还要德才兼备，并且要有经验丰富熟悉情况的同志参加，形成梯级结构。年轻化这件事障碍不小，不克服不行，还要做许多工作。

提高效率，克服官僚主义，包括精简机构，还包括其他许多内容。

调动积极性，权力下放是最主要的内容。我们农村改革之所以见效，就是因为给农民更多的自主权，调动了农民的积极性。现在我们把这个经验应用到各行各业，调动各方面的积极性。

调动积极性是最大的民主。至于各种民主形式怎么搞法，要看实际情况。比如讲普选，现在我们在基层，就是在乡、县两级和城市区一级、不设区的市一级搞直接选举，省、自治区、设区的市和中央是间接选举。像我们这样一个大国，人口这么多，地区之间又不平衡，还有这么多民族，高层搞直接选举现在条件还不成熟，首先是文化素质不行。又比如讲党派，我们也有好多个民主党派，都接受共产党的领导，实行中国共产党领导的多党合作、政治协商制度。对于这一点，西方许多舆论也认为，像中国这样一个大国，如果没有中国共产党来领导，许多事情很难办，首先吃饭问题就解决不了。我们的改革不能离开社会主义道路，不能没有共产党的领导，这两点是相互联系的，是一个问题。没有共产党的领导，就没有社会主义道路。像“文化大革命”那样的“大民主”不能再搞了，那实际上是无政府主义。

总之，经济体制改革的方针、政策、步骤都已经确定，现在的问题是要加快。关于政治体制的改革，我们正在议论，要在十三大以前理出个头绪。农村经济体制改革是用三年时间见效的，城市经济体制改革比农村复杂，至少用三至五年的时间才能取得明显的效果。政治体制改革更复杂，设想有些方面用三至五年的时间可以见效，有些方面甚至要花十年左右的时间才能见效。

# 没有安定的政治环境什么事都干不成*

（一九八七年六月二十九日）

我们党的十三大〔84〕将要重申一九七八年十一届三中全会以来所制定的一系列方针、政策，主要是改革、开放政策。这些政策不但要继续下去，过去搞得不够的还要搞得更大胆一些，而且要把政治体制改革提到日程上来。

政治体制改革包括民主和法制。我们的民主同法制是相关联的。人们往往把民主同美国联系起来，认为美国的制度是最理想的民主制度。我们不能搬你们的。我相信你会理解这一点。中国如果照搬你们的多党竞选、三权鼎立那一套，肯定是动乱局面。如果今天这部分人上街，明天那部分人上街，中国十亿人口，一年三百六十五天，天天都会有事，日子还能过吗？还有什么精力搞建设？所以不能从你们的角度来看待中国的问题。中国的主要目标是发展，是摆脱落后，使国家的力量增强起来，人民的生活逐步得到改善。要做这样的事，必须有安定的政治环境。没有安定的政治环境，什么事情都干不成。中国有中国的实际，这点我相信我们比外国朋友了解得多

* 这是邓小平同志会见美国前总统卡特时谈话的一部分。

一些。中国的政治体制改革，要讲社会主义的民主，也要讲社会主义的法制。在强调发展民主的同时，要强调教育我们的人民特别是青年要有理想，守纪律。

# 立足民族平等，加快西藏发展*

（一九八七年六月二十九日）

中华人民共和国没有民族歧视，我们对西藏的政策是真正立足于民族平等。中国有几十个民族，少数民族只占总人口的百分之六，汉族占百分之九十四，但在各级人民代表大会和各级行政机构中少数民族干部所占的比例大大超过百分之六。至于说“文化大革命”使少数民族受到损害，这种现象不能表明我们歧视少数民族。那时不仅损害了少数民族，受害最大的还是汉族，大多数老一辈的革命家都被打倒了嘛，这些人几乎都是汉族嘛，包括我在内。粉碎“四人帮”后，中央政府采取了很多措施发展少数民族地区。拿西藏来说，中央决定，其他省市要分工负责帮助西藏搞一些建设项目，而且要作为一个长期的任务。西藏具有很大的开发潜力。中国的资源很多分布在少数民族地区，包括西藏和新疆。如果这些地区开发起来，前景是很好的。我们帮助少数民族地区发展的政策是坚定不移的。

西藏是人口很稀少的地区，地方大得很，单靠二百万藏族同胞去建设是不够的，汉人去帮助他们没有什么坏处。如果以

* 这是邓小平同志会见美国前总统卡特时谈话的一部分。

在西藏有多少汉人来判断中国的民族政策和西藏问题，不会得出正确的结论。关键是看怎样对西藏人民有利，怎样才能使西藏很快发展起来，在中国四个现代化建设中走进前列。目前西藏情况有了明显的变化，西藏人民生活有了不小的改善，但总的讲还是处于落后状况，还有很多事情要做。不仅西藏，其他少数民族地区也一样。我们的政策是着眼于把这些地区发展起来[94]。如内蒙古自治区，那里有广大的草原，人口又不多，今后发展起来很可能走进前列，那里有不少汉人。观察少数民族地区主要是看那个地区能不能发展起来。如果在那里的汉人多一点，有利于当地民族经济的发展，这不是坏事。看待这样的问题要着重于实质，而不在于形式。

# 我国方针政策的两个基本点*

（一九八七年七月四日）

我国几年来的发展情况表明，凡是实行改革、开放政策的地方都搞得好。现在国际上有一种议论，说中国改革的步子放慢了，政策要变。说放慢步子还有些根据，说政策要变就没有根据了。改革总会出现一些问题，有了问题就要进行调整。去年和今年我们继续在搞改革、开放，但步子放得稳重了些。现在看来，一年多的时间里步子太慢了一点。所以，我们现在提出要大胆一些。改革、开放是一个新事物，没有现成的经验可以照搬，一切都要根据我国的实际情况来进行。实践证明，步子放大些有利。当然步子大风险也就大。

搞社会主义现代化建设是基本路线。要搞现代化建设使中国兴旺发达起来，第一，必须实行改革、开放政策；第二，必须坚持四项基本原则，主要是坚持党的领导，坚持社会主义道路，反对资产阶级自由化，反对走资本主义道路。这两个基本点是相互依存的。搞现代化建设，搞改革、开放，存在“左”和右的干扰问题。“左”的干扰更多是来自习惯势力。旧的一套搞惯了，要改不容易。右的干扰就是搞资产阶级自由化，全盘西

* 这是邓小平同志会见孟加拉国总统艾尔沙德时谈话的一部分。

化，包括照搬西方民主。“左”的和右的干扰，最主要的是“左”的干扰。建国后，从一九五七年到一九七八年，我们吃亏都在“左”。我们国家大，党的历史很长，建国也已经有三十八年，因此好多习惯势力不能低估，而右的干扰也帮了习惯势力的忙，所以我们也不能忽视右的干扰。国际上一些人在猜测我是哪一派。最近我对一位外国朋友说，说我是改革派是真的，可是我也反对资产阶级自由化。如果说反对资产阶级自由化就是保守派，那末也可以说我是保守派。比较实际地说，我是实事求是派，坚持改革、开放政策，坚持党的领导和社会主义道路。

中国在国际上处于落后状态，中国要发展起来，要实现四化，政治局面不稳定，没有纪律，没有秩序，什么事情都搞不成功。西方民主那一套我们不能照搬，中国的事情要根据自己的实际情况办。中国的民主是社会主义民主，是同社会主义法制相辅相成的。中国正是根据自己的实际情况，建设有中国特色的社会主义。

我们即将召开的党的十三大，主要有两个内容：第一，把政治体制改革提到议事日程上来；第二，使我们领导层比较年轻化一些。这两件事都不容易，但是非干不可。改革不是一年两年的事情，政治体制改革如能在十年内搞成功就很了不起了。领导层年轻化要达到比较理想的状态，恐怕要十年时间。

我们都是第三世界国家，希望世界和平。现在看来第三次世界大战短时期内不会打。当然战争的危险仍然存在，但是可以争取相当长一段时间的和平。如果世界和平的力量发展起来，第三世界国家发展起来，可以避免世界大战。第三世界国家应当利用这段时间发展经济，逐渐摆脱贫困落后状况。过去我们过多地认为世界大战很快就要打起来，忽视发展生产力，忽视经济建设。现在根据新的观察、新的分析，下决心一心一意搞建设。已经搞了八年，取得了初步效果，但是路还很长，要坚定不移地搞下去。中国在本世纪末摆脱贫困状态，达到小康水平，是可以实现的，但是要达到中等发达国家水平，还要花五十年左右的时间。因此，我们希望至少有七十年的和平时间。我们不要放过这段时间。

# 一切从社会主义初级阶段的实际出发*

（一九八七年八月二十九日）

我国经济发展分三步走，本世纪走两步，达到温饱和小康，下个世纪用三十年到五十年时间再走一步，达到中等发达国家的水平。这就是我们的战略目标，这就是我们的雄心壮志。要实现我们的雄心壮志，不改革不行，不开放不行。我们要走的路还很长，任务还很艰巨。我们要艰苦奋斗，一心一意搞建设，发展生产力。

今年十月我们党要召开十三大。十三大归根到底是改革开放的大会。十三大要重申我们党十一届三中全会以来制定的一系列方针和政策，深化经济体制改革，相应地进行政治体制改革。十三大要使领导班子更加年轻化，这样就会使党和国家的领导层更具有活力，同时保证我们政策的连续性。

你们到农村去看了一下吗？我们真正的变化还是在农村，有些变化出乎我们的预料。农村实行承包责任制后，剩下的劳动力怎么办，我们原来没有想到很好的出路。长期以来，我们百分之七十至八十的农村劳动力被束缚在土地上，农村每人

---

* 这是邓小平同志会见意大利共产党领导人约蒂和赞盖里时谈话的一部分。

平均只有一两亩土地，多数人连温饱都谈不上。一搞改革和开放，一搞承包责任制，经营农业的人就减少了。剩下的人怎么办？十年的经验证明，只要调动基层和农民的积极性，发展多种经营，发展新型的乡镇企业，这个问题就能解决。乡镇企业容纳了百分之五十的农村剩余劳动力。那不是我们领导出的主意，而是基层农业单位和农民自己创造的。把权力下放给基层和人民，在农村就是下放给农民，这就是最大的民主。我们讲社会主义民主，这就是一个重要内容。同时，乡镇企业反过来对农业又有很大帮助，促进了农业的发展。

政治体制改革很复杂，每一个措施都涉及千千万万人的利益。所以，政治体制改革要分步骤、有领导、有秩序地进行。我们不能照搬资本主义国家那一套，不能搞资产阶级自由化。比如共产党的领导，这个丢不得，一丢就是动乱局面，或者是不稳定状态。一旦不稳定甚至动乱，什么建设也搞不成。我们有过“大民主”的经验，就是“文化大革命”，那是一种灾难。我们的经济体制改革，也是有领导有秩序地进行，不能搞无政府主义。

我们党的十三大要阐述中国社会主义是处在一个什么阶段，就是处在初级阶段，是初级阶段的社会主义〔95〕。社会主义本身是共产主义的初级阶段，而我们中国又处在社会主义的初级阶段，就是不发达的阶段。一切都要从这个实际出发，根据这个实际来制订规划。

# 我们干的事业是全新的事业*

（一九八七年十月十三日）

“文化大革命”整整耽误了我们十年时间。说深一点，社会主义时期我们的失误主要来自“左”的方面，而“左”的事情从一九五七年就开始了。

从历史上看，我们的民主主义革命也是在纠正“左”的错误之后才走上胜利的道路的，标志就是遵义会议〔96〕。这次会议结束了王明“左”倾冒险主义〔89〕在党中央的统治，确立了毛泽东同志在党中央的领导地位。

中国共产党在不断纠正“左”的和右的错误之后，取得了人民革命在全国的胜利，建立了中华人民共和国，开始了社会主义建设。建国后的头八年，也就是从一九四九年到一九五七年上半年，我们的发展是健康的，政策是恰当的。一九五七年下半年，我们在政治上开展了反右派斗争〔80〕，当时反右是必要的，但扩大化了，打击面太大了，这是错误的。接着就是一九五八年的“大跃进”〔54〕和人民公社〔55〕运动，完全违背客观实际情况，头脑发热，想超高速发展。从一九五七年下半年开始，

---

* 这是邓小平同志会见匈牙利社会主义工人党总书记卡达尔时谈话的一部分。

实际上违背了八大[2]的路线，这一"左"，直到一九七六年，时间之长，差不多整整二十年。"左"的极端是"文化大革命"。不过，这些事情也给我们带来经验教训。我们粉碎"四人帮"，结束了"文化大革命"，然后深刻地检讨了我们的历史，提出解放思想，恢复毛泽东同志的实事求是的思想路线的任务。毛泽东同志在整个新民主主义革命时期，还有社会主义革命和建设的初期，都是正确的，正确的东西不能丢掉。在这个长时期中，毛泽东同志确实把马列主义的普遍原理同中国的实际结合得非常好，创造性地提出了农村包围城市的战略，走十月革命的道路，但采取与十月革命不同的方式。由于充分尊重中国的实际，一切从实际出发，我们取得了新民主主义革命的胜利，并顺利地进入了社会主义的历史阶段。这是我们历史的正确方面。刚才我所说的二十年"左"的错误，那是另一个方面。我们总结了我国革命和建设正反两个方面的经验，从一九七八年党的十一届三中全会开始，制定了一系列新的方针政策。这些方针政策，归根到底就是恢复和坚持毛泽东同志提出的实事求是的思想路线，根据这条思想路线来探索中国怎样建设社会主义。我们现在干的事业是全新的事业。

"四人帮"时期对共产主义的理解，用他们的话说，就是宁要贫穷的共产主义，不要富裕的资本主义。简直荒谬得很！马克思主义又叫共产主义，马克思主义的基本原则是，在社会主义阶段实行"各尽所能，按劳分配"，在共产主义阶段实行"各尽所能，按需分配"。按需分配要物资的极大丰富，难道一个贫穷的社会能够按需分配？共产主义能够是贫穷的吗？我们在总结这些经验的基础上，提出了整个社会主义历史阶段的中心任务是发展生产力，这才是真正的马克思主义。就我们国家来讲，首先是要摆脱贫穷。要摆脱贫穷，就要找出一条比较快的发展道路。贫穷不是社会主义，发展太慢也不是社会主义。否则社会主义有什么优越性呢？社会主义发展生产力，成果是属于人民的。就是说，在我们的发展过程中不会产生资产阶级，因为我们的分配原则是按劳分配。当然分配中还会有差别，但我们的目的是共同富裕。要经过若干年的努力，体现出社会主义的优越性，体现出我们走社会主义道路走得对。

在对社会主义作这样的理解下面，我们寻找自己应该走的道路。这涉及政治领域、经济领域、文化领域等所有方面的问题。我们提出要搞建设，搞改革，争取比较快的发展。说到改革，其实在一九七四年到一九七五年我们已经试验过一段。一九七三年周恩来总理病重，把我从江西"牛棚"接回来，开始时我代替周总理管一部分国务院的工作，一九七五年我主持中央常务工作。那时的改革，用的名称是整顿，强调把经济搞上去，首先是恢复生产秩序。凡是这样做的地方都见效。不久，我又被"四人帮"打倒了。我是"三落三起"。一九七六年四五运动〔97〕，人民怀念周总理，支持我的也不少。这证明，一九七四年到一九七五年的改革是很得人心的，反映了人民的愿望。粉碎"四人帮"以后，十一届三中全会重新确立了实事求是的思想路线，确定了以发展生产力为全党全国的工作中心，改革才重新发动了。

这一次改革首先是从农村开始的。占全国人口百分之八十的农民连温饱都没有保障，怎么能体现社会主义的优越性呢？一改革就调动了农民的积极性，然后我们又把农村改革的经验运用到城市，进行城市经济体制改革。对外开放也是改革的内容之一，总的来说，都叫改革。经过将近九年的努力，百分之九十的农村人口解决了温饱问题，全国人均国民生产总值提前两年完成了原定十年内翻一番的任务。

成功的经验鼓励了我们，增加了我们的信心。因此，党的十三大〔84〕要决定加快改革的步伐，不仅要加快经济体制改革的步伐，而且要把政治体制改革提到议事日程上来。

我们的第一个目标是解决温饱问题，这个目标已经达到了。第二个目标是在本世纪末达到小康水平，第三个目标是在下个世纪的五十年内达到中等发达国家水平。我们现在真正要做的就是通过改革加快发展生产力，坚持社会主义道路，用我们的实践来证明社会主义的优越性。要用两代人、三代人、甚至四代人来实现这个目标。到那个时候，我们就可以真正用事实理直气壮地说社会主义比资本主义优越了。

这是我们的一些构想，现在我们要从理论上进行深刻、实际的阐述。我们走的路还会有曲折，错误也是难免的，但我们力求及时总结经验，不要犯大的错误，更不要因为小的曲折而缩手缩脚，不敢大胆前进。

你刚才讲的发展两党两国关系的意见，我完全同意。我们之间过去的问题一风吹，一切向前看。关键是，第一，我们都坚持社会主义道路，坚持马克思主义；第二，我们都根据自己的特点，自己国家的情况，走自己的路。我们既不能照搬西方资本主义国家的做法，也不能照搬其他社会主义国家的做法，更不能丢掉我们制度的优越性。比如共产党的领导就是我们的优越性。我们要坚持共产党的领导，当然也要有监督，有制约。

现在提出党政分开,但不管怎样还是共产党领导,是为了更好地加强和改善党的领导。共产党也难免犯错误,但只要坚持实事求是,坚持改革,走自己的路,不犯大的错误,我们的事业就会蓬勃发展。再如民主集中制也是我们的优越性。这种制度更利于团结人民,比西方的民主好得多。我们做某一项决定,可以立即实施。又如解决民族问题,中国采取的不是民族共和国联邦的制度,而是民族区域自治的制度。我们认为这个制度比较好,适合中国的情况。我们有很多优越的东西,这是我们社会制度的优势,不能放弃。所以,我们要坚持四项基本原则。

# 十三大的两个特点*

（一九八七年十一月十六日）

我们党的十三大〔84〕报告是集体创作，集中了几千人的智慧，有许多内容并不是我提出来的。当然，其中也有我的看法和意见，但大部分是集体的意见。一九七八年党的十一届三中全会以来的路线、方针和政策的制定，我是出了力的，但不只是我一个人。所以，不能把九年来的成绩都写到我个人的帐上，可以写我是集体的一分子。过分夸大一个人的作用并不有利。

党的十三大的特点，一个是阐述了中国社会主义初级阶段的理论，在这个理论指导下，坚定地贯彻党的十一届三中全会以来的路线、方针和政策；另一个是更新了中央领导班子，保证我们的改革开放政策能够连续贯彻下去，并且加快步伐。在十三大以前，国际舆论和国内的人民还有些担心我们的改革开放政策是不是会连续下去，十三大回答了这个问题，我国人民和国际朋友都放心了。话又说回来，我们现在所干的事业是一项新事业，马克思没有讲过，我们的前人没有做过，其他社会主义国家也没有干过，所以，没有现成的经验可学。我们

---

* 这是邓小平同志会见日本社会党委员长土井多贺子时谈话的一部分。

只能在干中学，在实践中摸索。我们现在所干的事业，就是努力把中国变成一个现代化的社会主义国家。在经济上要达到中等发达国家的水平，还需要五六十年的时间，如果从中华人民共和国建立算起要用上百年的时间。我们要坚持建党几十年来最好时期的传统，就是要艰苦奋斗，谨慎办事，兢兢业业。还要看到我们的路是漫长的，还会遇到许多困难，错误也是难免的。关键在于不断地总结经验，使我们党的生活民主化，使我们国家的政治生活民主化。这样就能听到更多人的意见，特别是人民群众的意见。

# 解放思想,独立思考*

(一九八八年五月十八日)

我们建国三十九年,头八年好,后十年也好,当中那些年受到“左”的干扰,情况不大好。我们对近十年的发展是比较满意的,现在看来,这十年搞对头了。去年召开的党的十三大〔84〕决定,不仅要继续贯彻执行我们既定的方针政策,而且要进一步改革,进一步开放。我们相信,按照这些方针政策搞下去,会获得成功。另一方面,也还有风险,不会是一帆风顺的。但我们必须走改革这条道路,有问题要及时妥善解决,不能停滞,停滞是没有出路的。

我们党的十一届三中全会的基本精神是解放思想,独立思考,从自己的实际出发来制定政策。因为在中国建设社会主义这样的事,马克思的本本上找不出来,列宁的本本上也找不出来,每个国家都有自己的情况,各自的经历也不同,所以要独立思考。不但经济问题如此,政治问题也如此。

建设一个国家,不要把自己置于封闭状态和孤立地位。要重视广泛的国际交往,同什么人都可以打交道,在打交道的过程中趋利避害。用我们的话讲,叫对外开放。对内也要开放搞

---

* 这是邓小平同志在会见莫桑比克总统希萨诺时谈话的一部分。

活,不要固守一成不变的框框。过去我们满脑袋框框,现在就突破了。我们坚持马列主义、毛泽东思想,坚持社会主义道路,不过什么叫社会主义的问题,我们现在才解决。坦率地说,我们过去照搬苏联搞社会主义的模式,带来很多问题。我们很早就发现了,但没有解决好。我们现在要解决好这个问题,我们要建设的是具有中国自己特色的社会主义。

有一个问题,你们根据自己的条件,可否考虑现在不要急于搞社会主义。确定走社会主义道路的方向是可以的,但首先要了解什么叫社会主义,贫穷绝不是社会主义。要讲社会主义,也只能是讲符合莫桑比克实际情况的社会主义。

总之,要紧紧抓住合乎自己的实际情况这一条。所有别人的东西都可以参考,但也只是参考。世界上的问题不可能都用一个模式解决。中国有中国自己的模式,莫桑比克也应该有莫桑比克自己的模式。

# 理顺物价，加速改革*

（一九八八年五月十九日）

我们党的十三大〔84〕和全国人大七届一次会议，精神都是进一步解放思想，进一步解放生产力。

理顺物价，改革才能加快步伐。物价问题是历史遗留下来的。过去，物价都由国家规定。例如粮食，还有各种副食品，收购价格长期定得很低，这些年提高了几次，还是比较低，而城市销售价格又不能高了，购销价格倒挂，由国家补贴。这种违反价值规律的做法，一方面使农民生产积极性调动不起来，另一方面使国家背了一个很大的包袱，每年用于物价补贴的开支达几百亿元。这样，国家财政收入真正投入经济建设的就不多了，用来发展教育、科学、文化事业的就更少了。所以，不解决物价问题就不能放下包袱，轻装前进。最近我们决定放开肉、蛋、菜、糖四种副食品价格，先走一步。中国不是有一个“过五关斩六将”的关公的故事吗？我们可能比关公还要过更多的“关”，斩更多的“将”。过一关很不容易，要担很大风险。这次副食品价格一放开，就有人抢购，议论纷纷，不满意的话多得

---

* 这是邓小平同志会见由朝鲜人民武装力量部部长吴振宇率领的朝鲜政府军事代表团时谈话的一部分。

很，但是广大人民群众理解中央，这个决心应该下。现在过这一关，能否成功，今天还不能讲，但我们希望成功。这就要求我们每走一步，都兢兢业业，大胆细心，及时总结经验，发现问题就做些调整，使之符合实际情况。但是物价改革非搞不可，要迎着风险、迎着困难上。要让全党和全国人民懂得，这是很艰苦的工作，十全十美的方针、十全十美的办法是没有的，面临的都是新事物、新问题，经验靠我们自己创造。

我们讲实践是检验真理的唯一标准，放开物价、加速改革正确不正确，也要看实践。我们现在既有顺利的情况，又有风险的情况。好在这十年来中国有了可喜的发展，人民生活有所改善，对风险的承受能力有一定的增强。我总是告诉我的同志们不要怕冒风险，胆子还要再大些。如果前怕狼后怕虎，就走不了路。

中国经济发展的速度不会太慢。一九八八年尽管有风浪，速度仍然可能超过百分之十。天天在风浪中前进，但翻两番的任务一定能完成。这就是我们的现状和前景。

# 思想更解放一些，改革的步子更快一些*

（一九八八年五月二十五日）

我们正在进行改革。我们改革的内容为什么那么广泛深刻呢？因为我们有“文化大革命”的教训。“文化大革命”耽误了十年。如果加上从一九五七年开始的“左”的错误所耽误的时间，总的算起来应该是二十年。从一九四九年建国开始，一直到一九五七年，我国的发展形势是非常好的，但往后就出问题了。在这二十年中我们并不是什么好事都没有做，我们做了许多工作，也取得了一些重大成就，比如搞出了原子弹、氢弹、导弹等。但就整个政治局面来说，是一个混乱状态；就整个经济情况来说，实际上是处于缓慢发展和停滞状态。粉碎“四人帮”以后，由于“两个凡是”[7]的指导思想的影响，还经历了两年徘徊时间。一九七八年我们党的十一届三中全会[9]才制定了一系列新的正确的路线、方针和政策，根本内容就是建设具有中国特色的社会主义。坚持社会主义的发展方向，就要肯定社会主义的根本任务是发展生产力，逐步摆脱贫穷，使国家富

---

* 这是邓小平同志会见捷克斯洛伐克共产党中央总书记雅克什时谈话的一部分。

强起来，使人民生活得到改善。没有贫穷的社会主义。社会主义的特点不是穷，而是富，但这种富是人民共同富裕。

要发展生产力，就要实行改革和开放的政策。不改革不行，不开放不行。过去二十多年的封闭状况必须改变。我们实行改革开放政策，大家意见都是一致的，这一点要归"功"于十年"文化大革命"，这个灾难的教训太深刻了。当然，在改革中也有不同意见，但这里的问题不是要不要改革，而是改革到什么程度，如何改革，如何开放。这是很自然的，没有什么好奇怪的。我们中国常说一句话，叫做"实践是检验真理的唯一标准"。经过十年来的实践检验，证明我们党的十一届三中全会以来制定的一系列路线、方针、政策是正确的，我们实行改革开放是正确的。我们现在不是要收，而是要进一步改革，进一步开放。思想要更加解放一些，改革开放的步伐要走得更快一些。改革开放要贯穿中国整个发展过程，不是三年、五年、十年、八年，也不是二十年，因为需要做的事情太多了。

改革开放必须从各国自己的条件出发。每个国家的基础不同，历史不同，所处的环境不同，左邻右舍不同，还有其他许多不同。别人的经验可以参考，但是不能照搬。过去我们中国照搬别人的，吃了很大苦头。中国只能搞中国的社会主义。

中国还有个台湾问题要解决。中国最终要统一。能否真正顺利地实现大陆和台湾的统一，一要看香港实行"一国两制"的结果，二要看我们经济能不能真正发展。中国解决所有问题的关键是要靠自己的发展。

# 要吸收国际的经验*

（一九八八年六月三日）

我们是在一个贫穷的大国里进行改革的，这在世界上没有先例。我们搞建设有三十九年，有成功的经验，也有失败的教训。但是光凭自己的经验和教训还解决不了问题。中国要谋求发展，摆脱贫穷和落后，就必须开放。开放不仅是发展国际间的交往，而且要吸收国际的经验。我们从一九五七年以后，耽误了二十年，而这二十年又是世界蓬勃发展的时期，这是非常可惜的。但另一方面也有一点好处，二十年的经验尤其是"文化大革命"的教训告诉我们，不改革不行，不制定新的政治的、经济的、社会的政策不行。十一届三中全会〔9〕制定了这样的一系列方针政策，走上了新的道路。这些政策概括起来，就是改革和开放。

改革和开放是手段，目标是分三步走发展我们的经济。第一步是达到温饱水平，已经提前实现了。第二步是在本世纪末达到小康水平，还有十二年时间，看来可以实现。第三步是下个世纪再花五十年时间，达到中等发达国家水平，这是很不容

---

* 这是邓小平同志在会见"九十年代的中国与世界"国际会议全体与会者时谈话的一部分。

易的。关键是本世纪内的最后十年，要为下个世纪前五十年的发展打下基础，创造比较好的条件和环境。

改革没有万无一失的方案，问题是要搞得比较稳妥一些，选择的方式和时机要恰当。不犯错误不可能，要争取犯得小一点，遇到问题就及时调整。这是有风险的事情，但我看可以实现，可以完成。这个乐观的预言，不是没有根据的。同时，我们要把工作的基点放在出现较大的风险上，准备好对策。这样，即使出现了大的风险，天也不会塌下来。

对香港的政策，我们承诺了一九九七年以后五十年不变，这个承诺是郑重的。为什么说五十年不变？这是有根据的，不只是为了安定香港的人心，而是考虑到香港的繁荣和稳定同中国的发展战略有着密切的关联。中国的发展战略需要的时间，除了这个世纪的十二年以外，下个世纪还要五十年，那末五十年怎么能变呢？现在有一个香港，我们在内地还要造几个“香港”，就是说，为了实现我们的发展战略目标，要更加开放。既然这样，怎么会改变对香港的政策呢？实际上，五十年只是一个形象的讲法，五十年后也不会变。前五十年是不能变，五十年之后是不需要变。所以，这不是信口开河。

香港要稳定。在过渡时期要稳定，中国恢复行使主权以后，香港人执政，香港也应该稳定。这是个关键。香港的稳定，除了经济的发展以外，还要有个稳定的政治制度。我说过，现在香港的政治制度就不是实行英国的制度、美国的制度，今后也不能照搬西方的一套。如果硬要照搬，造成动乱，那是很不利的。这是个非常实际的严重问题。

# 在改革中保持生产的较好发展*

（一九八八年六月七日）

中国正在深化改革，为今后的发展创造更好的条件。我们不仅着眼于本世纪，更多的是着眼于下一个世纪。现在面临的问题是，不进则退，退是没有出路的。只有深化改革，而且是综合性的改革，才能够保证本世纪内达到小康水平，而且在下个世纪更好地前进。

我们的改革有很大的风险，但很有希望成功。有了这样的信心，才能有恰当的决策。我总是鼓励我们的同志更大胆一些。关键是两条。第一条就是要同人民一起商量着办事，决心要坚定，步骤要稳妥，还要及时总结经验，改正不妥当的方案和步骤，不使小的错误发展成为大的错误。第二条就是要在改革过程中，保持生产有较好的发展，不要勉强追求太高的速度，当然太低了也不行。过去十年的发展速度不算低，如果今后这些年也保持比较好的速度，我们深化改革的风险就小得多了。

---

* 这是邓小平同志会见波兰统一工人党中央政治局委员、部长会议主席梅斯内尔时谈话的一部分。

# 形势迫使我们进一步改革开放*

（一九八八年六月二十二日）

“文化大革命”十年浩劫，中国吃了苦头。中国吃苦头不只这十年，这以前，从一九五七年下半年开始，我们就犯了“左”的错误。总的来说，就是对外封闭，对内以阶级斗争为纲，忽视发展生产力，制定的政策超越了社会主义的初级阶段。

一九七八年我们党的十一届三中全会〔9〕对过去作了系统的总结，提出了一系列新的方针政策。中心点是从以阶级斗争为纲转到以发展生产力为中心，从封闭转到开放，从固守成规转到各方面的改革。

中国的发展同世界有着重要关系，因为中国有占世界五分之一多的人口。坦率地说，中国近代以来没有对世界作出应有的贡献。这首先同一百多年的帝国主义侵略有关，也与历代反动政府的腐败有关。一九四九年，中国结束了屈辱的历史，中华民族站起来了。建国后的前八年我们搞得不错。一九七八年以来，我们又开辟了建设有中国特色社会主义的全新的事业。形势逼人，迫使我们进一步改革开放。还需要过好几个

---

* 这是邓小平同志会见埃塞俄比亚总统门格斯图时谈话的一部分。

关，现在碰到的最大的关是价格制度和工资制度的综合改革。前进的道路并不平坦，但是我们相信这十年好的形势能够继续发展下去。我们对此寄予希望。

埃塞俄比亚是非洲的重要国家。长期以来，埃塞俄比亚人民有着为争取独立而斗争的光荣传统。我在青年时代就知道你们的国家，当时叫阿比西尼亚，进行了英勇的抗击意大利法西斯侵略者的正义战争。这样的民族现在面临着经济困难，相信你们会克服困难的。我衷心希望你们把发展生产力、调动人民的积极性作为中心。现在国际形势看来会有个比较长时间的和平环境，即不爆发第三次世界大战的环境。我们都是第三世界国家，要紧紧抓住经济建设这个中心，不要丧失时机。

# 总结历史是为了开辟未来*

（一九八八年九月五日）

我们都是国际共产主义运动的老战士，老战士见面总是愉快的。我们要把经历过的好的时期记住，坏的时期忘掉，我们都是乐观主义者。

我参加共产党几十年了，如果从一九二二年算起，我在共产主义旗帜下已经工作了六十多年。这期间做了不少好事，也做了一些错事。人们都知道我曾经“三下三上”，坦率地说，“下”并不是由于做了错事，而是由于办了好事却被误认为错事。从一九五四年起，我就担任党中央秘书长、国防委员会副主席和国务院副总理，一九五六年起担任党的总书记，是在领导核心之中。那以后直到“文化大革命”以前我们党犯的“左”的错误，我也有份。不能把错误的责任完全推到毛泽东同志身上。毛泽东同志从一九五七年开始犯了“左”的错误，最“左”是“文化大革命”的十年。他生前自己也承认有错误，他说过，我死后如果能够得到三分错误、七分功劳的评价就满意了。从一九二一年建党到一九五七年，三十六年内他做的好事了不起，是他领导我们取得了革命胜利。我们党总结历史经验不能丢

* 这是邓小平同志会见捷克斯洛伐克总统胡萨克时谈话的主要部分。

掉毛泽东，否定毛泽东就是否定中国革命大部分的历史。你看过我们十一届六中全会作的《关于建国以来党的若干历史问题的决议》[26]没有？这个决议就是根据我刚才说的立场与观点总结我们党的历史的。如何评价党的历史这个问题，我们有，你们也有。每个党、每个国家都有自己的历史，只有采取客观的实事求是的态度来分析和总结，才有好处。

我熟悉我们党从开头到现在的历史，对许多重大事件的历史过程都比较了解。总结历史，不要着眼于个人功过，而是为了开辟未来。过去的成功是我们的财富，过去的错误也是我们的财富。我们根本否定“文化大革命”，但应该说“文化大革命”也有一“功”，它提供了反面教训。没有“文化大革命”的教训，就不可能制定十一届三中全会以来的思想、政治、组织路线和一系列政策。三中全会确定将工作重点由以阶级斗争为纲转到以发展生产力、建设四个现代化为中心，受到了全党和全国人民的拥护。为什么呢？就是因为有“文化大革命”作比较，“文化大革命”变成了我们的财富。

我有一个观点，如果一个党、一个国家把希望寄托在一两个人的威望上，并不很健康。那样，只要这个人一有变动，就会出现不稳定。十一届三中全会以后，大家希望我当总书记、国家主席，我都拒绝了。在党的十三大上，我和一些老同志退出了领导核心。这表明，中国的未来要靠新的领导集体。近十年来的成功也是集体搞成的。我个人做了一点事，但不能说都是我发明的。其实很多事是别人发明的，群众发明的，我只不过把它们概括起来，提出了方针政策。我们这个领导集体是坚持三中全会制定的路线、方针、政策的，我们相信，现行方针政策一定会继续下去。就我个人来说，对这一点有信心，也感到愉快。很多外国记者要来采访我，搞我的什么传，我都婉拒了。我认为，过分夸大个人作用是不对的。人总是要死的。哪一天我不在了，好像中国就丢了灵魂，这种看法不好。我在有生之年还可以做一些事，但希望自己从政治舞台上慢慢地消失。我的最大愿望是活到一九九七年，因为那时将收回香港，我还想去那里看看。我也想去台湾看看，不过看来一九九七年以前解决这个问题不容易。

# 科学技术是第一生产力*

（一九八八年九月五日、十二日）

## 一

世界在变化，我们的思想和行动也要随之而变。过去把自己封闭起来，自我孤立，这对社会主义有什么好处呢？历史在前进，我们却停滞不前，就落后了。马克思说过，科学技术是生产力，事实证明这话讲得很对。依我看，科学技术是第一生产力。我们的根本问题就是要坚持社会主义的信念和原则，发展生产力，改善人民生活，为此就必须开放。否则，不可能很好地坚持社会主义。拿中国来说，五十年代在技术方面与日本差距也不是那么大。但是我们封闭了二十年，没有把国际市场竞争摆在议事日程上，而日本却在这个期间变成了经济大国。

## 二

从长远看，要注意教育和科学技术。否则，我们已经耽误

---

* 这是邓小平同志两次谈话的节录，分别摘自一九八八年九月五日会见捷克斯洛伐克总统胡萨克时的谈话和一九八八年九月十二日听取关于价格和工资改革初步方案汇报时的谈话。

了二十年，影响了发展，还要再耽误二十年，后果不堪设想。最近，我见胡萨克时谈到，马克思讲过科学技术是生产力，这是非常正确的，现在看来这样说可能不够，恐怕是第一生产力。将来农业问题的出路，最终要由生物工程来解决，要靠尖端技术。对科学技术的重要性要充分认识。科学技术方面的投入、农业方面的投入要注意，再一个就是教育方面。我们要千方百计，在别的方面忍耐一些，甚至于牺牲一点速度，把教育问题解决好。

要注意解决好少数高级知识分子的待遇问题。调动他们的积极性，尊重他们，会有一批人做出更多的贡献。我们自己的原子弹、氢弹、卫星、空间技术不也搞起来了吗？我们的正负电子对撞机工程在全世界也是居于前列的。知识分子待遇问题要分几年解决，使他们感到有希望。北京大学一位老教授说："我的工资从建国时候开始就是这么多，但是现在物价涨了，我的生活水平降了三分之二。"我们不论怎么困难，也要提高教师的待遇。这个事情，在国际上都有影响。我们的留学生有几万人，如何创造他们回来工作的条件，很重要。有些留学生，回来以后没有工作条件，也没有接纳他们的机构，有些学科我们还没有。可以搞个综合的科研中心，设立若干专业，或者在现有的一些科研机构和大学里增设一些专业，把这些人放在里面，攻一个方面，总会有些人做出重大贡献。否则，这些人不回来，实在可惜啊。科教投资的使用要改进，这也是改革的重要内容。要把"文化大革命"时的"老九"[98]提到第一，科学技术是第一生产力嘛，知识分子是工人阶级一部分嘛。

当然，我这里说的关于教育、科技、知识分子的意见，是作为一个战略方针，一个战略措施来说的。从长远看，这个问题到了着手解决的时候了。

# 中央要有权威*

（一九八八年九月十二日）

我的中心意思是，中央要有权威。改革要成功，就必须有领导有秩序地进行。没有这一条，就是乱哄哄，各行其是，怎么行呢？不能搞“你有政策我有对策”，不能搞违背中央政策的“对策”，这话讲了几年了。党中央、国务院没有权威，局势就控制不住。我赞成边改革、边治理环境整顿秩序。要创造良好的环境，使改革能够顺利进行。中央定了措施，各地各部门就要坚决执行，不但要迅速，而且要很有力，否则就治理不下来。现在的局面看起来好像很乱，出现了这样那样的问题，如通货膨胀、物价上涨，需要进行调整，这是不可少的。但是，治理通货膨胀、价格上涨，无论如何不能损害我们的改革开放政策，不能使经济萎缩，要保持适当的发展速度。现在出现的这些问题是能解决的，我们有信心。小错误难免，只要不犯大错误就行了。

沿海地区要加快对外开放，使这个拥有两亿人口的广大地带较快地先发展起来，从而带动内地更好地发展，这是一个

---

* 这是邓小平同志在听取关于价格和工资改革初步方案汇报时谈话的一部分。

事关大局的问题[99]。内地要顾全这个大局。反过来，发展到一定的时候，又要求沿海拿出更多力量来帮助内地发展，这也是个大局。那时沿海也要服从这个大局。这一切，如果没有中央的权威，就办不到。各顾各，相互打架，相互拆台，统一不起来。谁能统一？中央！中央就是党中央、国务院。

我们要定一个方针，就是要在中央统一领导下深化改革。不仅是价格一个方面的改革，而且是多方面的、综合的改革。只有多方面的、综合的改革，才能为价格改革创造条件。当然，真正建立秩序，不理顺价格不行。价格没有理顺，就谈不上经济改革的真正成功。我们准备用若干年时间把价格初步理顺，最终达到面向世界市场。

宏观管理要体现在中央说话能够算数。这几年我们走的路子是对的，现在是总结经验的时候。如果不放，经济发展能搞出今天这样一个规模来吗？我们讲中央权威，宏观控制，深化综合改革，都是在这样的新的条件下提出来的。过去我们是穷管，现在不同了，是走向小康社会的宏观管理。不能再搬用过去困难时期那些方法了。现在中央说话，中央行使权力，是在大的问题上，在方向问题上。

# 中国必须在世界高科技领域占有一席之地*

（一九八八年十月二十四日）

世界上一些国家都在制订高科技发展计划，中国也制订了高科技发展计划〔100〕。下一个世纪是高科技发展的世纪。

说起我们这个正负电子对撞机工程，我先讲个故事。有一位欧洲朋友，是位科学家，向我提了一个问题：你们目前经济并不发达，为什么要搞这个东西？我就回答他，这是从长远发展的利益着眼，不能只看到眼前。

过去也好，今天也好，将来也好，中国必须发展自己的高科技，在世界高科技领域占有一席之地。如果六十年代以来中国没有原子弹、氢弹，没有发射卫星，中国就不能叫有重要影响的大国，就没有现在这样的国际地位。这些东西反映一个民族的能力，也是一个民族、一个国家兴旺发达的标志。

现在世界的发展，特别是高科技领域的发展一日千里，中国不能安于落后，必须一开始就参与这个领域的发展。搞这个工程就是这个意思。还有其他一些重大项目，中国也不能不参与，尽管穷。因为你不参与，不加入发展的行列，差距越来越

* 这是邓小平同志视察北京正负电子对撞机工程时的讲话。

大。现在我们有些方面落后，但不是一切都落后。这个工程本身也证明了这一点。当然，有李政道[101]和其他国际朋友的帮助，使我们少走弯路。但是这个工程不完全是照搬过来的，中间也还有我们自己的东西，有自己的技术，有自己的创造。

总之，不仅这个工程，还有其他高科技领域，都不要失掉时机，都要开始接触，这个线不能断了，要不然我们很难赶上世界的发展。

# 以和平共处五项原则为准则建立国际新秩序*

（一九八八年十二月二十一日）

中印两国对人类有一个共同的责任，就是要利用现在有利的和平国际环境来发展自己。为什么这样说呢？因为中印两国共有十八亿人口，占世界总人口三分之一以上。

当前世界上主要有两个问题，一个是和平问题，一个是发展问题。和平是有希望的，发展问题还没有得到解决。人们都在讲南北问题〔16〕很突出，我看这个问题就是发展问题。我曾多次对一些外国朋友讲，这个问题要从人类发展的高度来认识。现实情况是当今世界只有四分之一的人口生活在发达国家，其他四分之三的人口是生活在发展中国家，或者叫不发达国家。国际社会虽然提出要解决南北问题，但讲了多少年了，南北之间的差距不是在缩小，而是在扩大，并且越来越大。我们两国是上述占世界人口四分之三的行列里的最大的队伍。

近几年有一种议论，说下个世纪是亚洲太平洋世纪，好像这样的世纪就要到来。我不同意这个看法。亚太地区如果不算美国，就是日本、"四小龙"〔102〕和澳大利亚、新西兰比较发

---

* 这是邓小平同志会见印度总理拉吉夫·甘地时谈话的一部分。

达，人口顶多两亿，即使把苏联的远东地区、美国的西部地区和加拿大包括进去，人口也只有三亿左右，而我们两国人口加起来就有十八亿。中印两国不发展起来就不是亚洲世纪。真正的亚太世纪或亚洲世纪，是要等到中国、印度和其他一些邻国发展起来，才算到来。这就像巴西不发展就不是拉丁美洲世纪一样。所以，应当把发展问题提到全人类的高度来认识，要从这个高度去观察问题和解决问题。只有这样，才会明了发展问题既是发展中国家自己的责任，也是发达国家的责任。历史证明，越是富裕的国家越不慷慨，归根到底，我们要靠自己来摆脱贫困，靠自己发展起来。主要靠自己，同时不要闭关自守，可以多方面找朋友。我们欢迎发达国家同我们合作，也欢迎发展中国家相互之间的合作，这后一种合作是非常重要的。特别是人口众多的发展中国家要有自己的良好政策。中国执行改革开放政策，争取在五十到七十年时间内发展起来。中印两国如果发展起来了，那就可以说我们对人类做出了贡献。也正是在这个伟大的目标下，中国政府提出，所有发展中国家应该改善相互之间的关系，加强相互之间的合作。中印两国尤其应该这样做。这是我国政府的想法。

世界总的局势在变，各国都在考虑相应的新政策，建立新的国际秩序。霸权主义、集团政治或条约组织是行不通了，那末应当用什么原则来指导新的国际关系呢？最近，我同一些外国领导人和朋友都谈到这个问题。世界上现在有两件事情要同时做，一个是建立国际政治新秩序，一个是建立国际经济新秩序。关于国际经济新秩序，早在一九七四年我在联合国发言时，就用了很长时间讲这个问题。这个问题我们一直在提，今后也还要提。至于国际政治新秩序，我认为，中印两国共同倡导的和平共处五项原则〔14〕是最经得住考验的。这些原则的创造者是周恩来总理和尼赫鲁总理。这五项原则非常明确，干净利落，清清楚楚。我们应当用和平共处五项原则作为指导国际关系的准则。我们向国际社会推荐这些原则来指导国际关系，首先我们两国之间的关系要遵循这些原则，而且我们同各自的邻国之间的关系也要遵循这些原则。从我们自己的角度来考虑，我们两国同邻国的关系应该做些调整。我提出这一建议，请阁下考虑。这是件了不起的事情，不赞成的人会有不少，但只要有高度的智慧和战略的胆识，就一定可以完成。我想，我们就首先在阁下来访的新闻公报中体现和平共处五项原则。

世界在变，人们的思想不能不变。由于过去特别是“文化大革命”中犯的错误，中国耽误了大约二十年的建设时间。粉碎“四人帮”后，我们国内的各种事情都在变。从以阶级斗争为纲转到以四化建设为中心，从停滞封闭转到改革开放，还有当前所进行的各种改革工作，都是在变。我想你们也会遇到这个问题的。要发展就要变，不变就不会发展。

# 压倒一切的是稳定*

（一九八九年二月二十六日）

中国的问题，压倒一切的是需要稳定。没有稳定的环境，什么都搞不成，已经取得的成果也会失掉。

中国一定要坚持改革开放，这是解决中国问题的希望。但是要改革，就一定要有稳定的政治环境。总的来说，中国人民是支持改革政策的，绝大多数学生是支持稳定的，他们知道离开国家的稳定就谈不上改革和开放。

我们已经对建国以来历史事件的是非，特别是“文化大革命”的错误，作出了恰当的评价。对毛泽东同志的历史地位和毛泽东思想，也作出了恰当的评价。对毛泽东同志晚年错误的批评不能过分，不能出格，因为否定这样一个伟大的历史人物，意味着否定我们国家的一段重要历史。这就会造成思想混乱，导致政治的不稳定。

中国正处在特别需要集中注意力发展经济的进程中。如果追求形式上的民主，结果是既实现不了民主，经济也得不到发展，只会出现国家混乱、人心涣散的局面。对这一点我们有深切的体验，因为我们有“文化大革命”的经历，亲眼看到了它

---

* 这是邓小平同志会见美国总统布什时谈话的一部分。

的恶果。中国人多，如果今天这个示威，明天那个示威，三百六十五天，天天会有示威游行，那末就根本谈不上搞经济建设了。我们是要发展社会主义民主，但匆匆忙忙地搞不行，搞西方那一套更不行。如果我们现在十亿人搞多党竞选，一定会出现“文化大革命”中那样“全面内战”的混乱局面。“内战”不一定都是用枪炮，动拳头、木棒也打得很凶。民主是我们的目标，但国家必须保持稳定。

# 中国不允许乱*

（一九八九年三月四日）

我们搞四化，搞改革开放，关键是稳定。我同布什谈了，中国的问题，压倒一切的是需要稳定。凡是妨碍稳定的就要对付，不能让步，不能迁就。不要怕外国人议论，管他们说什么，无非是骂我们不开明。多少年来我们挨骂挨得多了，骂倒了吗？总之，中国人的事中国人自己办。中国不能乱，这个道理要反复讲，放开讲。不讲，反而好像输了理。要放出一个信号：中国不允许乱。

估计形势，要看到中国的工人、农民、知识分子和大多数学生是拥护改革的。告诉同志们，遇事要沉着。

台湾集中攻我们四个坚持，恰恰证明四个坚持不能丢。没有四个坚持，中国就乱了。

当然，控制局势要注意方法。特别要抓紧立法，包括集会、结社、游行、示威、新闻、出版等方面的法律和法规。违法的就要取缔。中国不能允许随便示威游行，如果三百六十五天，天天游行，什么事也不要干了，外国资金也不会进来了。我们在这方面控制得严一点，不会影响外商来华投资，恰恰相反，外

---

* 这是邓小平同志同中央负责同志的谈话。

商会更放心。我们要让国内外明白，加强控制是为了稳定，是为了更好地改革开放，进行现代化建设。

十年来我们的最大失误是在教育方面，对青年的政治思想教育抓得不够，教育发展不够。知识分子的待遇太低，这个问题无论如何要解决。

# 保持艰苦奋斗的传统*

（一九八九年三月二十三日）

中国过去在很长的时间里处于封闭状态，经济发展受到限制，直到一九七八年底我们党的十一届三中全会[9]，才把这个问题恰当地解决了。从那时到去年底的十年里，中国有了可喜的成就，经济发展和人民的生活水平都上了一个台阶。发展中也出现了新的失误，但主要的还是我们的成就，这是我们的根本观点。我们的国民生产总值翻了一番，这是不容易的，是由于我们坚持社会主义现代化建设的路线，坚持改革开放政策带来的。我们执行的路线、方针、政策是正确的。大错误没有犯，小错误没有断，因为我们没有经验，没有经验就要摔跟头，今后也难以避免。我们现在的问题是通货膨胀，物价上涨得太快，给国家和人民都带来了困难。我们已经注意到这个问题，准备用两年或更多的时间来解决问题。我们的一条经验是，发展顺利时要看到出现的新问题，发展要适度，经济过热就容易出毛病。总之，制定一切政策，要从实际出发。只要注意这一点，就不会犯大错误。如果发现错误，要赶快纠正，不要掩饰，不要回避。把错误纠正过来，就能为我们的经济发展创

* 这是邓小平同志会见乌干达共和国总统穆塞韦尼时谈话的一部分。

造更好的条件。我看我们中国还是有希望的，世界上许多国家的通货膨胀比我们厉害，只要全国人民思想统一，治理也不难。对到本世纪末达到国民生产总值翻两番的目标，我们是有信心的。

中国革命胜利后，一直奉行反对霸权主义、维护世界和平、支持一切被压迫民族独立和解放斗争的政策。这个任务还没有结束，可能至少还要进行一个世纪的斗争。反对霸权主义不是一件容易的事。一九四九年毛泽东主席宣布中国人民从此站起来了。中国取得了一个资格：人们不敢轻视我们。霸权主义和帝国主义总是欺侮包括非洲国家在内的发展中国家，经常干预这些国家为摆脱控制、发展经济、争取政治独立与自主所作的努力。他们对中国也是这样。有的大国的议会今天通过这样一个决议，明天通过那样一个决议，干涉我们的内政。但是中国是一个十亿人口的大国，中国人民已经站起来了，这些干涉对我们来说，没有什么了不起，我们可以置之不理，也可以提出抗议。我们还有一个台湾问题没有解决，仍然面临着完成国家统一的任务。所以说，连中国这样一个发展中的大国，都还有维护主权、独立和领土完整的任务，可见第三世界发展中国家维护独立、主权的任务还面临着严峻的局面。因此，第三世界要联合起来，共同努力奋斗。

我们非常关注非洲的发展与繁荣。我们高兴地看到，第二次世界大战后，许多非洲国家都独立了，这为发展获得了最好的条件。经过多年奋斗，现在国际形势趋向缓和，世界大战可以避免，非洲国家要利用这一有利的和平国际环境来发展自己。要根据本国的条件制定发展战略和政策，搞好民族团结，通过全体人民的共同努力，使经济得到发展。我很赞成你们在革命胜利后，不是一下子就搞社会主义。我和许多非洲朋友谈到不要急于搞社会主义，也不要搞封闭政策，那样搞不会获得发展。在这方面，你们做对了。总之，不要关起门来，我们最大的经验就是不要脱离世界，否则就会信息不灵，睡大觉，而世界技术革命却在蓬勃发展。

我们最近十年的发展是很好的。我们最大的失误是在教育方面，思想政治工作薄弱了，教育发展不够。我们经过冷静考虑，认为这方面的失误比通货膨胀等问题更大。最重要的一条是，在经济得到可喜发展、人民生活水平得到改善的情况下，没有告诉人民，包括共产党员在内，应该保持艰苦奋斗的传统。坚持这个传统，才能抗住腐败现象。所以要加强对人民进行思想政治工作，提倡艰苦奋斗。这是中国从几十年的建设中得出的经验。我们现在还不富裕，在财力上对你们帮助不大，但我们可以把我们的经验教训告诉朋友们，这也是一种帮助。

# 结束过去，开辟未来*

（一九八九年五月十六日）

中国人民真诚地希望中苏关系能够得到改善。我建议利用这个机会宣布中苏关系从此实现正常化。

多年来，存在一个对马克思主义、社会主义的理解问题。从一九五七年第一次莫斯科会谈，到六十年代前半期，中苏两党展开了激烈的争论。我算是那场争论的当事人之一，扮演了不是无足轻重的角色。经过二十多年的实践，回过头来看，双方都讲了许多空话。马克思去世以后一百多年，究竟发生了什么变化，在变化的条件下，如何认识和发展马克思主义，没有搞清楚。绝不能要求马克思为解决他去世之后上百年、几百年所产生的问题提供现成答案。列宁同样也不能承担为他去世以后五十年、一百年所产生的问题提供现成答案的任务。真正的马克思列宁主义者必须根据现在的情况，认识、继承和发展马克思列宁主义。

世界形势日新月异，特别是现代科学技术发展很快。现在的一年抵得上过去古老社会几十年、上百年甚至更长的时间。

---

* 这是邓小平同志会见苏联最高苏维埃主席团主席、苏共中央总书记戈尔巴乔夫时谈话的一部分。

不以新的思想、观点去继承、发展马克思主义，不是真正的马克思主义者。

列宁之所以是一个真正的伟大的马克思主义者，就在于他不是从书本里，而是从实际、逻辑、哲学思想、共产主义理想上找到革命道路，在一个落后的国家干成了十月社会主义革命。中国伟大的马克思列宁主义者毛泽东，并不是在马克思、列宁的书本里寻求在落后的中国夺取新民主主义革命胜利的途径。马克思能预料到在一个落后的俄国会实现十月革命吗？列宁能预料到中国会用农村包围城市夺取胜利吗？

革命是这样，建设也是这样。在革命成功后，各国必须根据自己的条件建设社会主义。固定的模式是没有的，也不可能有。墨守成规的观点只能导致落后，甚至失败。

我们这次会见的目的是八个字：结束过去，开辟未来。结束一下过去，就可以不谈过去了，重点放在开辟未来的事情上。但是，过去的事完全不讲恐怕也不好，总得有个交代。我讲讲中国人、中国党的一些看法。对这些看法，不要求回答，也不要辩论，可以各讲各的。这样有利于我们在更加扎实的基础上前进。我只想简单讲两点。一是讲讲历史上中国在列强的压迫下遭受损害的情况，二是讲讲近几十年，确切地说是近三十年，中国人感到对中国的威胁从何而来。

先谈第一个问题。从鸦片战争〔32〕起，中国由于清王朝的腐败，受列强侵略奴役，变成了一个半殖民地半封建国家。欺负中国的列强，总共大概是十几个，第一名是英国，比英国更早，强租中国领土澳门的，是葡萄牙。从中国得利最大的，则是两个国家，一个是日本，一个是沙俄，在一定时期一定问题上也包括苏联。

日本占了中国不少地方，台湾就被它占了五十年。中国有很多地方被日本划为它的势力范围，特别是在北方，很多大城市有日本租界。一九三一年日本发动了对中国的侵略战争，一九三二年在中国的东北搞了个“满洲国”〔103〕。一九三七年发动了全面侵略中国的战争，打了八年。最后，由于中国抗战，由于世界反法西斯联盟国家的共同战斗，包括苏联出兵，日本在这场战争中彻底失败了。日本对中国的损害无法估量，单是死人，中国就死了几千万。所以，算历史帐，日本欠中国的帐是最多的。但是由于日本战败，中国收复了所有被它侵占的地方，它在中国没有占去一寸土地。悬案是一个钓鱼岛，那是一个很小的地方，上面没有人烟。我访问日本时，记者提出了这个问题。我说，这个问题可以挂起来，如果我们这一代不能解决，下一代会比我们聪明一些，总能找到解决的办法。对于这个问题以及同类的纠纷，后来我们提出了一种设想，就是可否采用共同开发的办法加以解决。

另一个得利最大的是沙俄，以后延续到苏联。沙俄通过不平等条约侵占的中国土地，超过一百五十万平方公里〔104〕。

十月革命后也还有侵害中国的事情，例如黑瞎子岛就是一九二九年苏联从中国占去的。主要的是第二次世界大战接近胜利时，美、英、苏三国在雅尔塔签订秘密协定〔105〕，划分势力范围，极大地损害了中国的利益。那是斯大林时期。当时中国的国民党政府同苏联签订条约，承认了雅尔塔的安排。

中华人民共和国成立以后，中国同苏联签订了新约。中国同蒙古人民共和国建立了外交关系，达成了协议，划定了边界。后来中苏进行边界谈判，我们总是要求苏联承认沙俄同清王朝签订的是不平等条约，承认沙俄通过不平等条约侵害中国的历史事实。尽管如此，鉴于清代被沙俄侵占的一百五十多万平方公里是通过条约规定的，同时考虑到历史的和现实的情况，我们仍然愿意以这些条约为基础，合理解决边界问题。

这是讲的第一个问题。讲清这个问题可能对解决遗留下来的问题，对弄清"开辟未来"的某些概念有好处，所以值得讲一讲。

第二个问题，对中国的威胁从何而来。第二次世界大战结束后不久，中国的革命战争取得胜利，中华人民共和国成立了。中国不侵略别人，对任何国家都不构成威胁，却受到外国的威胁。中国是个贫弱国家，但是个独立自主的国家。对中国的威胁主要来自何方？从建国一开始，我们就面临着这个问题。那时威胁来自美国，最突出的就是朝鲜战争〔106〕，后来还有越南战争〔107〕。朝鲜战争，中国出了志愿军，同美国直接较量，苏联供给的军火还要中国付半价。后来中苏两国关系不好了，中国面临经济困难，但无论怎样困难，也得还这笔军火债，我们提前两年还清了。

六十年代，在整个中苏、中蒙边界上苏联加强军事设施，导弹不断增加，相当于苏联全部导弹的三分之一，军队不断增加，包括派军队到蒙古，总数达到了一百万人。对中国的威胁从何而来？很自然地，中国得出了结论。一九六三年我率代表团去莫斯科，会谈破裂。应该说，从六十年代中期起，我们的关系恶化了，基本上隔断了。这不是指意识形态争论的那些问题，这方面现在我们也不认为自己当时说的都是对的。真正的实质问题是不平等，中国人感到受屈辱。虽然如此，我们从来没有忘记在中国第一个五年计划时期苏联帮我们搞了一个工业基础。

我讲这么长，叫“结束过去”。目的是使苏联同志们理解我们是怎样认识这个“过去”的，脑子里装的是什么东西。历史帐讲了，这些问题一风吹，这也是这次会晤取得的一个成果。双方讲了，就完了，过去就结束了。

现在两国交往多起来了，关系正常化以后的交往，无论深度和广度都会有大的发展。在发展交往方面，我有一个重要建议：多做实事，少说空话。

我这一生只剩下一件事，就是台湾问题，恐怕看不到解决的时候了。已经做成的事情是，调整了与日本、与美国的关系，也调整了与苏联的关系，确定了收回香港，已经同英国达成协议。这是对外关系方面的参与。对国内工作的参与，确定了党的基本路线，确定了以四个现代化建设为中心，确定了改革开放政策，确定了坚持四项基本原则。还没有能够实现的，就是废除领导职务终身制，这是制度上的重要问题。

# 组成一个实行改革的有希望的领导集体*

（一九八九年五月三十一日）

改革开放政策不变，几十年不变，一直要讲到底。国际国内都很关心这个问题。要继续贯彻执行十一届三中全会以来的路线、方针、政策，连语言都不变。十三大〔84〕政治报告是经过党的代表大会通过的，一个字都不能动。这个我征求了李先念〔108〕、陈云〔44〕同志的意见，他们赞成。

动乱〔109〕平息之后，我们确实有些事情要向人民作出交代。主要有两条：

第一，要改换领导层。新的中央领导机构要使人民感到面貌一新，感到是一个实行改革的有希望的领导班子。这是最重要的一条。这是向人民亮相啊！人民是看实际的。如果我们摆一个阵容，使人民感到是一个僵化的班子，保守的班子，或者人民认为是个平平庸庸体现不出中国前途的班子，将来闹事的情形就还会很多很多，那就真正要永无宁日。这次事情总的说还没有完啊！目前学生还没有上课，就是上了课，也还会上街。肯定的一点是，不论工人也好，农民也好，知识分子也

* 这是邓小平同志同两位中央负责同志的谈话要点。

好,学生也好,还是希望改革的。这次什么口号都出来了,但是没有打倒改革的口号。不过,某些人所谓的改革,应该换个名字,叫作自由化,即资本主义化。他们“改革”的中心是资本主义化。我们讲的改革与他们不同,这个问题还要继续争论的。总之,有一个新的改革的面貌,是确定新班子成员的一个十分重要的问题。不是九分九,而是十分重要的问题。我们要看到这个大局。

第二,要扎扎实实做几件事情,体现出我们是真正反对腐败,不是假的。本来我们就是要反对腐败的。对腐败的现象我也很不满意啊!反对腐败,几年来我一直在讲,你们也多次听到我讲过,我还经常查我家里有没有违法乱纪的事。腐败的事情,一抓就能抓到重要的案件,就是我们往往下不了手。这就会丧失人心,使人们以为我们在包庇腐败。这个关我们必须过,要兑现。是一就是一,是二就是二,该怎么处理就怎么处理,一定要取信于民。腐败、贪污、受贿,抓个一二十件,有的是省里的,有的是全国范围的。要雷厉风行地抓,要公布于众,要按照法律办事。该受惩罚的,不管是谁,一律受惩罚。

一个好班子,搞改革开放的班子,就要明白地做几件开放的事情。凡是遇到机会就不要丢,就是要坚持,要干起来,要体现改革开放,大开放。我过去说过要再造几个“香港”,就是说我们要开放,不能收,要比过去更开放。不开放就发展不起来。我们本钱少,但可以通过开放,增加就业,搞税收,利用地皮得点钱,带动发展各行各业,增加财政收入,获得益处。以香港为例,对我们就是有益处的。如果没有香港,起码我们信息就不灵通。总之,改革开放要更大胆一些。

今天请你们来，让大家来考虑一下这个论点对不对。一个是组成具有改革开放形象的中央领导班子，使人民放心，这是取信于民的第一条。第二条是真正干出几个实绩，来取信于民。要惩治腐败，并体现我们不但不会改变改革开放的政策，而且要继续深化改革、扩大开放。要拿事实给人民看，这样人民的心里才会平静下来。不然就会今天一个上街，明天一个上街。如果不从更深的角度来考虑这个问题，那末一个月、两个月、三个月的平静都靠不住。要看到这个大局。

我们政治局、政治局常委会、书记处的同志，都是管大事的人，考虑任何问题都要着眼于长远，着眼于大局。许多小局必须服从大局，关键是这个问题。人都有缺点，我们在座的人都有缺点，别人一样也有缺点。各有各的缺点，各有各的弱点。当然缺点有大有小，有多有少。没有缺点的人是没有的。毫无疑问，就从政的经验、斗争的经验来说，我们的班子有弱点，这是事实。从毛刘周朱开始，中国共产党才真正形成了一个稳定的成熟的领导集体。以前的领导都是很不稳定，也很不成熟的。从陈独秀〔88〕起，一直到遵义会议〔96〕，没有一届是真正成熟的。在这中间有一段时间，说是要强调工人阶级领导，就勉强拉工人来当领导。我们党的历史上，真正形成成熟的领导，是从毛刘周朱这一代开始。这一代的前期是好的，后期搞“文化大革命”，变成一场灾难。华国锋〔110〕只是一个过渡，说不上是一代，他本身没有一个独立的东西，就是“两个凡是”〔7〕。第二代是我们这一代，现在换第三代。要真正建立一个新的第三代领导。这个领导要取信于民，使党内信得过，人民信得过。不是说对班子里的每个人都满意，而是对这个集体满意。人们对班子里的每个人都可能会有这样那样的意见，但对整个集体表示满意就行了。我们这个第二代，我算是个领班人，但我们还是一个集体。对我们这个集体，人民基本上是满意的，主要是因为我们搞了改革开放，提出了四个现代化的路线，而且真正干出了实绩。第三代的领导也一样要取信于民，要干出实绩。关门可不行啊，中国不可能再回到过去那种封闭时代。那种封闭的方式也造成了灾难啊，例如“文化大革命”。在那种状态下，经济不可能发展，人民生活不可能改善，国家力量也不可能增强。现在世界的发展一日千里，每天都在变化，特别是科学技术，追都难追上。

第三代的领导要取信于民，要得到人民对这个集体的信任，使人民团结在一个他们所相信的党中央领导集体周围。反对资产阶级自由化，坚持四项基本原则，这不能动摇。这一点我任何时候都没有让过步。中国不搞四个坚持能行吗？人民民主专政能不用吗？坚持不坚持人民民主专政，坚持不坚持马克思主义，坚持不坚持社会主义，坚持不坚持共产党的领导，这是个根本问题。

我们组成的这个新的领导机构，眼界要非常宽阔，胸襟要非常宽阔，这是对我们第三代领导人最根本的要求。我们的第一代领导人前期是胸襟宽阔的，我们第二代基本上也是胸襟宽阔的，对第三代领导以及以后的领导都应该有这样的要求。进入新的政治局、书记处特别是常委会的人，要从改革开放这个角度来选。新的领导机构要坚持做几件改革开放的事情，证明你们起码是坚持改革开放，是真正执行十一届三中全会以来的改革开放政策的。这样人民就可以放心了。现在我们起用人，要抛弃一切成见，寻找人民相信是坚持改革路线的人。要抛弃个人恩怨来选择人，反对过自己的人也要用。过去毛主席就曾经长期敢于用反对过他的人。考虑人的角度，也要深化，这也是一种改革，是思想上的改革，思想上的解放。我诚恳地希望，在选人的问题上，要注意社会公论，不能感情用事。要用政治家的风度来处理这个问题。我们现在就是要选人民公认是坚持改革开放路线并有政绩的人，大胆地将他们放进新的领导机构里，要使人民感到我们真心诚意要搞改革开放。人都是有缺点的，进了班子后还可以继续改进。

一个是现在要用人们公认的改革者，再一个是新的领导机构应该做几件改革开放的事情给大家看。三个月内，半年内，形象就可以树立起来了。学生不过是提出继续进行改革的要求，而我们是真干。这样就合拍了，隔阂就自然消除了。这样的隔阂，不是写文章、辩论就可以消除的。这次出这样的乱子，其中一个原因，是由于腐败现象的滋生，使一部分群众对党和政府丧失了信心。因此，我们首先要清理自己的错误，对群众的一些行动要谅解一些，处理时要适度，涉及面不要太广。

进入中央最高层的每个成员，都要不再是过去的自己，不再停留在过去的水平上，因为责任不同了。每个人从自身的角度，包括自己的作风等方面，都要有变化，要自觉地变化。领导这么一个国家不容易呀！责任不同啊！最重要的问题是要胸襟开阔。要从大局看问题，放眼世界，放眼未来，也放眼当前，放眼一切方面。

还有一个问题，党内无论如何不能形成小派、小圈子。我们这个党，严格地说来没有形成过这一派或那一派。三十年代在江西的时候，人家说我是毛派〔111〕，本来没有那回事，没有什么毛派。能容忍各方面、团结各方面是一个关键性的问题。自我评论，我不是完人，也犯过很多错误，不是不犯错误的人，但是我问心无愧，其中一点就是从来不搞小圈子。过去我调任这样那样的工作，就是一个人，连勤务员都不带。小圈子那个东西害死人呐！很多失误就从这里出来，错误就从这里犯起。你们是要在第一线顶着干工作的，所以我今天要讲这一点。

新的领导班子一经建立了威信，我坚决退出，不干扰你们的事。希望大家能够很好地以江泽民同志为核心，很好地团结。只要这个领导集体是团结的，坚持改革开放的，即使是平平稳稳地发展几十年，中国也会发生根本的变化。关键在领导核心。我请你们把我的话带给将要在新的领导机构里面工作的每一个同志。这就算是我的政治交代。

# 在接见首都戒严部队军以上干部时的讲话

（一九八九年六月九日）

同志们辛苦了！

首先，我对在这场斗争中英勇牺牲的解放军指战员、武警指战员和公安干警的同志们表示沉痛的哀悼！对在这场斗争中负伤的几千名解放军指战员、武警指战员和公安干警的同志们表示亲切的慰问！对所有参加这场斗争的解放军指战员、武警指战员和公安干警的同志们致以亲切的问候！

我提议，大家起立，为死难的烈士们默哀！

利用这个机会，我讲几句话。

这场风波迟早要来。这是国际的大气候和中国自己的小气候所决定了的，是一定要来的，是不以人们的意志为转移的，只不过是迟早的问题，大小的问题。而现在来，对我们比较有利。最有利的是，我们有一大批老同志健在，他们经历的风波多，懂得事情的利害关系，他们是支持对暴乱采取坚决行动的。虽然有一些同志一时还不理解，但最终是会理解的，会支持中央这个决定的。

《人民日报》四月二十六日社论，把问题的性质定为动乱。“动乱”这两个字恰如其分，一些人反对的就是这两个字，要修改的也是这两个字。实践证明,这个判断是准确的。后来事态进一步发展到反革命暴乱,也是必然的。我们有一批老同志健在,包括军队,也有一批各个时期参加革命的骨干还在,因此,事情现在爆发,处理起来比较容易。处理这一事件的主要难点在于,我们从来没有遇到过这种情况,一小撮坏人混杂在那么多青年学生和围观的群众中间,阵线一时分不清楚,使我们许多应该采取的行动难以出手。如果没有我们党这么多老同志支持,甚至连事件的性质都难以确定。一些同志不了解问题的性质,认为这只是单纯的对待群众的问题,实际上,对方不只是一些是非不分的群众,还有一批造反派和大量的社会渣滓。他们是要颠覆我们的国家,颠覆我们的党,这是问题的实质。不懂得这个根本问题,就是性质不清楚。我相信,经过认真做工作,能取得党内绝大多数同志对定性和处理的拥护。

事情一爆发出来,就很明确。他们的根本口号主要是两个,一是要打倒共产党,一是要推翻社会主义制度。他们的目的是要建立一个完全西方附庸化的资产阶级共和国。人民要求反腐败,我们当然接受。那些别有用心的人提出的所谓反腐败的口号,我们也要当好话来接受。当然,这个口号仅仅是他们的一个陪衬,而其核心是打倒共产党,推翻社会主义制度。

这次平息暴乱中,我们那么多同志负了伤,甚至牺牲了,武器也被抢去了,这是为什么?也是因为好人坏人混杂在一起,使我们有些应该采取的断然措施难于出手。处理这件事对我们军队是一次很严峻的政治考验,实践证明,我们的解放军考试合格。如果用坦克压过去,就会在全国造成是非不清。所以,我要感谢解放军指战员用这种态度来对待暴乱事件。尽管损失是令人痛心的，但可以赢得人民，使是非不明的人改变观点。让大家看看，解放军究竟是什么人，有没有血洗天安门，流血的到底是谁。这个问题清楚了，就使我们取得了主动。虽然牺牲了许多同志非常令人痛心，但客观地分析事件的过程，人们就不得不承认，解放军是人民的子弟兵。这也有助于人民理解在这场斗争中我们所采取的方法，今后解放军遇到问题，采取措施，就都可以得到人民的支持了。这里顺便说一下，以后再不能让人把武器夺去了。总之，这是一个考验，考试是合格的。虽然军队里老同志不是很多了，战士们大都是十八九岁、二十岁出头的娃娃，但他们仍然是真正的人民子弟兵。在生命危险面前，他们没有忘记人民，没有忘记党的教导，没有忘记国家利益，面对死亡毫不含糊。慷慨赴死，从容就义，他们当之无愧。我讲考试合格，就是指军队仍然是人民子弟兵，这个性质合格。这个军队还是我们的老红军的传统。这次过的是真正的政治关、生死关，不容易呀！这表明，人民子弟兵真正是党和国家的钢铁长城。这表明，不管我们受到多么大的损失，不管如何更新换代，我们这个军队永远是党领导下的军队，永远是国家的捍卫者，永远是社会主义的捍卫者，永远是人民利益的捍卫者，是最可爱的人！同时，我们永远也不要忘记，我们的敌人是多么凶残，对他们，连百分之一的原谅都不应有。

这次事件爆发出来，很值得我们思索，促使我们很冷静地考虑一下过去，也考虑一下未来。也许这件坏事会使我们改革开放的步子迈得更稳、更好，甚至于更快，使我们的失误纠正得更快，使我们的长处发扬得更好。今天我不可能展开来讲，只是提出课题。

第一个问题，党的十一届三中全会〔9〕制定的路线、方针、政策，包括我们发展战略的“三部曲”，正确不正确？是不是因为发生了这次动乱，我们制定的路线、方针、政策的正确性就发生问题？我们的目标是不是一个“左”的目标？是否还要继续用它作为我们今后奋斗的目标？这些大的问题，必须作出明确、肯定的回答。我们第一个翻一番的目标已经完成了，第二个翻一番的目标计划用十二年完成，再往后五十年，达到一个中等发达国家的水平。这就是我们的战略目标。对此，我想我们做出的不是一个“左”的判断，制定的也不是一个过急的目标。因此，对第一个问题的回答，应当说，我们所制定的战略目标，现在至少不能说是失败的。在六十一年后，一个十五亿人口的国家，达到中等发达国家的水平，是了不起的事情。实现这样一个目标，应该是能够做到的。不能因为这次事件的发生，就说我们的战略目标错了。

第二个问题，党的十三大〔84〕概括的“一个中心、两个基本点”对不对？两个基本点，即四个坚持和改革开放，是不是错了？我最近总在想这个问题。我们没有错。四个坚持本身没有错，如果说有错误的话，就是坚持四项基本原则还不够一贯，没有把它作为基本思想来教育人民，教育学生，教育全体干部和共产党员。这次事件的性质，就是资产阶级自由化和四个坚持的对立。四个坚持、思想政治工作、反对资产阶级自由化、反对精神污染，我们不是没有讲，而是缺乏一贯性，没有行动，甚至讲得都很少。不是错在四个坚持本身，而是错在坚持得不够一贯，教育和思想政治工作太差。一九八〇年元旦，我在政协讲话，讲了“四个保证”〔112〕，其中有一条叫“艰苦奋斗的创业精神”。艰苦奋斗是我们的传统，艰苦朴素的教育今后要抓紧，一直要抓六十至七十年。我们的国家越发展，越要抓艰苦创业。提倡艰苦创业精神，也有助于克服腐败现象。建国以来我们一直在讲艰苦创业，后来日子稍微好一点，就提倡高消费，于是，各方面的浪费现象蔓延，加上思想政治工作薄弱、法制不健全，什么违法乱纪和腐败现象等等，都出来了。我对外国人讲，十年最大的失误是教育，这里我主要是讲思想政治教育，不单纯是对学校、青年学生，是泛指对人民的教育。对于艰苦创业，对于中国是个什么样的国家，将要变成一个什么样的国家，这种教育都很少，这是我们很大的失误。

改革开放这个基本点错了没有？没有错。没有改革开放，怎么会有今天？这十年人民生活水平有较大提高，应该说我们上了一个台阶，尽管出现了通货膨胀等问题，但十年改革开放的成绩要充分估计够。当然，改革开放必然会有西方的许多坏的影响进来，对此，我们从来没有估计不足。八十年代初建立经济特区时，我与广东同志谈，要两手抓，一手要抓改革开放，一手要抓严厉打击经济犯罪，包括抓思想政治工作。就是两点论。但今天回头来看，出现了明显的不足，一手比较硬，一手比较软。一硬一软不相称，配合得不好。讲这点，可能对我们以后制定方针政策有好处。还有，我们要继续坚持计划经济与市场调节相结合，这个不能改。实际工作中，在调整时期，我们可以加强或者多一点计划性，而在另一个时候多一点市场调节，搞得更灵活一些。以后还是计划经济与市场调节相结合。重要的是，切不要把中国搞成一个关闭性的国家。实行关闭政策的做法对我们极为不利，连信息都不灵通。现在不是讲信息重要吗?确实很重要。做管理工作的人没有信息,就是鼻子不通,耳目不灵。再是绝不能重复回到过去那样,把经济搞得死死的。我提出的这个建议,请常委研究。这也是个比较急迫的问题,总要接触的问题。

这是总结我们过去十年。我们的一些基本提法,从发展战略到方针政策,包括改革开放,都是对的。要说不够,就是改革开放得还不够。我们在改革中遇到的难题比在开放中遇到的难题要多。在政治体制改革方面有一点可以肯定,就是我们要坚持实行人民代表大会的制度,而不是美国式的三权鼎立制度。实际上,西方国家也并不都是实行三权鼎立式的制度。美国骂我们镇压学生,他们处理国内学潮和骚乱,还不是出动了警察和军队,还不是抓人、流血?他们是镇压学生和人民,而我们则是平息反革命暴乱。他们有什么资格批评我们!今后,在处理这类问题的时候,倒是要注意,一个动态出现,不要使它蔓延。

以后我们怎么办?我说,我们原来制定的基本路线、方针、政策,照样干下去,坚定不移地干下去。除了个别语言有的需要变动一下,基本路线和基本方针、政策都不变。这个问题已经提出来了,请大家认真考虑一下。至于一些做法,如投资方向、资金使用方向等,我赞成加强基础工业和农业。基础工业,无非是原材料工业、交通、能源等,要加强这方面的投资,要坚持十到二十年,宁肯欠债,也要加强。这也是开放,在这方面,胆子要大一些,不会有大的失误。多搞一点电,多搞一点铁路、公路、航运,能办很多事情。钢,外国人判断我们将来需要一亿二千万吨,现在我们接近六千万吨,还差一半。如果在现有企业的基础上加以改造，增加两千万吨，就可少进口钢材。借点外债用在这些方面，也叫改革开放。现在的问题不是改革开放政策对不对，搞不搞，而是如何搞，开哪方面，关哪方面。

要坚定不移地执行党的十一届三中全会以来制定的一系列路线、方针、政策，要认真总结经验，对的要继续坚持，失误的要纠正，不足的要加点劲。总之，要总结现在，看到未来。

利用这个机会，我就讲这一点。

# 第三代领导集体的当务之急*

（一九八九年六月十六日）

我们中国共产党现在要建立起第三代的领导集体。在历史上，遵义会议〔96〕以前，我们的党没有形成过一个成熟的党中央。从陈独秀〔88〕、瞿秋白〔113〕、向忠发〔114〕、李立三〔115〕到王明〔89〕，都没有形成过有能力的中央。我们党的领导集体，是从遵义会议开始逐步形成的，也就是毛刘周朱和任弼时〔116〕同志，弼时同志去世后，又加了陈云〔44〕同志。到了党的八大，成立了由毛刘周朱陈邓六个人组成的常委会，后来又加了一个林彪〔117〕。这个领导集体一直到“文化大革命”。

在“文化大革命”以前很长的历史中，不管我们党犯过这样那样的错误，不管其成员有这样那样的变化，始终保持了以毛泽东同志为核心的领导集体。这就是我们党第一代的领导。

党的十一届三中全会建立了一个新的领导集体，这就是第二代的领导集体。在这个集体中，实际上可以说我处在一个关键地位。这个集体一建立，我就一直在安排接班的问题。虽然两个接班人都没有站住，但在当时，按斗争的经验、按工作的成就、按政治思想水平来说，也只能作出那样的选择。况且

---

* 这是邓小平同志同几位中央负责同志的谈话要点。

人是在变化的。

任何一个领导集体都要有一个核心，没有核心的领导是靠不住的。第一代领导集体的核心是毛主席。因为有毛主席作领导核心，“文化大革命”就没有把共产党打倒。第二代实际上我是核心。因为有这个核心，即使发生了两个领导人的变动，都没有影响我们党的领导，党的领导始终是稳定的。进入第三代的领导集体也必须有一个核心，这一点所有在座的同志都要以高度的自觉性来理解和处理。要有意识地维护一个核心，也就是现在大家同意的江泽民同志。开宗明义，就是新的常委会从开始工作的第一天起，就要注意树立和维护这个集体和这个集体中的核心。只要有一个好的政治局，特别是有一个好的常委会，只要它是团结的，努力工作的，能够成为榜样的，就是在艰苦创业反对腐败方面成为榜样的，什么乱子出来都挡得住。从这次事件看出，工人阶级靠得住，农民靠得住，解放军靠得住，知识分子是工人阶级一部分，也是靠得住的，但是如果中央自己乱了阵脚，那就难说了。这是最关键的问题。国家的命运、党的命运、人民的命运需要有这样一个领导集体。

我在跟李鹏、姚依林同志谈话〔118〕时说过，新的领导一经建立有秩序的工作以后，我就不再过问、不再干预大家的事情。我说过，这是我的政治交代。当然，你们有事要找我，我不会拒绝，但是不能像过去一样。我不希望在新的政治局、新的常委会产生以后再宣布我起一个什么样的作用。为什么这样？这不是因为我谦虚或别的什么。现在看起来，我的分量太重，对国家和党不利，有一天就会很危险。国际上好多国家把对华政策放在我是不是病倒了或者死去了上面。我多年来就意识到这个问题。一个国家的命运建立在一两个人的声望上面，是很不健康的，是很危险的。不出事没问题，一出事就不可收拾。新的领导一建立，要一切负起责任，错了也好，对了也好，功劳也好，都是你们的事。这样你们可以放手工作，对于新的集体自我锻炼也有好处。何况过去那种办法并不算很成功。现在我八十五岁了，到了这个年龄，该有自觉性。主要是大局的问题，如果个人的因素影响到局势的稳定，影响到事情的健康发展，解决起来就会发生困难。如果有什么事情，我完全可以在旁边帮帮忙，但是绝不要正式再搞个什么头衔了。

这次发生的事件〔109〕说明，是否坚持社会主义道路和党的领导是个要害。整个帝国主义西方世界企图使社会主义各国都放弃社会主义道路，最终纳入国际垄断资本的统治，纳入资本主义的轨道。现在我们要顶住这股逆流，旗帜要鲜明。因为如果我们不坚持社会主义，最终发展起来也不过成为一个附庸国，而且就连想要发展起来也不容易。现在国际市场已经被占得满满的，打进去都很不容易。只有社会主义才能救中国，只有社会主义才能发展中国。在这一点上，这次暴乱对我们的启发十分大，十分重要，使我们头脑更加清醒起来。不走社会主义道路中国就没有前途。中国本来是个穷国，为什么有中美苏“大三角”的说法？就是因为中国是独立自主的国家。为什么说我们是独立自主的？就是因为我们坚持有中国特色的社会主义道路。否则，只能是看着美国人的脸色行事，看着发达国家的脸色行事，或者看着苏联人的脸色行事，那还有什么独立性啊！现在国际舆论压我们，我们泰然处之，不受他们挑动。但是，我们要好好地把自己的事情搞好，这次事件确实把我们的失误也暴露得足够了。我们确实有失误呀！而且失误很不小啊！

下面谈谈最近抓什么工作的问题。不能等暴乱完全平息，现在就要一面抓彻底平息暴乱，一面清理一下我们过去究竟失误在哪些方面，如何改正，以及现在急迫需要解决的是些什么问题。要统统抓、全面抓是不可能的。如果在这个时候开展一个什么理论问题的讨论，比如对市场、计划等问题的讨论，提出这类问题，不但不利于稳定，还会误事。现在需要聚精会神地做几件使人民满意、高兴的事情，同时要赶快注意那些对我们前进不利的事情。

第一，经济不能滑坡。凡是能够积极争取的发展速度还是要积极争取，当然不要求像过去想的那么高。现在主要是我们基础工业薄弱，缺少电和原材料。而在原材料的分配中，小企业吃了大企业，结果国家损失大。这次解决经济滑坡的问题，要清理一下急需解决哪些问题。应该解决的问题要加快解决，要用快刀斩乱麻的办法解决，不能拖。当断不断，要误事。看准了的，积极方面的，有利于发展事业的，抓着就可以干。要在今后的十一年半中争取一个比较满意的经济发展速度。如果再翻一番，没有水分的翻一番，那时候人民就会看到我们的国家、我们的社会主义事业是兴旺发达的。党中央、国务院应当是有权威的，有能力的。没有权威不行啊。我建议组织一个班子，研究下一个世纪前五十年的发展战略和规划，主要是制定一个基础工业和交通运输的发展规划。要采取有力的步骤，使我们的发展能够持续、有后劲。我曾经讲过，经过这次事件，我们只要认真总结过去，考虑未来，我们的发展也许不但更稳、更好，而且可能会更快一点。这件坏事变成好事的可能性是有的。农业问题也要研究，最终可能是科学解决问题。科学是了不起的事情，要重视科学。

第二，做几件使人民满意的事情。主要是两个方面，一个是更大胆地改革开放，另一个是抓紧惩治腐败。

开放方面的工作主要是国务院来做。要把进一步开放的旗帜打出去，要有点勇气。现在总的是要允许吃亏，不怕吃亏，只要对长远有益就可以干。要多做几件有利于改革开放的事情。外资合作经营要搞，各地的开发区可以搞。多吸引外资，外方固然得益，最后必然还是我们自己得益。税收方面可以收一些税，为外资服务的行业可以搞一些，我们自己也可以在那里搞一些有利可图的企业，这样就可以搞活。现在国际上担心我们会收，我们就要做几件事情，表明我们改革开放的政策不变，而且要进一步地改革开放。在政治体制改革方面，最大的目的是取得一个稳定的环境。我跟美国人讲，中国的最高利益就是稳定。只要有利于中国稳定的就是好事。坚持四项基本原则任何时候我都没有让过步。美国人骂娘，造谣，没什么了不起。消除机构臃肿，加强法制，这些都是改革。

惩治腐败，至少抓一二十件大案，透明度要高，处理不能迟。在这次事件中，没有反对改革开放的口号，口号比较集中的是反对腐败。当然，这个口号在某些人来说是一个陪衬，其目的是用反腐败来蛊惑人心。但对我们来说，要整好我们的党，实现我们的战略目标，不惩治腐败，特别是党内的高层的腐败现象，确实有失败的危险。新的领导要首先抓这个问题，这也是整党的一个重要内容。你这里艰苦创业，他那里贪污腐败，怎么行？惩治腐败的问题，请你们专门议一下。

我们一手抓改革开放，一手抓惩治腐败，这两件事结合起来，对照起来，就可以使我们的政策更加明朗，更能获得人心。

第三，平息暴乱抓到底。这是个好机会，一下子就把全国的非法组织取缔了，这实在是好事情。处理得好，就会取得一个很大的胜利。对于罪大恶极的不能手软。当然还是要分别是非轻重，要以事实为根据，以法律为准绳，还是要讲坦白从宽抗拒从严的政策。手段还要是多种的，以体现我们的政策。

以上我说的三点，现在要集中做好。还有一点，常委会的同志要聚精会神地抓党的建设，这个党该抓了，不抓不行了。

# 改革开放政策稳定，中国大有希望*

（一九八九年九月四日）

今天主要是商量我退休的时间和方式。

退休是定了，退了很有益处。如果不退休，在工作岗位上去世，世界上会引起什么反响很难讲。如果我退休了，确实不做事，人又还在，就还能起一点作用。因为在国际上了解我这个人的不少，从某种程度上讲，这是影响他们同中国的关系的因素之一。这是没有办法的事情。考虑到中国的安全，现在退比发生了事情退或者在职位上去世有利。退的决心我已经下了好几年了。我曾多次提出，是真心的。现在看来，想要等一个多么适当的时候再退，是等不到的；每次都总有一点因素说退不得。十三大搞了个半退〔119〕，但我一直认为那时全退最好。领导班子还是要注意年轻化，要选马克思主义者。我们自己培养起来的、政治上好的、有马列主义修养的人还是有的。选人不完全是从党的系统里面选，视野要开阔一点。总之，要有些年轻的人，否则难以为继。这次常委中有老的，有比较年轻的。当时我说，无论如何要给国际上、给人民一个改革开放

* 这是邓小平同志同几位中央负责同志的谈话要点。

的形象，这十分重要。现在看来，对我们四中全会[120]选出的人，对新的领导班子这一段的活动，国际国内的反映至少是很平静，感到是稳妥的，证明我们这个新的领导班子是能够取得人民的信任和国际上的信任的。如果再加上我们这些人退出去，人家再看上两三个月或半年，我们的局面真正是稳定的，是一个安定团结的政治局面，中国还在继续发展，继续执行原有的路线、方针、政策，到那时，我们这些人的影响就慢慢消失了。消失了好！这次事件[109]一出来，我考虑马上退不行。现在过了三个月，如果到五中全会[121]正式作出决定，差不多还要一个半月，有了四五个月，政治局面就比较平静了，这是个时机。我过去多次讲，可能我最后的作用是带头建立退休制度。我已经慢慢练习如何过退休生活，工作了几十年，完全脱离总有个过程。下次党代表大会不搞顾问委员会了，还是搞退休制度。我退休的时间是不是就确定在五中全会。犹豫了这么几年了，已经耽误了。人老有老的长处，也有老的弱点。人一老，不知哪一天脑筋就不行了，体力到一定程度也要衰退。自然规律是不可改变的，领导层更新也是不断的。退休成为一种制度，领导层变更调动也就比较容易。这个事情就这样定下来吧。这是第一个问题。

第二个问题，退的方式。我同杨尚昆[57]同志谈过，越简单越好。不要形成个惯例，对退的人都歌功颂德一番，那实在没有必要。你一生是什么样子，你在党内搞了几十年，人们都是看到的，有个客观评价。我反复考虑，简化可能比较有利，而且从我开始简化更有利。来个干净、利落、朴素的方式，就是中央批准我的请求，说几句话。我多次讲，一个国家的命运寄托在一两个人的威望上是很不正常的。而利用退休又来歌功颂德一番，也没有什么好处。还有些形式，比如追悼会，开得那么多，花的人力物力不少，也可以简化一下。都是革命几十年的人，确实都有功劳，也总有一些失误，但一讲都是功劳。我多次拒绝外国人要我写自传。如果自传只讲功不讲过，本身就变成了歌功颂德，吹嘘自己，那有什么必要？至于一些同志回忆自己的历史，写一些东西，那很有益处。聂荣臻同志写的那一段亲自经历的事〔122〕，很真实。有人也写了自己的错误，比如李维汉〔123〕同志。但有些自传还是宣扬自己的多，这种事情值不得赞扬。对我的评价，不要过分夸张，不要分量太重。有的把我的规格放在毛主席之上，这就不好了。我很怕有这样的东西，名誉太高了是个负担。我退休方式要简化，死后丧事也要简化，拜托你们了。

第三个问题，我退休时的职务交代。军委要有个主席，首先要确定党的军委主席，同时也是确定国家军委主席。党要管军队，因为军队始终是党领导的，这次动乱中看得更清楚。军队是党领导的军队，当然也是国家的军队。五中全会上我辞职后，要有新的军委主席，军委也应该有些变化。我们的传统是军队听党的话，不能搞小集团，不能搞小圈子，不能把权力集中在几个人身上。军队任何时候都要听中央的话，听党的话，选人也要选听党的话的人。军队不能打自己的旗帜。我提议江泽民同志当军委主席。

总之，以后中央的工作我不过问，除非特别大的问题。让新的中央，特别是政治局和政治局常委会独立思考，独立工作。今天常委的同志都在，我希望你们给国际国内树立一个好的形象，一个安定团结的形象，而且是一个安定团结的榜样。我们是一个大国，只要我们的领导很稳定又很坚定，那末谁也拿中国没有办法。中国一定要有一个具有改革开放形象的领导集体，这点请你们特别注意。改革开放放弃不得。如果固守成规，照过去的老框框一模一样地搞，没有一些试验、一些尝试，包括受一些挫折、有一些失败的尝试，肯定达不到我们的战略目标。我们一定要真正地搞改革开放，不能关起门来搞。我们在两三年内要好好地调整。过去失误的，例如通货膨胀，弥补起来。最近我看到学生的现象是可喜的，他们真正在反思，是个大教育啊。问题是很多，但能进行反思就是一个最大的教育，比读什么书都重要。我们要抓紧四项基本原则的教育，马克思主义基本理论的教育，搞几年风气就会变的。对文艺战线再加以整顿，整顿书刊市场照现在的部署坚持下去，会变的。我们的目标是“四有”〔124〕。五十年代，广大党员和人民讲理想，讲纪律，讲为人民服务，爱党，爱国家，爱社会主义，这样的社会风气和道德面貌不是很好吗？三年困难时期，党和人民不是团结奋斗，渡过了难关吗？多好的老百姓啊！我们要恢复和发扬这个传统。我们这个军队也好啊！尽管现在换了一些年轻人，军长我一个都不认识，但是这个军队确实保持了好传统。

你们这个班子要搞好，关键是要形成集体领导。你们应该是一个合作得很好的集体，是一个独立思考的集体。要相互容忍，相互谦让，相互帮助，相互补充，包括相互克服错误和缺点。现在很需要一个这么好的集体，比过去更加需要。这个集体要有个核心。在历史上，我们有毛主席这个核心。这几年我们出现了两个领导人更迭以及通货膨胀这样的问题，因为有个核心，解决起来就比较容易。江泽民同志应该成为你们这个集体的核心。关于工作方法，我提一点：属于政策、方针的重大问题，国务院也好，全国人大也好，其他方面也好，都要由党员负责干部提到党中央常委会讨论，讨论决定之后再去多方商量，贯彻执行。

前一段我提出党中央的权威必须加强。陈云[44]同志讲，各路诸侯太多，议而不决，决而不行，各自为政。这个批评是正确的。中央的话不听，国务院的话不听，这不行。特别是有困难的时候，没有中央、国务院这个权威，不可能解决问题。有了这个权威，困难时也能做大事。不能否定权威，该集中的要集中，否则至少要耽误时间。对于不听中央、国务院的话的，处理要坚决，可以先打招呼，不行就调人换头头。“文化大革命”后期，毛主席把八大军区司令对调，这是因为懂得领导军队的艺术，就是不允许任何军队领导干部有个团团，有个势力范围。军队就有这个传统，经常调过来调过去。战争年代形成过山头，当时我们靠马克思主义觉悟，靠共产党员的组织纪律性，没有形成什么派。就是那样，山头主义也有影响，所以专门反了一次山头主义。地方也有这个问题，搞久了也可以调动一下。

国际形势有一个战争问题。美苏两家打不起来，就没有世界大战。小的战争不可避免，现在不发达国家之间的战争，实际上是发达国家的需要。发达国家欺侮落后国家的政策没有变。中国自己要稳住阵脚，否则，人家就要打我们的主意。世界上希望我们好起来的人很多，想整我们的人也有的是。我们自己要保持警惕，放松不得。要维护我们独立自主、不信邪、不怕鬼的形象。我们绝不能示弱。你越怕，越示弱，人家劲头就越大。并不因为你软了人家就对你好一些，反倒是你软了人家看不起你。我们怕什么？战争我们并不怕。我们分析世界大战打不起来，真打起来也不怕。谁敢来打我们，他们进得来出不去。中国有抵御外敌入侵的丰富经验，打垮了侵略者，我们再来建设。

国际局势还有一个方面，就是社会主义国家动乱。东欧、苏联乱，我看也不可避免，至于乱到什么程度，现在不好预料，还要很冷静地观察。在这些国家动乱的时候，中国要真正按计划实现第二个翻番，这也就是社会主义的一个成功。到下个世纪五十年，如果我们基本上实现现代化，那就可以进一步断言社会主义成功。当然我们不要吹，越发展越要谦虚。但是中国稳住了，而且实现了发展目标，社会主义就显示出优越性。帝国主义肯定想要社会主义国家变质。现在的问题不是苏联的旗帜倒不倒，苏联肯定要乱，而是中国的旗帜倒不倒。因此，首先中国自己不要乱，认真地真正地把改革开放搞下去。没有改革开放就没有希望。这十年的成绩哪里来的？是从改革开放得来的。中国只要这样搞下去，旗帜不倒，就会有很大影响。当然，发达国家会对我们戒心更大。不管怎么样，我们还是友好往来。朋友还要交，但心中要有数。不随便批评别人、指责别人，过头的话不要讲，过头的事不要做。我看总的局势是这样，唯一的办法是我们自己不乱。我们的基础好，是几十年打出来的，这个威势一直要传到后代，保持下去，这是本钱。别人的事情我们管不了，只讲一个道理：中国的社会主义是变不了的。

中国肯定要沿着自己选择的社会主义道路走到底。谁也压不垮我们。只要中国不垮,世界上就有五分之一的人口在坚持社会主义。我们对社会主义的前途充满信心。

总之,对于国际局势,概括起来就是三句话:第一句话,冷静观察;第二句话,稳住阵脚;第三句话,沉着应付。不要急,也急不得。要冷静、冷静、再冷静,埋头实干,做好一件事,我们自己的事。

到本世纪末翻两番有没有可能?我希望活到那个时候,看到翻两番实现。三步走的关键在第二步,第二步为第三步打基础。要搞几个大项目,表示我们的信心。改革开放政策稳定,中国大有希望。

# 致中共中央政治局的信

（一九八九年九月四日）

中央政治局：

我向中央请求辞去现在担任的中共中央军事委员会主席职务。

一九八〇年我就提出要改革党和国家的领导制度，废除干部领导职务终身制。近年来，不少老同志已相继退出了中央领导岗位。一九八七年，在党的第十三次全国代表大会召开以前，为了身体力行地废除干部领导职务终身制，我提出了退休的愿望。当时，中央反复考虑我本人和党内外的意见，决定同意我辞去中央政治局常委、中央政治局委员、中央顾问委员会主任的职务，退出中央委员会和中央顾问委员会；决定我留任党和国家的军委主席的职务。此后，当中央的领导集体就重大问题征询我的意见时，我也始终尊重和支持中央领导集体多数同志的意见。但是，我坚持不再过问日常工作，并一直期待着尽早完成新老交替，实现从领导岗位完全退下来的愿望。

党的十三届四中全会〔120〕选出的以江泽民同志为首的领导核心，现已卓有成效地开展工作。经过慎重考虑，我想趁自己身体还健康的时候辞去现任职务，实现夙愿。这对党、国家和军队的事业是有益的。恳切希望中央批准我的请求。我也将向全国人民代表大会提出辞去国家军委主席的请求。

作为一个为共产主义事业和国家的独立、统一、建设、改革事业奋斗了几十年的老党员和老公民，我的生命是属于党、属于国家的。退下来以后，我将继续忠于党和国家的事业。我们党、我们国家和我们军队所取得的成就是几代人努力的结果。我们的改革开放事业刚刚起步，任重而道远，前进中还会遇到一些曲折。但我坚信，我们一定能够战胜各种困难，把先辈开创的事业一代代发扬光大。中国人民既然有能力站起来，就一定有能力永远岿然屹立于世界民族之林。

邓　小　平

一九八九年九月四日

# 我们有信心把中国的事情做得更好*

（一九八九年九月十六日）

我的身体还好，头脑还清楚，记忆力还不错。在北戴河每天游泳一个小时，我不喜欢室内游泳池，喜欢在大自然里游泳，自由度大一些，有股气势。我在练习怎样适应完全退下来以后的生活。几十年了，一直在繁忙的工作中，就是后来事情管得不多了，脑子里也放不下问题，总在活动。

请你相信，中国在十年改革开放中制定的各项方针政策不会改变。十三大〔84〕制定的路线不能改变，谁改变谁垮台。

过去两个总书记都没有站住，并不是选的时候不合格。选的时候没有选错，但后来他们在根本问题上，就是在坚持四项基本原则的问题上犯了错误，栽了跟头。四个坚持中最核心的是党的领导和社会主义。四个坚持的对立面是资产阶级自由化。坚持四项基本原则，反对资产阶级自由化，这些年来每年我都讲多次，但是他们没有执行。在这次动乱中赵紫阳暴露了出来，明显地站在动乱一边，实际上在搞分裂。好在有我在，处理不难，当然也不是我一个人的作用。

* 这是邓小平同志会见美籍华裔学者李政道教授时谈话的一部分。

我历来不主张夸大一个人的作用，这样是危险的，难以为继的。把一个国家、一个党的稳定建立在一两个人的威望上，是靠不住的，很容易出问题。所以要搞退休制。我已经八十五岁了，多年来我提出退休，每次都遭到大家的反对。十三大的时候先搞半退，只当军委主席。有些老同志，彭真、邓大姐、徐帅、聂帅，已经全退了。我全退需要中央同意，我在做这方面的工作。最近香港传说我被刺了，病危了，引起股票市场波动。这说明早退好些，希望在较短的时间里实现。我主要就是希望完全退下来，但是动乱我要管。

现在我可以肯定，经过动乱，中国的四个现代化和改革开放事业可以搞得更好。动乱给我们上了一堂大课。多年来，我们的一些同志埋头于具体事务，对政治动态不关心，对思想工作不重视，对腐败现象警惕不足，纠正的措施也不得力。腐败现象很严重，这同不坚决反对资产阶级自由化有关系。这次动乱后，大家的头脑清醒了。如果不坚持四项基本原则，动乱就平息不了。这次动乱不平息，我们今天哪能在这里谈话？这次平息反革命暴乱，人民解放军作出了牺牲，不容易，真是不容易。如果那些搞暴乱的人得逞，就要发生内战。内战要是打起来，胜利肯定是我们这一方，但不知要死多少人，伤害多少人的感情，那才是伤筋动骨呢！这次不果断处理不行。平息暴乱中尽量避免伤害人民，特别是学生，这是我们的方针。不采取坚决措施平息暴乱，后果难以设想。

西方世界确实希望中国动乱。不但希望中国动乱，也希望苏联、东欧都乱。美国，还有西方其他一些国家，对社会主义国家搞和平演变。美国现在有一种提法：打一场无硝烟的世界大战。我们要警惕。资本主义是想最终战胜社会主义,过去拿武器,用原子弹、氢弹,遭到世界人民的反对,现在搞和平演变。别国的事情我们管不了,中国的事情我们就得管。中国不搞社会主义不行,不坚持社会主义不行。如果没有共产党的领导,不搞社会主义,不搞改革开放,就呜呼哀哉了,哪里能有现在的中国?用二十多年流血斗争赢得的人民共和国,用几十年艰苦奋斗特别是十年来改革开放赢得的社会主义建设成就,中国人民不会把它轻易丢掉。如果丢掉这些成果,如果搞资本主义,首先发生的就是无法解决十一亿人都有饭吃的问题。没有饭吃,中国人干吗?我们搞革命就是要解放穷人。现在可以说,中国解决了温饱问题,当然也还有百分之十左右的人口比较贫困,但不是绝对的贫困。总的来说,他们的生活也比过去好一些了,国家和社会正在帮助他们努力摆脱贫困。总之,我们有我们的责任,要对世界上五分之一的人负责,要发展经济,使他们生活得更好。

我这里主要讲两点。第一,中国目前局势是稳定的。经过动乱以后,新的领导班子将坚持过去十年的改革开放政策,保持安定团结的局面,坚持一个中心、两个基本点。当然,在发展进程中不会没有曲折,没有缺点。但我们相信,坚持这个方针政策的人,最终会取得胜利。第二,中国人吓不倒。我们不想得罪人,我们要扎扎实实干自己的事,但谁要干涉或吓唬我们,都会落空。中国人有自信心,自卑没有出路。过去自卑了一个多世纪,在中国共产党领导下站起来了。庞然大物吓唬人,中国人不怕。抗日战争打了八年,抗美援朝打了三年,我们有以少胜多、以弱胜强的传统。也有人怕,方励之〔74〕那些人怕，因此做尽损害自己国家的事，但这种人不多。我相信，在外国的侵略和威吓面前，我们的人民不会怕，我们的子孙也不会怕。请你告诉美国所有对我们友好的和不友好的人，在判断中国局势的时候，这两点是必须看清楚的根本的两点。

我们最大的失误在教育，对年轻娃娃、青年学生教育不够。控制通货膨胀可以很快见效，而教育的失误补起来困难得多。参加过游行、绝食的许多人思想转变过来，要好多年，不是一两个月的补课就行的。不能责怪参加绝食、游行、签名的人，只追究用心不良、触犯刑律的带头的人。对学生，包括参加过绝食的学生，主要是教育。请你转告你认识的人，包括在国外参加过游行、签名的人，中国不在意这个问题，请他们放下包袱。要说失误，我们确实有失误，许多思想工作没有做，好多话没有讲清楚。有人站在动乱一方，支持他们，如赵紫阳，这更不能怪别人。我们要冷静反思，回顾过去，着眼未来，重视总结经验和教训，认真处理面临的问题。这样，就能使坏事变成好事，从事件中得到益处，绝大多数的人会清醒过来，学生思想也会清醒过来。

总之，有一点是肯定的，那就是中国一定要发展，改革开放一定要继续，生产力要以适当的速度持续增长，人民生活要在生产发展基础上一步步改善。前一段消费过热，我们给人民打了招呼，要过几年紧日子。我们要反对腐败，搞廉洁政治。不是搞一天两天、一月两月，整个改革开放过程中都要反对腐败。我们前进的步伐会更稳健，更扎实，更快。我很相信这一点。

# 社会主义的中国谁也动摇不了*

（一九八九年十月二十六日）

我们两国的关系是不同社会制度国家发展友好关系的典范。最近一个时期，我多次向国际上的朋友们说，应该建立国际经济新秩序，解决南北问题〔16〕，还应该建立国际政治新秩序，使它同国际经济新秩序相适应。我特别推荐五十年代由我们亚洲人提出的和平共处五项原则〔14〕，作为今后国际政治新秩序的准则。我们两国自七十年代建立外交关系以来，可以说真正遵循了这个原则。

我们两国之间没有什么问题，如果说有，就是要加深合作和交往，特别是在经济建设方面。政治上，我们共同为世界的和平、首先是亚洲的和平而努力。中国搞社会主义，是谁也动摇不了的。我们搞的是有中国特色的社会主义，是不断发展社会生产力的社会主义，是主张和平的社会主义。只有不断发展社会生产力，国家才能一步步富强起来，人民生活才能一步步改善。只有争取到和平的环境，才能比较顺利地发展。中国要维护自己国家的利益、主权和领土完整，中国同样认为，社会

---

* 这是邓小平同志会见泰国总理差猜时谈话的一部分。

主义国家不能侵犯别国的利益、主权和领土。

过去两个超级大国主宰世界，现在情况变了。但是，强权政治在升级，少数几个西方发达国家想垄断世界，这点我们看得很清楚。巴黎七国首脑会议〔125〕就体现出来了，就是在这个会上决定制裁中国，他们使用经济手段，也使用政治手段，如高级官员不接触。这个东西对中国有什么影响？美国也好，法国也好，他们的决策人至少有两点对中国认识不清。第一，中华人民共和国是打了二十二年仗建立起来的，建国后又进行了三年抗美援朝战争〔106〕。没有广泛的群众基础，不可能取得胜利。这样一个国家随便就能打倒了？不可能。不但国内没有人有这个本领，国际上也没有人有这个本领，超级大国、富国都没有这个本领。第二，世界上最不怕孤立、最不怕封锁、最不怕制裁的就是中国。建国以后，我们处于被孤立、被封锁、被制裁的地位有几十年之久。但归根结底，没有损害我们多少。为什么？因为中国块头这么大，人口这么多，中国共产党有志气，中国人民有志气。还可以加上一点，外国的侵略、威胁，会激发起中国人民团结、爱国、爱社会主义、爱共产党的热情，同时也使我们更清醒。所以，外国的侵略、威胁这一套，在我们看来并不高明，而且使我们可以从中得到益处。事实表明，那些要制裁我们的人也开始在总结经验了。总之，中国人民不怕孤立，不信邪。不管国际风云怎么变幻，中国都是站得住的。这是我讲的怎样真正认识中国的话。

# 结束严峻的中美关系要由美国采取主动*

（一九八九年十月三十一日）

你是在中美关系非常严峻的时刻到中国访问的。

从一九四九年中华人民共和国成立到一九七二年，二十三年间，中美关系处于敌对状态。在你担任总统的时候，改变了这个状况。我非常赞赏你的看法，考虑国与国之间的关系主要应该从国家自身的战略利益出发。着眼于自身长远的战略利益，同时也尊重对方的利益，而不去计较历史的恩怨，不去计较社会制度和意识形态的差别，并且国家不分大小强弱都相互尊重，平等相待。这样，什么问题都可以妥善解决。用这样的思想来处理国家关系，没有战略勇气是不行的。所以，你一九七二年的中国之行，不仅是明智的，而且是非常勇敢的行动。我知道你是反对共产主义的，而我是共产主义者。我们都是以自己的国家利益为最高准则来谈问题和处理问题的。在这样的大问题上，我们都是现实的，尊重对方的，胸襟开阔的。

我们在同苏联和东欧国家改变几十年不和关系的时候，总是首先肯定应该结束过去，开辟未来。现在是否可以这样

* 这是邓小平同志会见美国前总统尼克松时谈话的一部分。

说，我们同美国也应该结束这几个月的过去，开辟未来。坦率地说，北京不久前发生的动乱和反革命暴乱，首先是由国际上反共反社会主义的思潮煽动起来的。很遗憾，美国在这个问题上卷入得太深了，并且不断地责骂中国。中国是真正的受害者。中国没有做任何一件对不起美国的事。可以各有各的看法，但不能要我们接受别人的错误指责。美国公众得到的情报来自"美国之音"和美国报刊，什么"天安门血流成河"，死了多少万人，连具体数字都有。"美国之音"太不像话，一批撒谎的人在干事，连起码的诚实都没有。如果美国领导人根据"美国之音"定调，制定国策，要吃亏的。

我们对参加游行示威和签名的学生，包括在海外的学生，都采取原谅的态度，不追究他们的责任。只对少数有野心和企图颠覆中华人民共和国政府的人，进行必要的、程度不同的惩处。我们不能容忍动乱。以后遇到动乱的事，我们还要戒严。这不会损害别人，不会损害任何国家，这是中国的内政。目的就是要稳定，稳定才能搞建设。道理很简单：中国人这么多，底子这么薄，没有安定团结的政治环境，没有稳定的社会秩序，什么事也干不成。稳定压倒一切。

我不说西方国家的政府，但至少西方有一些人要推翻中国的社会主义制度，这只能激起中国人民的反感，使中国人奋发图强。人们支持人权，但不要忘记还有一个国权。谈到人格，但不要忘记还有一个国格。特别是像我们这样第三世界的发展中国家，没有民族自尊心，不珍惜自己民族的独立，国家是立不起来的。

请你告诉布什总统，结束过去，美国应该采取主动，也只能由美国采取主动。美国是可以采取一些主动行动的，中国不可能主动。因为强的是美国，弱的是中国，受害的是中国。要中国来乞求，办不到。哪怕拖一百年，中国人也不会乞求取消制裁。如果中国不尊重自己，中国就站不住，国格没有了，关系太大了。中国任何一个领导人在这个问题上犯了错误都会垮台的，中国人民不会原谅的。这是我讲的真话。

国家关系应该遵守一个原则，就是不要干涉别国的内政。中华人民共和国决不会容许任何国家来干涉自己的内政。外国的干涉在某个时候可以给我们造成困难，甚至造成动乱，但动摇不了中华人民共和国。因为中国人民在共产党领导下生活一天天好起来，特别是最近十年。是真好，不是假好。对改革开放，人民是拥护的，人民看到中国是大有希望的。

我可以肯定地告诉你，谁也不能阻挡中国的改革开放继续下去。为什么？道理很简单，不搞改革开放就不能继续发展，经济要滑坡。走回头路，人民生活要下降。改革的趋势是改变不了的。不管我在不在，不管我是否还担任职务，十年来由我主持制定的一系列方针政策绝对不会改变。我相信我的同事们会这样做。

说我们只搞经济体制改革，不搞政治体制改革，这不对。我们的政治体制改革是有前提的，即必须坚持四项基本原则。发展经济要有一个稳定的局势，中国搞建设不能乱。今天来一个示威，明天来一个大鸣大放大字报，就没有精力搞建设。

中美关系有一个好的基础，就是两国在发展经济、维护经济利益方面有相互帮助的作用。中国市场毕竟还没有充分开发出来，美国利用中国市场还有很多事情能够做。我们欢迎美国商人继续进行对华商业活动，这恐怕也是结束过去的一个重要内容。

# 会见参加中央军委扩大会议全体同志时的讲话

（一九八九年十一月十二日）

最近一段时间，我讲的话很多了，没有新的话要讲了。但是，在我离开军委领导岗位的时候，也应该跟大家讲点话。我的话很短。

我确信，我们的军队能够始终不渝地坚持自己的性质。这个性质是，党的军队，人民的军队，社会主义国家的军队。这与世界各国的军队不同。就是与别的社会主义国家的军队也不同，因为他们的军队与我们的军队经历不同。我们的军队始终要忠于党，忠于人民，忠于国家，忠于社会主义。我确信，我们的军队能够做到这一点，几十年的考验证明军队能够履行自己的责任。

再一点就是，军委领导更换了人。我认为，确定以江泽民同志为核心的党中央，是我们全党做出的正确的选择。江泽民同志是合格的军委主席，因为他是合格的党的总书记。希望大家在以江泽民同志为核心的党中央的领导下，在以他为主席的中央军委的领导下，把我们军队建设得更好，为捍卫我们国家的独立和主权，捍卫我们国家的社会主义事业，捍卫我们党的十一届三中全会以来制定的一系列路线、方针、政策，做出更多更大的贡献。

我虽然离开了军队，并且退休了，但是我还是关注我们党的事业，关注国家的事业，关注军队的前景。

谢谢大家。

# 对二野历史的回顾*

（一九八九年十一月二十日）

这些老人啊！好多年没有机会在一块见面了，今天随便聊聊天吧。

回想战争年代，我们二野〔17〕在每一个阶段都完成了自己的任务，而且完成得比较好。这是对二野的评价。

整个解放战争，从头到尾，二野都处在同敌人针锋相对斗争的最前面。开始在晋冀鲁豫，用刘伯承〔71〕同志的话说，这里是华北解放区的大门，敌人要进攻首先就从这个口子来。果然，毛主席到重庆谈判的时候，敌人从两路来。一路是阎锡山〔126〕，我们就手打了个上党战役〔127〕。接着对马法五〔128〕、高树勋〔129〕一路，又打了个平汉战役〔130〕。还要说远一点，在抗日战争时，我们就处在一个大门的地位。那时不叫二野，是二野的前身。国民党同我们搞摩擦，几个大解放区都有，但最集中的是在晋冀鲁豫。抗战胜利后，他们进攻解放区首先攻的就是这个大门，而我们守这个大门的力量并不强。阎锡山进攻上党区有三万八千多人，我们比他们还少一点，也就是三万出头，从编制上讲，一个完整的、编制充实的团都没有，而且装备

---

* 这是邓小平同志会见编写第二野战军战史的老同志时的谈话。

很差，弹药很少，可以说是一群游击队的集合。还有就是临战前没有指挥作战的将军，那时只有李达[131]在前线，好多将军都不在，在延安开会。我们是乘坐美军驻延安观察组的运输机回太行的，同机飞回的有伯承和我，还有陈锡联[132]、陈再道[133]、陈赓[134]等。那时宋任穷[135]留在冀南。仗已经打得热火朝天了，我们才到，一下飞机就上前线。在那样的情况下，把阎锡山的进攻部队完全消灭可不容易啊，应该说是超额完成了任务。

随后就是平汉战役，国民党第十一战区两个副司令长官马法五、高树勋带的三个军，还有一个乔明礼的河北民军纵队，几个部队打过来。马法五的第四十军、三十军都是强的。高树勋的新八军也有战斗力呀！锡联在马头镇拚了一次，一拚就是几百人伤亡。我们打平汉战役比打上党战役还困难。打了上党战役，虽然弹药有点补充，装备有点改善，但还是一个游击队的集合体。在疲惫不堪的情况下，又打平汉战役。队伍没有到齐，敌人进攻。我跟苏振华[136]通电话，叫他坚持五天，等后续部队到达指定地点。那次他们那个一纵队的阻击战是打得不错的，完成了阻击任务。这样，后面的队伍才赶上。平汉战役应该说主要是政治仗打得好，争取了高树勋起义。如果硬斗硬，我们伤亡会很大。我一直遗憾的是，后来我们对高树勋处理不公道。他的功劳很大。没有他起义，敌人虽然不会胜利，但是也不会失败得那么干脆，退走的能力还是有的，至少可以跑出主力。他一起义，马法五的两个军就被我们消灭了，只跑掉三千人。这个政治仗，我们下的本钱也不小。高树勋在受汤恩伯[137]指挥的时候，就同我们有联系。由于关系比较久，所以我们是派参谋长李达亲自到马头镇他的司令部去做工作的。这件事你们好多人可能不知道。同李达一起去的还有王定南〔138〕，当时是我们的联络，我见过多次。我们确实知道高树勋倾向起义，但在犹豫当中。那时国民党要吃掉西北军，有这个矛盾。李达、王定南一到那里，看见所有的汽车、马车都是头向南，准备撤退的。他们见面后，一谈就合拍了，高树勋决定起义，并且第二天就实行起义，把部队开向西北面的解放区。起义的第二天，伯承就到马头镇去看望高树勋。这样，马法五就惊慌了，命令他的两个军南撤。结果，我们在南面，在漳河北岸，把敌人截住了，又打了一个胜仗。

所以说，抗日战争时，全国各个解放区都有摩擦战，但集中在晋冀鲁豫地区。抗战胜利后蒋介石发动进攻，首先也在这个地区。仗一打开，我们才开始真正形成野战军的格局，编成纵队。打完上党战役编了四个纵队，从东向西数，一纵杨得志〔139〕、苏振华，在冀鲁豫；二纵陈再道、宋任穷，在冀南；三纵陈锡联、彭涛〔140〕，在太行；四纵陈赓、谢富治〔141〕，在太岳。接着，又编了六纵、七纵。

在解放战争第一年，我们完成了中央军委规定的歼敌指标。战争开始三个月后，毛主席就说，全国战场只要每个月消灭国民党八个旅，这个仗就肯定能打胜。果然，第一年就歼敌九十七个半旅，略超过一点。就二野所在地区来说，完成了分配给自己的份额，也许还超过一点。由于圆满地完成了任务，战略反攻的时间提前了，比预定的不止提前一年两年。解放战争开始时没有提出反攻的问题，那时反攻时间还捉摸不定。从一九四六年七月开始，到一九四七年六七月，打了一年就很有把握地确定反攻。要说原因，一个是第一年歼灭了近百个旅的敌人，相应地我们的装备也有所改善。另一个原因是客观形势迫使我们要早反攻。那时国民党重点进攻山东和延安，这好比是扁担的两头。我们晋冀鲁豫在中间，虽然不是敌人重点进攻的地区，但是是一个挑扁担的地区，伯承同志讲的是“扁担战略”。我们的任务就是要把两头的敌人吸引到中间来，而我们的战略反攻，实现了中央军委、毛主席的战略意图。首先过黄河，一下消灭敌人四个师部、九个半旅，旗开得胜，那气势是很了不起的。过黄河实际上就是开始反攻。但是，反攻深入到什么程度？歼敌九个半旅，这只是一个声势，更重要的是我们怎么进一步行动？我们打电报给军委，说趁势还能够在晋冀鲁豫地区继续歼灭一些敌人，吸引和牵制更多的敌人，形势很好啊。毛主席打了个极秘密的电报给刘邓，写的是陕北“甚为困难”。当时我们二话没说，立即复电，半个月后行动，跃进到敌人后方去，直出大别山。实际上不到十天，就开始行动。那时搞无后方作战，困难是可想而知的啊。北方人到南方，真不容易。果然一过淮河，好多人拉肚子。中国真正的南北界线是淮河，淮河以南就叫南方，不是长江以南才叫南方。一过淮河，种水稻，走山路，都是南方的生活习惯。原来我们估计不足，只知道北方人到南方有不习惯的问题，过了淮河才知道就是原来的南方人，鄂豫皖的人，在北方过了好多年，也不那么习惯了。往南一下就走一千里，下这个决心，真了不起，从这一点也可看出毛主席战略思想的光辉。而这个担子落在二野身上，整个解放战争最困难的是挑这个担子，是挑的重担啊。不是说消灭敌人九个半旅是挑了重担，主要的是撇开一切困难，坚决地挺进一千里，挑的就是这个重担。过黄泛区，真困难啊，重装备带不走了，只能丢了，所以打淮海战役的时候，二野的炮兵就很少。过淮河，天老爷帮了一个大忙，能够徒涉。过去没有人知道淮河是能够徒涉的，那一次刚涨起来的河水又落下去了，伯承亲自去踩踏，恰好就是那个时候能徒涉，这就非常顺利了。不然，我们过淮河还是能过，但会有伤亡，以后的斗争会更困难一些。当时形势相当严峻，相当险恶，但是整个地看应该说是很顺利地实现了战略反攻的任务，跃进到大别山。

大别山这场斗争，主要是我们政策对头，包括军事政策。军事政策就是坚决地拿出三分之一的野战部队地方化，搞军区、军分区。因为大别山的斗争不决定于消灭好多敌人，而决定于能不能站住脚。这是毛主席的战略决策。什么叫胜利？胜利不在当时消灭多少敌人。要不要消灭敌人？要消灭，要争取打几个歼灭仗。从这一点来看，我们完成得并不好，消灭的敌人不多，除地方保安部队外，一共只消灭了几个旅。但关键是能不能站得住，站得住就是胜利，结果，我们站稳了。我们前进了一千里，直达长江，面对着武汉、南京、上海，扩大了四千五百万人口的新解放区。这是个真正的胜利，前进一千里的意义就在这里。

大别山战略机动范围不大，容不下更多的部队，特别是我们习惯于在平原地区搞大开大合的作战，到这里感到很拘束。所以，把部队分开建立军区、军分区以后，主力就逐步向北面转移。中间还有些插曲，就是部队的同志着急，总想打个把歼灭战。我们开了个会，我讲的话，提出要避战。因为那时打不得败仗，一败就不可收拾。后来刘邓分开了。伯承率领一纵和野战军的司令部、直属队到淮河以北，指挥全局。南下大别山的两个后续部队王宏坤〔142〕、张才千〔143〕的十纵和十二纵，也不在大别山，向桐柏、江汉两区展开。就是我一个，先念〔108〕一个，李达一个，带着几百人不到一千人的前方指挥所留在大别山，指挥其他几个纵队，方针就是避战，一切为了站稳脚。那时六纵担负的任务最多，在大别山那个丘陵地带来回穿梭，一会儿由西向东，一会儿由东向西，今天跑一趟，明天跑一趟，不知来回跑了多少趟，调动敌人，迷惑敌人。别的部队基本上不大动，适当分散，避免同敌人碰面。这样搞了两个月，我们向中央军委、毛主席报告，大别山站稳了，实现了战略任务。主力撤回北面，准备大的战斗，大的战斗还是到北面去打。大别山斗争的胜利，主要是对几个问题的判断比较准确，处置也比较正确，我们伤亡不算很大，费的劲也不算很大，但是完成了战略任务，种种艰难都克服了，站稳了脚，把战线从黄河延伸到长江。所以说，战略反攻，二野挑的是重担，还是那句老话，叫做合格。经过大别山斗争，二野受到削弱。只有秦基伟〔144〕的九纵，你们那一坨，保持兴盛的旺气。主体四个纵队就削弱了，更新也困难啊，有三个纵队每个纵队仅两个旅，只有一个纵队是三个旅，就这样迎接淮海战役〔145〕。当然中间还打了一些小仗，凡是有机会取得胜利的，没有丧失过机会，该干的都干了。后来，转出大别山，以后到了豫西，成立扩大的中原局和中原军区。

迎接淮海战役的时候，总的形势很好。东北战场取得了胜利，这对全国鼓舞很大，西北也稳住脚，中原三足鼎立。淮海战役是二野、三野〔18〕联合作战，用毛主席的话说，二野三野联合作战，不只是增加一倍两倍的力量，数量变，质量变，这是一个质的变化。淮海战役成立了总前委，由五个人组成，其中三个人是常委，我当书记。毛主席对我说："我把指挥交给你。"这是毛主席亲自交代给我的。淮海战役的部署决策是我根据中央军委和毛主席的指示主持决定的。渡江作战，部队突破江防后，我的指挥部在三野司令部，张震是参谋长。渡江战役也就是京沪杭战役的实施纲要是我起草的。

二野的内部关系是非常团结、非常协调的。上下级之间，各纵队之间，甚至于更下层一点，关系都很协调。你们可能注意到，从战争一开始，每一次的具体作战，指挥的都是各纵队的头头，刘邓没有亲自到战场上指挥过一个战斗行动。羊山集战斗就是陈再道指挥的，好几个战斗是陈锡联指挥的，双堆集战斗有一面是王近山〔146〕、杜义德〔147〕指挥的，也有是陈赓、杨勇〔148〕、苏振华指挥的。我们没有发现过下面有什么不对的，也没有纠正过任何纵队领导同志指挥的战斗。我们如果对指挥有意见，发现有不妥的地方，有电话可以联络。这种做法对增加上下级之间的相互信任，提高部队的战斗力，很有好处，还可以锻炼指挥员的主动性，讲句哲学语言叫发挥能动性。野战军的领导人相信自己的部下，下面也相信领导，这种互相团结、互相信任的关系从作战一开始就是这样的。这是个了不起的力量。二野所以能锻炼成这么样一个了不起的部队，主要靠的这一条。

淮海战役一打完，以后就没有什么大仗了。渡江作战后，除了三野在上海打了一仗以外，其他的算得了什么大仗？进军西南，同胡宗南〔149〕那一仗打得很容易，同宋希濂〔150〕也没有打多少仗。真正打了一场的是剿匪战斗，打得很漂亮。到西南后，西南局规定的一九五〇年的任务概括为几个数字：九十万，九十万，六千万，六十万。什么叫九十万、九十万呀？头一个九十万，就是起义、投诚、俘虏的国民党官兵有九十万，怎么消化，怎么安置，怎么教育改造，这是个大难题，需要解决。还有一个九十万，就是土匪，要把他们消灭。这个完成得很顺利。打土匪本来是很困难的事情，我们声威雄壮啊，把他们打怕了，费劲也不大。六千万就是西南地区人口中百分之九十的基本群众，要把他们发动起来，搞土改闹翻身。还有一个是要提高我们部队六十万干部战士的质量，以担当起新的繁重的工作任务。这四项任务都完成得不错。这时二野还增加了一个十八兵团，十八兵团原先也是晋冀鲁豫的部队。

这就是二野的历史。二野担了重担，完成了任务，没有辜负党和人民的委托。苦头是吃了不少，但是困难都胜利渡过了。在整个作战过程中，可以说没有任何一个部队没有完成任务的，全部能够承担艰难的任务，一个新部队也能很好地完成任务。概括全体，情况都是这个样子。就说这么多，讲的是故事，值得回忆啊。

# 坚持社会主义，防止和平演变*

（一九八九年十一月二十三日）

非洲的解放和发展不是几年能够解决的。老殖民主义、新殖民主义、霸权主义、强权主义，真不少啊！现在贫穷弱小的国家，环境比过去更困难一些，需要更多的艰苦奋斗。

美苏双方会谈，裁军的势头不错，我们表示欢迎。我希望冷战结束，但现在我感到失望。可能是一个冷战结束了，另外两个冷战又已经开始。一个是针对整个南方、第三世界的，另一个是针对社会主义的。西方国家正在打一场没有硝烟的第三次世界大战。所谓没有硝烟，就是要社会主义国家和平演变。东欧的事情对我们说来并不感到意外，迟早要出现的。东欧的问题首先出在内部。西方国家对中国也是一样，他们不喜欢中国坚持社会主义道路。中国今年的动乱〔109〕也是迟早要出现的。其中也有我们内部的问题。你知道我们两个总书记都在资产阶级自由化问题上栽了跟头。如果中国搞资产阶级自由化，那末肯定会有动乱，使我们什么事情也干不成，我们制定的方针、政策、路线、三个阶段发展战略的目标统统告吹。

---

* 这是邓小平同志会见南方委员会主席、坦桑尼亚革命党主席尼雷尔时的谈话。

所以，必须坚决地制止动乱。以后遇到动乱时，还要坚决制止，以保持稳定。西方国家说我们侵犯了人权，其实他们才是真正的侵犯人权。美国帮助蒋介石打内战，中国人伤亡了多少？美国支持南朝鲜进行战争[106]，中国人民志愿军伤亡了多少？还不说一个多世纪以来殖民主义、帝国主义（包括美国在内）的侵略使中国人民遭受的损失有多大！所以，他们谈人权是没有资格的。

霸权主义过去是讲美苏两家，现在西方七国首脑会议[125]也是霸权主义、强权政治。中国平息暴乱后，七国首脑发表宣言制裁中国，他们有什么资格！谁给他们的权力！真正说起来，国权比人权重要得多。贫弱国家、第三世界国家的国权经常被他们侵犯。他们那一套人权、自由、民主，是维护恃强凌弱的强国、富国的利益，维护霸权主义者、强权主义者利益的。我们从来就不听那一套，你们也是不听那一套的。过去我们很弱的时候就没有听，在井冈山打旗帜才几千人，一打就是二十二年，最后还是战胜了帝国主义和他们支持的力量，中国人站起来了。中华人民共和国建立之后，困难很多，内战刚结束，国内问题成堆，又打了一场抗美援朝的战争，实际上是中国和美国打了一仗。美国是个庞然大物，力量对比起来，中国很弱，特别是装备差得多。但是，正义取得了胜利，美国只得坐下来同我们在板门店谈判。

中国坚持社会主义，不会改变。十三大[84]确定了“一个中心、两个基本点”的战略布局。我们十年前就是这样提出的，十三大用这个语言把它概括起来。这个战略布局我们一定要坚持下去，永远不改变。什么威胁也吓不倒我们。我们这个党就是在威胁中诞生的，在威胁中奋斗出来的，奋斗了二十八年才真正建立了人民共和国。现在我们总比过去好得多。只要中国社会主义不倒，社会主义在世界将始终站得住。

# 国家的主权和安全要始终放在第一位*

（一九八九年十二月一日）

在国际垄断资本对我国实行制裁时，你们带了这么大一个代表团来我国访问，这是真正友情的表现。中国有句古话，叫做患难见真情。虽然我们并不算处于患难之中，但你们此时来我国访问的真情是可贵的。现在同情和支持我们的人比要制裁我们的人多得多，我们没有孤立感。

我们国家的领导人换了代，现在事情归新一代领导人管了。他们主持全局已经五个多月了，可以看出，中国的发展战略和一系列方针政策，并没有因为我退下来而有任何变化。我们一直坚持党的十一届三中全会以来的路线和各项方针政策，不但这一届领导人要坚持，下一届、再下一届都要坚持，一直坚持下去。为什么这些方针政策不能变呢？因为十年来的实践证明，这一套方针政策是完全正确的，如果放弃改革开放，就等于放弃我们的根本发展战略。

在过去的工作中我们虽然有一些失误，但今年发生的事

---

* 这是邓小平同志会见以樱内义雄为团长的日本国际贸易促进协会访华团主要成员时谈话的要点。

件〔109〕的原因也来自国际上的大气候。西方世界，特别是美国开动了全部宣传机器进行煽动，给中国国内所谓的民主派、所谓的反对派，实际上是中华民族的败类以很多的鼓励和方便，因此才形成了当时那样混乱的局面。他们在许多国家煽动动乱，实际上是搞强权政治、霸权主义，要控制这些国家，把过去不能控制的国家纳入他们的势力范围。看清了这一点，就有助于认清问题的本质，总结经验教训。

这次动乱从反面教育了我们。国家的主权、国家的安全要始终放在第一位，对这一点我们比过去更清楚了。西方的一些国家拿什么人权、什么社会主义制度不合理不合法等做幌子，实际上是要损害我们的国权。搞强权政治的国家根本就没有资格讲人权，他们伤害了世界上多少人的人权！从鸦片战争侵略中国开始，他们伤害了中国多少人的人权！巴黎七国首脑会议〔125〕要制裁中国，这意味着他们自认为有至高无上的权力，可以对不听他们话的国家和人民进行制裁。他们不是联合国，联合国的决议还要大多数同意才能生效，他们凭什么干涉中国的内政？谁赋予他们这个权力？任何违反国际关系准则的行动，中国人民永远不会接受，也不会在压力下屈服。

这次动乱还使我们更加认识到稳定的重要性。前不久尼克松〔151〕、基辛格〔152〕来中国访问时，我对他们说，中国要摆脱贫困，实现四个现代化，最关键的问题是需要稳定。其实这个话早在这次事件发生前我就对美国人说过。如果没有一个稳定的环境，中国什么事情也干不成。这次我们采用戒严的方式解决了动乱问题，这是非常必要的。今后如有需要，动乱因素一出现，我们就采取严厉手段尽快加以消除，以保证我国不受任何外来干涉，维护国家的主权。

我们总结的另一个经验教训就是要把过去某些方面的失误认真地尽快地纠正过来。思想教育工作要加强。艰苦奋斗还是需要的，前一时期讲得少了，做得更少，自力更生为主也讲得少了。经济工作要整顿，使我们国家的经济建设能够取得更好的成效。

我虽然退休了，但还是关注着中日两国关系的发展。我们两国毕竟是近邻，我对中日友好有一种特殊的感情。即使在日本军国主义发动侵华战争时，也有很多日本人在反对侵略。讲历史要全面，既要讲日本侵华的历史，也要讲日本人民、日本众多友好人士为中日友好奋斗的历史，这些人多得很呐！你们这么大的一个代表团来中国访问，肯定有人会不高兴的，但是你们的勇敢行动证明，日本人民同中国人民一样，是希望中日两国世世代代友好下去的。对一小撮不甘心中日友好的人，唯一的办法就是用不断加强友好、发展合作来回答他们。

# 中美关系终归要好起来才行*

（一九八九年十二月十日）

你这次访问是非常重要的行动。中美两国之间尽管有些纠葛，有这样那样的问题和分歧，但归根到底中美关系是要好起来才行。这是世界和平和稳定的需要。尽快解决六月以来中美之间发生的这些问题，使中美关系得到新的发展，取得新的前进，这是我们共同的愿望。

我已经退休了，本来这样的事情不是我份内的事，但是我的朋友布什总统的特使来，我不见也太不合情理了。

中国在国际上有特殊的重要性，关系到国际局势的稳定与安全。如果中国动乱，问题就大得很了，肯定要影响世界。这不是中国之福，也不是美国之福。

中国威胁不了美国，美国不应该把中国当作威胁自己的对手。我们没有做任何一件伤害美国的事。一九七二年到现在的十七年中，世界局势总的比较稳定，中美关系的发展是形成这样好的局势的一个原因，占的分量不轻。中美不能打架，我说的打架不是打仗，而是笔头上和口头上打架，不要提倡这

---

* 这是邓小平同志会见美国总统特使、总统国家安全事务助理斯考克罗夫特时谈话的节录。

些。我多次讲过，美国的制度中国不能搬，美国制度究竟好不好，美国人自己说，我们不干预。两国相处，要彼此尊重对方，尽可能照顾对方，这样来解决纠葛。只照顾一方是不行的。双方都让点步，总能找到好的都可以接受的办法。恢复中美关系要双方努力，不要拖久了，拖久了对双方都不利。

请特使转告布什总统，在东方的中国有一位退休老人，关心着中美关系的改善和发展。

# 香港基本法具有历史意义和国际意义*

（一九九〇年二月十七日）

你们经过将近五年的辛勤劳动，写出了一部具有历史意义和国际意义的法律。说它具有历史意义，不只对过去、现在，而且包括将来；说国际意义，不只对第三世界，而且对全人类都具有长远意义。这是一个具有创造性的杰作。我对你们的劳动表示感谢！对文件的形成表示祝贺！

---

* 这是邓小平同志会见出席香港特别行政区基本法起草委员会第九次全体会议的委员时的即席讲话。《中华人民共和国香港特别行政区基本法》于一九九〇年四月四日第七届全国人民代表大会第三次会议通过，并决定于一九九七年七月一日起实施。

# 国际形势和经济问题*

（一九九〇年三月三日）

国际形势的变化怎么看？旧的格局是不是已经完了，新的格局是不是已经定了？国际上议论纷纷，国内也有各种意见。看起来，我们过去对国际问题的许多提法，还是站得住的。现在旧的格局在改变中，但实际上并没有结束，新的格局还没有形成。和平与发展两大问题，和平问题没有得到解决，发展问题更加严重。

美苏垄断一切的情况正在变化。世界格局将来是三极也好，四极也好，五极也好，苏联总还是多极中的一个，不管它怎么削弱，甚至有几个加盟共和国退出去。所谓多极，中国算一极。中国不要贬低自己，怎么样也算一极。

我们对外政策还是两条，第一条是反对霸权主义、强权政治，维护世界和平；第二条是建立国际政治新秩序和经济新秩序。这两条要反复讲。具体的做法，还是要坚持同所有国家都来往，对苏联对美国都要加强来往。不管苏联怎么变化，我们都要同它在和平共处五项原则〔14〕的基础上从容地发展关系，包括政治关系，不搞意识形态的争论。

---

* 这是邓小平同志同几位中央负责同志谈话的一部分。

对国际形势还要继续观察，有些问题不是一下子看得清楚，总之不能看成一片漆黑，不能认为形势恶化到多么严重的地步，不能把我们说成是处在多么不利的地位。实际上情况并不尽然。世界上矛盾多得很，大得很，一些深刻的矛盾刚刚暴露出来。我们可利用的矛盾存在着，对我们有利的条件存在着，机遇存在着，问题是要善于把握。

综观全局，不管怎么变化，我们要真正扎扎实实地抓好这十年建设，不要耽搁。这十年时间能够实现第二个翻番，就是我们最了不起的胜利。

现在特别要注意经济发展速度滑坡的问题，我担心滑坡。百分之四、百分之五的速度，一两年没问题，如果长期这样，在世界上特别是同东亚、东南亚国家和地区比，也叫滑坡了。世界上一些国家发生问题，从根本上说，都是因为经济上不去，没有饭吃，没有衣穿，工资增长被通货膨胀抵消，生活水平下降，长期过紧日子。如果经济发展老是停留在低速度，生活水平就很难提高。人民现在为什么拥护我们？就是这十年有发展，发展很明显。假设我们有五年不发展，或者是低速度发展，例如百分之四、百分之五，甚至百分之二、百分之三，会发生什么影响？这不只是经济问题，实际上是个政治问题。所以，我们要力争在治理整顿中早一点取得适度的发展。

什么叫适度？适度的要求就是确实保证这十年能够再翻一番。要按一九八〇年的固定价格，没有水分的，还要把人口增长的因素计算在内。这样算，究竟每年增长速度要达到多少？我们现在的算法究竟准不准确，可不可靠？年增百分之六的速度是不是真正能实现第二个翻番？这个要老老实实地计算，要最终体现到人民生活水平上。生活水平究竟怎么样，人民对这个问题感觉敏锐得很。我们上面怎么算帐也算不过他们，他们那里的帐最真实。

我的意思是，只靠我们现在已经取得的稳定的政治环境还不够。加强思想政治工作，讲艰苦奋斗，都很必要，但只靠这些也还是不够。最根本的因素，还是经济增长速度，而且要体现在人民的生活逐步地好起来。人民看到稳定带来的实在的好处，看到现行制度、政策的好处，这样才能真正稳定下来。不论国际大气候怎样变化，只要我们争得了这一条，就稳如泰山。

要实现适当的发展速度，不能只在眼前的事务里面打圈子，要用宏观战略的眼光分析问题，拿出具体措施。机会要抓住，决策要及时，要研究一下哪些地方条件更好，可以更广大地开源。比如抓上海，就算一个大措施。上海是我们的王牌，把上海搞起来是一条捷径。

中国社会主义农业的改革和发展，从长远的观点看，要有两个飞跃。第一个飞跃，是废除人民公社，实行家庭联产承包为主的责任制。这是一个很大的前进，要长期坚持不变。第二个飞跃，是适应科学种田和生产社会化的需要，发展适度规模经营，发展集体经济。这是又一个很大的前进，当然这是很长的过程。乡镇企业很重要，要发展，要提高。农业问题要始终抓得很紧。农村富起来容易，贫困下去也容易，地一耕不好农业就完了。

总之，经济能不能避免滑坡，翻两番能不能实现，是个大问题。使我们真正睡不着觉的，恐怕长期是这个问题，至少十年。中国能不能顶住霸权主义、强权政治的压力,坚持我们的社会主义制度,关键就看能不能争得较快的增长速度,实现我们的发展战略。

# 振兴中华民族*

（一九九〇年四月七日）

中华人民共和国成立四十年来，已经打下了一个好的基础。党的十一届三中全会以后，我们集中力量搞四个现代化，着眼于振兴中华民族。没有四个现代化，中国在世界上就没有应有的地位。我们搞的四个现代化，是社会主义的四个现代化。只有社会主义，才能有凝聚力，才能解决大家的困难，才能避免两极分化，逐步实现共同富裕。

去年发生动乱〔109〕，当时我们控制了局势，这是完全必要的。我曾经请人转告布什总统，中国如果不稳定就是个国际问题，后果难以想象。只有稳定，才能有发展。只有共产党的领导，才能有一个稳定的社会主义中国。

西方一些国家对中国的制裁是不管用的。中华人民共和国是打了二十二年仗才建立起来的，是在被封锁、制裁、孤立中成长起来的。经过四十年的发展，特别是经过最近十年的发展，我们的实力增强了，中国是垮不了的，而且还要更加发展起来。这是民族的要求，人民的要求，时代的要求。

我是一个中国人，懂得外国侵略中国的历史。当我听到西

* 这是邓小平同志会见泰国正大集团董事长谢国民等谈话的一部分。

方七国首脑会议〔125〕决定要制裁中国，马上就联想到一九〇〇年八国联军〔153〕侵略中国的历史。七国中除加拿大外，其他六国再加上沙俄和奥地利就是当年组织联军的八个国家。要懂得些中国历史，这是中国发展的一个精神动力。

现在世界上有人在讲“亚洲太平洋世纪”。亚洲有三十亿人口，中国大陆就占十一亿多。所谓“亚洲太平洋世纪”，没有中国的发展是形不成的，当然没有印度的发展也形不成。中国的形象如何还是要看大陆，中国的发展趋势和前途也在大陆。台湾跟大陆争正统，不自量力。大家都应该想开点。我们已经想开了，提出“一国两制”。我们相信，最终将靠“一国两制”把我们国家统一起来。中华人民共和国在不长的时间内将会成为一个经济大国，现在已经是一个政治大国了。联合国的席位是中华人民共和国的。我们大陆虽然人均收入水平低，但并不是样样都落后。比如钢铁，年产量已经达到六千万吨，还有太空领域和其他领域高科技的发展，中国发射卫星的成功率很高。中国人是很聪明的，虽然科学家研究条件差，生活待遇不高，但他们还是取得了很大成绩。中国人分散开来力量不大，集合起来力量就大了。

中国人要振作起来。大陆已经有相当的基础。我们还有几千万爱国同胞在海外，他们希望中国兴旺发达，这在世界上是独一无二的。我们要利用机遇，把中国发展起来，少管别人的事，也不怕制裁。中国反对霸权主义，自己也永远不称霸。下个世纪中国是很有希望的。

# 中国永远不允许别国干涉内政*

（一九九〇年七月十一日）

去年以来一些国家对中国实行制裁。我认为，第一，他们没有资格制裁中国；第二，实践证明中国有抵抗制裁的能力。中国经济发展虽然受了一些影响，但影响不大。事实上，制裁正在逐渐消失。中国的特点是建国四十多年来大部分时间是在国际制裁之下发展起来的。我们别的本事没有，但抵抗制裁是够格的。所以我们并不着急，也不悲观，泰然处之。尽管东欧、苏联出了问题，尽管西方七国制裁我们，我们坚持一个方针：同苏联继续打交道，搞好关系；同美国继续打交道，搞好关系；同日本、欧洲国家也继续打交道，搞好关系。这一方针，一天都没有动摇过。中国度量是够大的，这点小风波吹不倒我们。

中国永远不会接受别人干涉内政。我们的社会制度是根据自己的情况决定的，人民拥护，怎么能够接受外国干涉加以改变呢？国际关系新秩序的最主要的原则，应该是不干涉别国的内政，不干涉别国的社会制度。要求全世界所有国家都照搬

---

* 这是邓小平同志会见加拿大前总理特鲁多时的谈话。

美、英、法的模式是办不到的。世界上那么多伊斯兰国家就根本不可能实行美国的所谓民主制度，穆斯林人口占了世界人口的五分之一。中华人民共和国不会向美国学习资本主义制度，中国人口也占了世界人口的五分之一。还有非洲，非洲统一组织的强烈的普遍的呼声就是要求别国不要干涉他们的内政。这是世界局势的一个大背景。在这样的背景下，如果西方发达国家坚持干涉别国内政，干涉别国的社会制度，那就会形成国际动乱，特别是第三世界不发达国家的动乱。第三世界国家要求有稳定的政治环境来摆脱贫困。政治不安定，谁还有精力搞饭吃？更谈不上发展了。所以现在确实需要以和平共处五项原则〔14〕作为新的国际政治、经济秩序的准则。现在出现的新的霸权主义、强权政治，是不能长久维持的。少数国家垄断一切，这种形式过去多少年没有解决任何问题，今后也不能解决任何问题。

中国要实现自己的发展目标，必不可少的条件是安定的国内环境与和平的国际环境。我们不在乎别人说我们什么，真正在乎的是有一个好的环境来发展自己。只要历史证明中国社会主义制度的优越性就够了，别国的社会制度如何我们管不了。东欧事件发生后，我跟美国人说，不要高兴得太早，问题还复杂得很。现在东欧的问题尚未解决，再捅别的乱子干不得！可以设想一下，如果中国动乱，那将是个什么局面？现在要是中国乱起来，就决不只是“文化大革命”那样的问题。那时还有毛主席、周总理等老一辈领导人的威信，说是“全面内战”，到底不是大打，真正的内战并没有出现。现在就不同了，如果再乱，乱到党不起作用了，国家权力不起作用了，这一派抓一部分军队，那一派抓一部分军队，就是个内战的局面。一些所谓民主斗士只要一拿到权力，他们之间就会打起来。一打内战就是血流成河，还谈何“人权”？一打内战就是各霸一方，生产衰落，交通中断，难民不是百万、千万而是成亿地往外面跑，首先受影响的是现在世界上最有希望的亚太地区。这就会是世界性的灾难。所以，中国不能把自己搞乱，这当然是对中国自己负责，同时也是对全世界全人类负责。外国的负责任的政治家们也会懂得，不能让中国乱。什么人权、民权问题，都管不住这个问题。唯一的出路，是不同社会制度的国家在五项原则基础上和平共处、相互合作，而不是干涉别国内政、挑起别国内乱。中国提出这样的问题是为了引起大家警惕，是为了提醒各国决定对华政策时要谨慎。

# 共同努力,实现祖国统一*

(一九九〇年九月十五日)

台湾方面最近开始有些松动。但是现在台湾有人想搞“一国两府”,连联合国的局面都想改变,实际上还是搞“两个中国”。现在联合国只承认中华人民共和国政府是中国唯一的合法政府,台湾是中国的一部分。怎么能把台湾当局称为中国政府呢？这不行。再没有比“一国两制”的办法更合理的了。“一国两制”对台湾来说有什么损失呢？现在对台湾是个机会,对整个民族是个机会,需要大家努力,推动台湾走向统一。

大陆是中国的主体,有十一亿人口。其中汉族占百分之九十二,少数民族占百分之八。我们的民族政策是正确的,是真正的民族平等。我们十分注意照顾少数民族的利益。中国一个很重要的特点就是没有大的民族纠纷。

大陆同胞,台湾、香港、澳门的同胞,还有海外华侨,大家都是中华民族子孙。我们要共同奋斗,实现祖国统一和民族振兴。

---

* 这是邓小平同志会见马来西亚郭氏兄弟集团董事长郭鹤年时谈话的一部分。

# 善于利用时机解决发展问题*

（一九九〇年十二月二十四日）

现在国际形势不可测的因素多得很，矛盾越来越突出。过去两霸争夺世界，现在比那个时候要复杂得多，乱得多。怎样收拾，谁也没有个好主张。第三世界有一些国家希望中国当头。但是我们千万不要当头，这是一个根本国策。这个头我们当不起，自己力量也不够。当了绝无好处，许多主动都失掉了。中国永远站在第三世界一边，中国永远不称霸，中国也永远不当头。但在国际问题上无所作为不可能，还是要有所作为。作什么？我看要积极推动建立国际政治经济新秩序。我们谁也不怕，但谁也不得罪，按和平共处五项原则〔14〕办事，在原则立场上把握住。

对一年半以来中央的工作，我满意。对这次统一思想，制定出新的五年计划和十年规划，我完全赞成。看来我们农业的潜力大得很，要一直抓下去。钢要有一亿到一亿二千万吨才够用，这是个发展战略问题。核电站我们还是要发展，油气田开发、铁路公路建设、自然环境保护等，都很重要。本世纪末实现翻两番，要稳扎稳打。在翻两番的基础上，再用三十年到五十

---

* 这是邓小平同志同几位中央负责同志的谈话要点。

年时间,我国综合国力达到世界前列,社会主义的优越性就真正体现出来了。

我们必须从理论上搞懂,资本主义与社会主义的区分不在于是计划还是市场这样的问题。社会主义也有市场经济,资本主义也有计划控制。资本主义就没有控制,就那么自由?最惠国待遇也是控制嘛!不要以为搞点市场经济就是资本主义道路,没有那么回事。计划和市场都得要。不搞市场,连世界上的信息都不知道,是自甘落后。

不要怕冒一点风险。我们已经形成了一种能力,承担风险的能力。为什么这次治理通货膨胀能够见效这么快,而且市场没有受多大影响,货币也没有受多大影响?原因就是有这十一二年改革开放的基础。改革开放越前进,承担和抵抗风险的能力就越强。我们处理问题,要完全没有风险不可能,冒点风险不怕。

沿海如何帮助内地,这是一个大问题。可以由沿海一个省包内地一个省或两个省,也不要一下子负担太重,开始时可以做某些技术转让。共同致富,我们从改革一开始就讲,将来总有一天要成为中心课题。社会主义不是少数人富起来、大多数人穷,不是那个样子。社会主义最大的优越性就是共同富裕,这是体现社会主义本质的一个东西。如果搞两极分化,情况就不同了,民族矛盾、区域间矛盾、阶级矛盾都会发展,相应地中央和地方的矛盾也会发展,就可能出乱子。

我不止一次讲过,稳定压倒一切,人民民主专政不能丢。你闹资产阶级自由化,用资产阶级人权、民主那一套来搞动乱,我就坚决制止。马克思说,阶级斗争不是他的发现,他的理论最实质的一条就是无产阶级专政。无产阶级作为一个新兴阶级夺取政权,建立社会主义,本身的力量在一个相当长时期内肯定弱于资本主义,不靠专政就抵制不住资本主义的进攻。坚持社会主义就必须坚持无产阶级专政,我们叫人民民主专政。在四个坚持中,坚持人民民主专政这一条不低于其他三条。理论上讲清楚这个道理是必要的。

中国问题的关键在于共产党要有一个好的政治局,特别是好的政治局常委会。只要这个环节不发生问题,中国就稳如泰山。国际上不可能小视我们,来中国投资的人会越来越多。要善于把握时机来解决我们的发展问题。后年党代会要选一些年轻一点的精力充沛的人进政治局,进常委会更好。这一年多的成绩不可低估,国内外形势比我们预料的要好。最关紧要的是有一个团结的领导核心。这样保持五十年,六十年,社会主义中国将是不可战胜的。

# 视察上海时的谈话*

（一九九一年一月二十八日——二月十八日）

我们说上海开发晚了，要努力干啊！

那一年确定四个经济特区[29]，主要是从地理条件考虑的。深圳毗邻香港，珠海靠近澳门，汕头是因为东南亚国家潮州人多，厦门是因为闽南人在外国经商的很多，但是没有考虑到上海在人才方面的优势。上海人聪明，素质好，如果当时就确定在上海也设经济特区，现在就不是这个样子。十四个沿海开放城市有上海，但那是一般化的。浦东如果像深圳经济特区那样，早几年开发就好了。开发浦东，这个影响就大了，不只是浦东的问题，是关系上海发展的问题，是利用上海这个基地发展长江三角洲和长江流域的问题。抓紧浦东开发，不要动摇，一直到建成。只要守信用，按照国际惯例办事，人家首先会把资金投到上海，竞争就要靠这个竞争。

金融很重要，是现代经济的核心。金融搞好了，一着棋活，全盘皆活。上海过去是金融中心，是货币自由兑换的地方，今后也要这样搞。中国在金融方面取得国际地位，首先要靠上

---

* 这是邓小平同志在上海进行视察的过程中，同上海市负责同志谈话的要点。

海。那要好多年以后，但现在就要做起。

改革开放还要讲，我们的党还要讲几十年。会有不同意见，但那也是出于好意，一是不习惯，二是怕，怕出问题。光我一个人说话还不够，我们党要说话，要说几十年。当然，太着急也不行，要用事实来证明。当时提出农村实行家庭联产承包，有许多人不同意，家庭承包还算社会主义吗？嘴里不说，心里想不通，行动上就拖，有的顶了两年，我们等待。

不要以为，一说计划经济就是社会主义，一说市场经济就是资本主义，不是那么回事，两者都是手段，市场也可以为社会主义服务。

闭关自守不行。"文化大革命"时有个"风庆轮事件"〔154〕，我跟"四人帮"吵过架，才一万吨的船，吹什么牛！一九二○年我到法国去留学时，坐的就是五万吨的外国邮船。现在我们开放了，十万、二十万吨的船也可以造出来了。如果不是开放，我们生产汽车还会像过去一样用锤子敲敲打打，现在大不相同了，这是质的变化。质的变化反映在各个领域，不只是汽车这个行业。开放不坚决不行，现在还有好多障碍阻挡着我们。说"三资"企业〔60〕不是民族经济，害怕它的发展，这不好嘛。发展经济，不开放是很难搞起来的。世界各国的经济发展都要搞开放，西方国家在资金和技术上就是互相融合、交流的。

我们抓国防工业的军民结合，抓得比较早，这一条抓对了。有的国家就不行，所以搞得很困难。

要克服一个怕字，要有勇气。什么事情总要有人试第一个，才能开拓新路。试第一个就要准备失败，失败也不要紧。希望上海人民思想更解放一点，胆子更大一点，步子更快一点。

# 总结经验，使用人才*

（一九九一年八月二十日）

现在中国局势稳定，一个是由于处理一九八九年那场动乱〔109〕时坚持社会主义，一点也不动摇；再一个是由于坚持改革开放。如果不坚持改革开放，不拿实际行动证明这一点，也是不行的。坚持改革开放是决定中国命运的一招。这方面道理也要讲够。

这一段总结经济工作的经验，重点放在哪里？我看还是放在坚持改革开放上。没有改革开放十年经济发展的那个飞跃，取得顺利调整是不可能的。强调稳是对的，但强调得过分就可能丧失时机。现在工业发展还是两位数嘛，农业情况也不坏嘛。可能我们经济发展规律还是波浪式前进。过几年有一个飞跃，跳一个台阶，跳了以后，发现问题及时调整一下，再前进。总结经验，稳这个字是需要的，但并不能解决一切问题。以后还用不用这个字？还得用。什么时候用，如何用，这要具体分析。但不能只是一个稳字。特别要注意，根本的一条是改革开放不能丢，坚持改革开放才能抓住时机上台阶。

这方面也有国际经验嘛。好多国家都是这个样子，十年就

---

* 这是邓小平同志同几位中央负责同志谈话的一部分。

跳出来了。现在世界发生大转折，就是个机遇。人们都在说“亚洲太平洋世纪”，我们站的是什么位置？过去我们比上不足、比下有余，现在比下也有问题了。东南亚一些国家兴致很高，有可能走到我们前面。我们也在发展，但与他们比较起来，我们人口多，世界市场被别的国家占去了，我们面临着这么一个压力，算做友好的压力吧。我们不抓住机会使经济上一个台阶，别人会跳得比我们快得多，我们就落在后面了。要研究一下，我总觉得有这么一个问题。机会难得呀！

反对资产阶级自由化还是要讲。我们搞改革开放，把工作重心放在经济建设上，没有丢马克思，没有丢列宁，也没有丢毛泽东。老祖宗不能丢啊！问题是要把什么叫社会主义搞清楚，把怎么样建设和发展社会主义搞清楚。

还有一个问题，发现和使用人才的问题。的确是人才难得啊。你们从下面上来，左邻右舍，上上下下，接触广泛，了解的人多。你们觉得是人才的，即使有某些弱点缺点，也要放手用。一个人才可以顶很大的事，没有人才什么事情也搞不好。一九七五年我抓整顿，用了几个人才，就把几个方面的工作整顿得很有成效，局面就大不一样。我们现在不是人才多了，而是真正的人才没有很好地发现，发现了没有果断地起用。对每个人都会有不同的意见，不会完全一致。有缺点可以跟他谈清楚，要放手地用人。总的看，我们对使用人才的问题重视不够。我建议中央总结一下用人的问题，尊重人才，广开进贤之路。

一个总结经验，一个使用人才，这两点是我的正式建议。

# 在武昌、深圳、珠海、上海等地的谈话要点

（一九九二年一月十八日——二月二十一日）

## （一）

一九八四年我来过广东。当时，农村改革搞了几年，城市改革刚开始，经济特区〔29〕才起步。八年过去了，这次来看，深圳、珠海特区和其他一些地方，发展得这么快，我没有想到。看了以后，信心增加了。

革命是解放生产力，改革也是解放生产力。推翻帝国主义、封建主义、官僚资本主义的反动统治，使中国人民的生产力获得解放，这是革命，所以革命是解放生产力。社会主义基本制度确立以后，还要从根本上改变束缚生产力发展的经济体制，建立起充满生机和活力的社会主义经济体制，促进生产力的发展，这是改革，所以改革也是解放生产力。过去，只讲在社会主义条件下发展生产力，没有讲还要通过改革解放生产力，不完全。应该把解放生产力和发展生产力两个讲全了。

要坚持党的十一届三中全会以来的路线、方针、政策，关键是坚持"一个中心、两个基本点"。不坚持社会主义，不改革开放，不发展经济，不改善人民生活，只能是死路一条。基本路

线要管一百年,动摇不得。只有坚持这条路线,人民才会相信你,拥护你。谁要改变三中全会以来的路线、方针、政策,老百姓不答应,谁就会被打倒。这一点,我讲过几次。如果没有改革开放的成果,“六·四”〔109〕这个关我们闯不过,闯不过就乱,乱就打内战,“文化大革命”就是内战。为什么“六·四”以后我们的国家能够很稳定?就是因为我们搞了改革开放,促进了经济发展,人民生活得到了改善。所以,军队、国家政权,都要维护这条道路、这个制度、这些政策。

在这短短的十几年内,我们国家发展得这么快,使人民高兴,世界瞩目,这就足以证明三中全会以来路线、方针、政策的正确性,谁想变也变不了。说过去说过来,就是一句话,坚持这个路线、方针、政策不变。改革开放以来,我们立的章程并不少,而且是全方位的。经济、政治、科技、教育、文化、军事、外交等各个方面都有明确的方针和政策,而且有准确的表述语言。这次十三届八中全会〔155〕开得好,肯定农村家庭联产承包责任制不变。一变就人心不安,人们就会说中央的政策变了。农村改革初期,安徽出了个“傻子瓜子”〔43〕问题。当时许多人不舒服,说他赚了一百万,主张动他。我说不能动,一动人们就会说政策变了,得不偿失。像这一类的问题还有不少,如果处理不当,就很容易动摇我们的方针,影响改革的全局。城乡改革的基本政策,一定要长期保持稳定。当然,随着实践的发展,该完善的完善,该修补的修补,但总的要坚定不移。即使没有新的主意也可以,就是不要变,不要使人们感到政策变了。有了这一条,中国就大有希望。

## （二）

改革开放胆子要大一些，敢于试验，不能像小脚女人一样。看准了的，就大胆地试，大胆地闯。深圳的重要经验就是敢闯。没有一点闯的精神，没有一点"冒"的精神，没有一股气呀、劲呀，就走不出一条好路，走不出一条新路，就干不出新的事业。不冒点风险，办什么事情都有百分之百的把握，万无一失，谁敢说这样的话？一开始就自以为是，认为百分之百正确，没那么回事，我就从来没有那么认为。每年领导层都要总结经验，对的就坚持，不对的赶快改，新问题出来抓紧解决。恐怕再有三十年的时间，我们才会在各方面形成一整套更加成熟、更加定型的制度。在这个制度下的方针、政策，也将更加定型化。现在建设中国式的社会主义，经验一天比一天丰富。经验很多，从各省的报刊材料看，都有自己的特色。这样好嘛，就是要有创造性。

改革开放迈不开步子，不敢闯，说来说去就是怕资本主义的东西多了，走了资本主义道路。要害是姓"资"还是姓"社"的问题。判断的标准，应该主要看是否有利于发展社会主义社会的生产力，是否有利于增强社会主义国家的综合国力，是否有利于提高人民的生活水平。对办特区，从一开始就有不同意见，担心是不是搞资本主义。深圳的建设成就，明确回答了那些有这样那样担心的人。特区姓"社"不姓"资"。从深圳的情况看，公有制是主体，外商投资只占四分之一，就是外资部分，我们还可以从税收、劳务等方面得到益处嘛！多搞点"三资"企业〔60〕，不要怕。只要我们头脑清醒，就不怕。我们有优势，有国营大中型企业，有乡镇企业，更重要的是政权在我们手里。有的人认为，多一分外资，就多一分资本主义，“三资”企业多了，就是资本主义的东西多了，就是发展了资本主义。这些人连基本常识都没有。我国现阶段的“三资”企业，按照现行的法规政策，外商总是要赚一些钱。但是，国家还要拿回税收，工人还要拿回工资，我们还可以学习技术和管理，还可以得到信息、打开市场。因此，“三资”企业受到我国整个政治、经济条件的制约，是社会主义经济的有益补充，归根到底是有利于社会主义的。

计划多一点还是市场多一点，不是社会主义与资本主义的本质区别。计划经济不等于社会主义，资本主义也有计划；市场经济不等于资本主义，社会主义也有市场。计划和市场都是经济手段。社会主义的本质，是解放生产力，发展生产力，消灭剥削，消除两极分化，最终达到共同富裕。就是要对大家讲这个道理。证券、股市，这些东西究竟好不好，有没有危险，是不是资本主义独有的东西，社会主义能不能用？允许看，但要坚决地试。看对了，搞一两年对了，放开；错了，纠正，关了就是了。关，也可以快关，也可以慢关，也可以留一点尾巴。怕什么，坚持这种态度就不要紧，就不会犯大错误。总之，社会主义要赢得与资本主义相比较的优势，就必须大胆吸收和借鉴人类社会创造的一切文明成果，吸收和借鉴当今世界各国包括资本主义发达国家的一切反映现代社会化生产规律的先进经营方式、管理方法。

走社会主义道路，就是要逐步实现共同富裕。共同富裕的构想是这样提出的：一部分地区有条件先发展起来，一部分地区发展慢点，先发展起来的地区带动后发展的地区，最终达到共同富裕。如果富的愈来愈富，穷的愈来愈穷，两极分化就会产生，而社会主义制度就应该而且能够避免两极分化。解决的办法之一，就是先富起来的地区多交点利税，支持贫困地区的发展。当然，太早这样办也不行，现在不能削弱发达地区的活力，也不能鼓励吃"大锅饭"。什么时候突出地提出和解决这个问题，在什么基础上提出和解决这个问题，要研究。可以设想，在本世纪末达到小康水平的时候，就要突出地提出和解决这个问题。到那个时候，发达地区要继续发展，并通过多交利税和技术转让等方式大力支持不发达地区。不发达地区又大都是拥有丰富资源的地区，发展潜力是很大的。总之，就全国范围来说，我们一定能够逐步顺利解决沿海同内地贫富差距的问题。

对改革开放，一开始就有不同意见，这是正常的。不只是经济特区问题，更大的问题是农村改革，搞农村家庭联产承包，废除人民公社〔55〕制度。开始的时候只有三分之一的省干起来，第二年超过三分之二，第三年才差不多全部跟上，这是就全国范围讲的。开始搞并不踊跃呀，好多人在看。我们的政策就是允许看。允许看，比强制好得多。我们推行三中全会以来的路线、方针、政策，不搞强迫，不搞运动，愿意干就干，干多少是多少，这样慢慢就跟上来了。不搞争论，是我的一个发明。不争论，是为了争取时间干。一争论就复杂了，把时间都争掉了，什么也干不成。不争论，大胆地试，大胆地闯。农村改革是如此，城市改革也应如此。

现在,有右的东西影响我们,也有"左"的东西影响我们,但根深蒂固的还是"左"的东西。有些理论家、政治家,拿大帽子吓唬人的,不是右,而是"左"。"左"带有革命的色彩,好像越"左"越革命。"左"的东西在我们党的历史上可怕呀!一个好好的东西,一下子被他搞掉了。右可以葬送社会主义,"左"也可以葬送社会主义。中国要警惕右,但主要是防止"左"。右的东西有,动乱就是右的!"左"的东西也有。把改革开放说成是引进和发展资本主义,认为和平演变的主要危险来自经济领域,这些就是"左"。我们必须保持清醒的头脑,这样就不会犯大错误,出现问题也容易纠正和改正。

## (三)

抓住时机,发展自己,关键是发展经济。现在,周边一些国家和地区经济发展比我们快,如果我们不发展或发展得太慢,老百姓一比较就有问题了。所以,能发展就不要阻挡,有条件的地方要尽可能搞快点,只要是讲效益,讲质量,搞外向型经济,就没有什么可以担心的。低速度就等于停步,甚至等于后退。要抓住机会,现在就是好机会。我就担心丧失机会。不抓呀,看到的机会就丢掉了,时间一晃就过去了。

我国的经济发展,总要力争隔几年上一个台阶。当然,不是鼓励不切实际的高速度,还是要扎扎实实,讲求效益,稳步协调地发展。比如广东,要上几个台阶,力争用二十年的时间赶上亚洲"四小龙"〔102〕。比如江苏等发展比较好的地区,就应该比全国平均速度快。又比如上海，目前完全有条件搞得更快一点。上海在人才、技术和管理方面都有明显的优势，辐射面宽。回过头看，我的一个大失误就是搞四个经济特区时没有加上上海。要不然，现在长江三角洲，整个长江流域，乃至全国改革开放的局面，都会不一样。

从我们自己这些年的经验来看，经济发展隔几年上一个台阶，是能够办得到的。我们真正干起来是一九八〇年。一九八一、一九八二、一九八三这三年，改革主要在农村进行。一九八四年重点转入城市改革。经济发展比较快的是一九八四年至一九八八年。这五年，首先是农村改革带来许多新的变化，农作物大幅度增产，农民收入大幅度增加，乡镇企业异军突起。广大农民购买力增加了，不仅盖了大批新房子，而且自行车、缝纫机、收音机、手表"四大件"和一些高档消费品进入普通农民家庭。农副产品的增加，农村市场的扩大，农村剩余劳动力的转移，又强有力地推动了工业的发展。这五年，共创造工业总产值六万多亿元，平均每年增长百分之二十一点七。吃、穿、住、行、用等各方面的工业品，包括彩电、冰箱、洗衣机，都大幅度增长。钢材、水泥等生产资料也大幅度增长。农业和工业，农村和城市，就是这样相互影响、相互促进。这是一个非常生动、非常有说服力的发展过程。可以说，这个期间我国财富有了巨额增加，整个国民经济上了一个新的台阶。一九八九年开始治理整顿。治理整顿，我是赞成的，而且确实需要。经济"过热"，确实带来一些问题。比如，票子发得多了一点，物价波动大了一点，重复建设比较严重，造成了一些浪费。但是，怎样全面地来看那五年的加速发展？那五年的加速发展，也可以称作一种飞跃，但与“大跃进”[54]不同，没有伤害整个发展的机体、机制。那五年的加速发展功劳不小，这是我的评价。治理整顿有成绩，但评价功劳，只算稳的功劳，还是那五年加速发展也算一功？或者至少算是一个方面的功？如果不是那几年跳跃一下，整个经济上了一个台阶，后来三年治理整顿不可能顺利进行。看起来我们的发展，总是要在某一个阶段，抓住时机，加速搞几年，发现问题及时加以治理，尔后继续前进。从根本上说，手头东西多了，我们在处理各种矛盾和问题时就立于主动地位。对于我们这样发展中的大国来说，经济要发展得快一点，不可能总是那么平平静静、稳稳当当。要注意经济稳定、协调地发展，但稳定和协调也是相对的，不是绝对的。发展才是硬道理。这个问题要搞清楚。如果分析不当，造成误解，就会变得谨小慎微，不敢解放思想，不敢放开手脚，结果是丧失时机，犹如逆水行舟，不进则退。

从国际经验来看，一些国家在发展过程中，都曾经有过高速发展时期，或若干高速发展阶段。日本、南朝鲜、东南亚一些国家和地区，就是如此。现在，我们国内条件具备，国际环境有利，再加上发挥社会主义制度能够集中力量办大事的优势，在今后的现代化建设长过程中，出现若干个发展速度比较快、效益比较好的阶段，是必要的，也是能够办到的。我们就是要有这个雄心壮志！

经济发展得快一点，必须依靠科技和教育。我说科学技术是第一生产力。近一二十年来，世界科学技术发展得多快啊！高科技领域的一个突破，带动一批产业的发展。我们自己这几年，离开科学技术能增长得这么快吗？要提倡科学，靠科学才有希望。近十几年来我国科技进步不小，希望在九十年代，进步得更快。每一行都树立一个明确的战略目标，一定要打赢。高科技领域，中国也要在世界占有一席之地。我是个外行，但我要感谢科技工作者为国家作出的贡献和争得的荣誉。大家要记住那个年代，钱学森〔156〕、李四光〔157〕、钱三强〔158〕那一批老科学家，在那么困难的条件下，把两弹一星和好多高科技搞起来。应该说，现在的科学家更幸福，因此对他们的要求会更多。我说过，知识分子是工人阶级的一部分。老科学家、中年科学家很重要，青年科学家也很重要。希望所有出国学习的人回来。不管他们过去的政治态度怎么样，都可以回来，回来后妥善安排。这个政策不能变。告诉他们，要做出贡献，还是回国好。希望大家通力合作，为加快发展我国科技和教育事业多做实事。搞科技，越高越好，越新越好。越高越新，我们也就越高兴。不只我们高兴，人民高兴，国家高兴。对我们的国家要爱，要让我们的国家发达起来。

## （四）

要坚持两手抓，一手抓改革开放，一手抓打击各种犯罪活动。这两只手都要硬。打击各种犯罪活动，扫除各种丑恶现象，手软不得。广东二十年赶上亚洲“四小龙”，不仅经济要上去，社会秩序、社会风气也要搞好，两个文明建设都要超过他们，这才是有中国特色的社会主义。新加坡的社会秩序算是好的，他们管得严，我们应当借鉴他们的经验，而且比他们管得更好。开放以后，一些腐朽的东西也跟着进来了，中国的一些地方也出现了丑恶的现象，如吸毒、嫖娼、经济犯罪等。要注意很好地抓，坚决取缔和打击，决不能任其发展。新中国成立以后，只花了三年时间，这些东西就一扫而光。吸鸦片烟、吃白面，世界上谁能消灭得了？国民党办不到，资本主义办不到。事实证明，共产党能够消灭丑恶的东西。在整个改革开放过程中都要反对腐败。对干部和共产党员来说，廉政建设要作为大事来抓。还是要靠法制，搞法制靠得住些。总之，只要我们的生产力发展，保持一定的经济增长速度，坚持两手抓，社会主义精神文明建设就可以搞上去。

在整个改革开放的过程中，必须始终注意坚持四项基本原则。十二届六中全会〔78〕我提出反对资产阶级自由化还要搞二十年，现在看起来还不止二十年。资产阶级自由化泛滥，后果极其严重。特区搞建设，花了十几年时间才有这个样子，垮起来可是一夜之间啊。垮起来容易，建设就很难。在苗头出现时不注意，就会出事。

依靠无产阶级专政保卫社会主义制度，这是马克思主义的一个基本观点。马克思说过，阶级斗争学说不是他的发明，真正的发明是关于无产阶级专政的理论。历史经验证明，刚刚掌握政权的新兴阶级，一般来说，总是弱于敌对阶级的力量，因此要用专政的手段来巩固政权。对人民实行民主，对敌人实行专政，这就是人民民主专政。运用人民民主专政的力量，巩固人民的政权，是正义的事情，没有什么输理的地方。我们搞社会主义才几十年，还处在初级阶段。巩固和发展社会主义制度，还需要一个很长的历史阶段，需要我们几代人、十几代人，甚至几十代人坚持不懈地努力奋斗,决不能掉以轻心。

## (五)

正确的政治路线要靠正确的组织路线来保证。中国的事情能不能办好,社会主义和改革开放能不能坚持,经济能不能快一点发展起来,国家能不能长治久安,从一定意义上说,关键在人。

帝国主义搞和平演变,把希望寄托在我们以后的几代人身上。江泽民同志他们这一代可以算是第三代,还有第四代、第五代。我们这些老一辈的人在,有分量,敌对势力知道变不了。但我们这些老人呜呼哀哉后,谁来保险?所以,要把我们的军队教育好,把我们的专政机构教育好,把共产党员教育好,把人民和青年教育好。中国要出问题,还是出在共产党内部。对这个问题要清醒,要注意培养人,要按照“革命化、年轻化、知识化、专业化”的标准,选拔德才兼备的人进班子。我们说党的基本路线要管一百年,要长治久安,就要靠这一条。真正关系到大局的是这个事。这是眼前的一个问题,并不是已经顺利解决了,希望解决得好。“文化大革命”结束,我出来后,就注意这个问题。我们发现靠我们这老一代解决不了长治久安的问题,于是我们推荐别的人,真正要找第三代。但是没有解决问题,两个人都失败了,而且不是在经济上出问题,都是在反对资产阶级自由化的问题上栽跟头。这就不能让了。我在一九八九年五月底还说过,现在就是要选人民公认是坚持改革开放路线并有政绩的人，大胆地放进新的领导机构里，使人民感到我们真心诚意搞改革开放。人民，是看实践。人民一看，还是社会主义好，还是改革开放好，我们的事业就会万古长青！

要进一步找年轻人进班子。现在中央这个班子年龄还是大了点，六十过一点的就算年轻的了。这些人过十年还可以，再过二十年，就八十多岁了，像我今天这样聊聊天还可以，做工作精力就不够了。现在中央的班子干得不错嘛！问题当然还有很多，什么时候问题都不会少。我们这些老人关键是不管事，让新上来的人放手干，看着现在的同志成熟起来。老年人自觉让位，在旁边可以帮助一下，但不要作障碍人的事。对于办得不妥当的事，也要好心好意地帮，要注意下一代接班人的培养。我坚持退下来，就是不要在老年的时候犯错误。老年人有长处，但也有很大的弱点，老年人容易固执，因此老年人也要有点自觉性。越老越不要最后犯错误，越老越要谦虚一点。现在还要继续选人，选更年轻的同志，帮助培养。不要迷信。我二十几岁就做大官了，不比你们现在懂得多，不是也照样干？要选人，人选好了，帮助培养，让更多的年轻人成长起来。他们成长起来，我们就放心了。现在还不放心啊！说到底，关键是我们共产党内部要搞好，不出事，就可以放心睡大觉。十一届三中全会确立的这条中国的发展路线，是否能够坚持得住，要靠大家努力，特别是要教育后代。

现在有一个问题，就是形式主义多。电视一打开，尽是会议。会议多，文章太长，讲话也太长，而且内容重复，新的语言并不很多。重复的话要讲，但要精简。形式主义也是官僚主义。

要腾出时间来多办实事，多做少说。毛主席不开长会，文章短而精，讲话也很精练。周总理四届人大的报告，毛主席指定我负责起草，要求不得超过五千字，我完成了任务。五千字，不是也很管用吗？我建议抓一下这个问题。

学马列要精，要管用的。长篇的东西是少数搞专业的人读的，群众怎么读？要求都读大本子，那是形式主义的，办不到。我的入门老师是《共产党宣言》和《共产主义ABC》。最近，有的外国人议论，马克思主义是打不倒的。打不倒，并不是因为大本子多，而是因为马克思主义的真理颠扑不破。实事求是是马克思主义的精髓。要提倡这个，不要提倡本本。我们改革开放的成功，不是靠本本，而是靠实践，靠实事求是。农村搞家庭联产承包，这个发明权是农民的。农村改革中的好多东西，都是基层创造出来，我们把它拿来加工提高作为全国的指导。实践是检验真理的唯一标准。我读的书并不多，就是一条，相信毛主席讲的实事求是。过去我们打仗靠这个，现在搞建设、搞改革也靠这个。我们讲了一辈子马克思主义，其实马克思主义并不玄奥。马克思主义是很朴实的东西，很朴实的道理。

## （六）

我坚信，世界上赞成马克思主义的人会多起来的，因为马克思主义是科学。它运用历史唯物主义揭示了人类社会发展的规律。封建社会代替奴隶社会，资本主义代替封建主义，社会主义经历一个长过程发展后必然代替资本主义。这是社会历史发展不可逆转的总趋势，但道路是曲折的。资本主义代替封建主义的几百年间，发生过多少次王朝复辟？所以，从一定意义上说，某种暂时复辟也是难以完全避免的规律性现象。一些国家出现严重曲折，社会主义好像被削弱了，但人民经受锻炼，从中吸收教训，将促使社会主义向着更加健康的方向发展。因此，不要惊慌失措，不要认为马克思主义就消失了，没用了，失败了。哪有这回事！

世界和平与发展这两大问题，至今一个也没有解决。社会主义中国应该用实践向世界表明，中国反对霸权主义、强权政治，永不称霸。中国是维护世界和平的坚定力量。

我们要在建设有中国特色的社会主义道路上继续前进。资本主义发展几百年了，我们干社会主义才多长时间！何况我们自己还耽误了二十年。如果从建国起，用一百年时间把我国建设成中等水平的发达国家，那就很了不起！从现在起到下世纪中叶，将是很要紧的时期，我们要埋头苦干。我们肩膀上的担子重，责任大啊！

# 注　释

1 **中国共产党第七次全国代表大会** 于一九四五年四月二十三日至六月十一日在延安举行。毛泽东作《论联合政府》的政治报告，朱德作《论解放区战场》的军事报告，刘少奇作《关于修改党章的报告》，周恩来作《论统一战线》的重要发言。大会决定了党的路线，这就是“放手发动群众，壮大人民力量，在我党的领导下，打败日本侵略者，解放全国人民，建立一个新民主主义的中国”。大会通过了新党章，选举了新的中央委员会。新党章规定以马克思列宁主义理论与中国革命的实践之统一的思想——毛泽东思想，作为中国共产党的一切工作的指针。这次大会是一次团结的大会、胜利的大会，为新民主主义革命在全国的胜利奠定了基础。——第1页。

2 **中国共产党第八次全国代表大会** 于一九五六年九月十五日至二十七日在北京举行。这次大会分析了生产资料私有制的社会主义改造基本完成以后的形势，提出了全面开展社会主义建设的任务。毛泽东致开幕词，刘少奇作政治报告，周恩来作《关于发展国民经济的第二个五年计划的建议的报告》，邓小平作《关于修改党的章程的报告》；朱德、陈云、董必武等作重要发言。大会通过《关于政治报告的决议》、《中国共产党章程》和《关于发展国民经济的第二个五年计划（一九五八年到一九六二年）的建议》，并选举出新的中央委员会。八大制定的正确路线，为社会主义事业的发展和党的建设指明了方向。——第2、254页。

3 **薄一波**，一九〇八年生，山西定襄人。一九二五年加入中国共产党。是中共第七、八、十一届中央委员，第八届中央政治局候补委员。曾任国家建设委员会主任，国家经济委员会主任，国务院副总理等职。一九八二年九月在中共第十二次全国代表大会上当选为中央顾问委员会委员，在中央顾问委员会第一次全体会议上，当选为中央顾问委员会副主任。——第6页。

4　章蕴，一九〇五年生，湖南长沙人。一九二五年加入中国共产党。一九七八年十二月在中共十一届三中全会上当选为中央纪律检查委员会副书记。一九八二年九月在中共第十二次全国代表大会上当选为中央顾问委员会委员。一九八二年上半年，她曾代表中纪委到上海、福建等地处理经济纠纷案件。——第7页。

5　中国共产党第十二次全国代表大会 于一九八二年九月一日至十一日在北京举行。邓小平致开幕词，胡耀邦作《全面开创社会主义现代化建设的新局面》的报告，李先念致闭幕词；叶剑英、陈云作重要发言。大会根据建设有中国特色的社会主义的指导思想，制定了全面开创社会主义现代化建设新局面的纲领和方针政策，确定了从一九八一年到本世纪末的二十年，争取工农业的年总产值翻两番的战略目标和具体步骤。大会通过了新党章，选举了第十二届中央委员会、中央顾问委员会和中央纪律检查委员会。——第9、28、70、98、143页。

6　中国共产党第十二次全国代表大会在确定中国经济建设翻两番的总目标时，是用工农业总产值计算的。由于国际上通常使用国民生产总值来衡量一个国家的生产总成果，为了更准确地反映国家经济发展的实际水平，从一九八五年起，中共中央在确定国民经济和社会发展第七个五年计划的主要奋斗目标时，开始正式用国民生产总值计算。——第9页。

7　“两个凡是”指一九七七年二月七日《人民日报》、《红旗》杂志、《解放军报》社论《学好文件抓住纲》中提出的“凡是毛主席作出的决策，我们都坚决维护，凡是毛主席的指示，我们都始终不渝地遵循”。——第9、81、264、298页。

8　关于实践是检验真理的唯一标准的讨论 是一九七八年中共十一届三中全会前进行的一场全国性的马克思主义教育运动和思想解放运动。粉碎“四人帮”后，主持中共中央工作的华国锋推行并迟迟不改正“两个凡是”的错误方针，继续肯定“文化大革命”的错误理论、政策和口号。一九七七年四月十日，邓小平写信给中共中央，提出应该用准确的、完整的毛泽东思想指导党的工作。随后，他多次同党内同志谈话，说明“两个凡是”不符合马克思主义。同年九月十九日，他同教育部主要负责人谈话时提出，实事求是是毛泽东哲学思想的精髓。一九七八年五月十一日，《光明日报》发表《实践是检验真理的唯一标准》的文章，强调检验真理的标准只能是社会实践，理论与实践的统一是马克思主义的一个最基本的原则，实际上批评了“两个凡是”的错误方针。这篇文章的发表引发了关于真理标准问题的讨论。这场讨论受到华国锋等的压制，但由于邓小平等多数中央领导人的积极领导和支持，讨论在全国范围内逐步展开。这场讨论，冲破了长期以来“左”倾错误思想的束缚，为党的十一届三中全会的召开作了理论上和思想上的准备。——第10、39页。

9 指一九七八年十二月十八日至二十二日在北京举行的中国共产党第十一届中央委员会第三次全体会议。会议的中心议题是讨论全党工作重点转移的问题。全会批判了“两个凡是”的错误方针，充分肯定必须完整地、准确地掌握毛泽东思想的科学体系；高度评价关于实践是检验真理的唯一标准问题的讨论，确定了解放思想、实事求是、团结一致向前看的指导方针；果断地停止使用“以阶级斗争为纲”这个不适用于社会主义社会的口号，作出把工作重点转移到社会主义现代化建设上来的战略决策；制订了关于加快农业发展的决定；提出了健全社会主义民主和加强社会主义法制的任务；审查和解决了党的历史上一批重大冤假错案和一些重要领导人的功过是非问题。全会还增选出中央领导机构的成员。这些在领导工作中具有重大意义的转变，标志着党重新确立了马克思主义的思想路线、政治路线和组织路线。十一届三中全会是建国以来中国共产党历史上具有深远意义的伟大转折。——第10、27、81、115、124、134、157、202、223、264、266、269、288、305页。

10 香港问题 是历史遗留的问题。香港（包括香港岛、九龙和新界）自古以来就是中国领土。一八四〇年英国发动鸦片战争，强迫清政府于一八四二年签订《南京条约》，永久割让香港岛。一八五六年英法联军发动第二次鸦片战争，一八六〇年英国迫使清政府缔结《北京条约》，永久割让九龙半岛尖端。一八九八年英国又乘列强在中国划分势力范围之机，逼迫清政府签订《展拓香港界址专条》，强行租借九龙半岛大片土地以及附近二百多个岛屿（后统称“新界”），租期九十九年，一九九七年六月三十日期满。中国人民一直反对上述三个不平等条约。

中华人民共和国成立后，中国政府的一贯立场是：香港是中国的领土，中国不承认帝国主义强加的三个不平等条约，主张在适当时机通过谈判解决这一问题，未解决前暂时维持现状。

中共十一届三中全会以后，中国人民为实现社会主义现代化，实现祖国统一和反对霸权主义、维护世界和平三大任务而奋斗。邓小平提出按照“一个国家，两种制度”解决台湾和香港问题的构想。同时，随着一九九七年的日益临近，英国方面不断试探中国关于解决香港问题的立场和态度。在这种情况下，解决香港问题的时机已经成熟。

中英两国政府关于解决香港问题的谈判分两个阶段，第一阶段从一九八二年九月英国首相撒切尔夫人访华至一九八三年六月，双方主要就原则和程序问题进行会谈。第二阶段从一九八三年七月至一九八四年九月，两国政府代表团就具体实质性问题进行了二十二轮会谈。

一九八二年九月二十四日，邓小平会见了撒切尔夫人。此前，中国总理同她举行了会谈。中国领导人正式通知英方，中国政府决定在一九九七年收回整个香港地区，同时阐明中国收回香港后将采取特殊政策，包括设立香港特别行政区，由香港当地中国人管理，现行的社会、经济制度和生活方式不变，等等。撒切尔夫人则坚持三个不平等条约仍然有效，提出如果中国同意英国一九九七年后继续管治香港，英国可以考虑中国提出的主权要求。针对撒切尔夫人的言论，邓小平在同她会见时作了重要谈话。通过这次谈话，双方同意通过外交途径就解决香港问题进行商谈。此后的半年里，由于英方在香港主权问题上立场不变，双方的磋商没有进展。一九八三年三月撒切尔夫人写信给中国总理，作出了她准备在某个阶段向英国议会建议使整个香港主权回归中国的保证。四月中国总理复信表示，中国政府同意尽快举行正式谈判。

一九八三年七月十二日至十三日中英两国政府代表团举行第一轮会谈，由于英方仍然坚持一九九七年后英国继续管治香港，直至第四轮会谈毫无进展。一九八三年九月邓小平会见访华的英国前首相希思时说，英国想用主权来换治权是行不通的，劝告英方改变态度，以免出现到一九八四年九月中国不得不单方面公布解决香港问题方针政策的局面。十月英国首相来信提出，双方可在中国建议的基础上探讨香港的持久性安排。第五、六轮会谈中，英方确认不再坚持英国管治，也不谋求任何形式的共管，并理解中国的计划是建立在一九九七年后整个香港的主权和管治权应该归还中国这一前提的基础上。至此，中英会谈的主要障碍开始排除。

从一九八三年十二月第七轮会谈起，谈判纳入了以中国政府关于解决香港问题的基本方针政策为基础进行讨论的轨道。根据中国政府的基本方针政策，未来的香港特别行政区直辖于中华人民共和国中央人民政府。除外交和国防事务属中央人民政府管理外，香港特别行政区享有高度的自治权。中央人民政府将在香港特别行政区派驻部队，负责其防务。特别行政区政府将由当地人组成，英籍和其他外籍人士可担任顾问或政府一些部门中最高至副司级的职务。虽然英方明确承诺过不再提出任何与中国主权原则相冲突的建议，但在讨论中仍不时提出许多与其承诺相违背的主张。例如，英方一再以“最大程度的自治”来修改中方主张的“高度自治”的内涵，反对香港特区直辖于中央政府；英方一再要求中方承诺不在香港驻军，企图限制中国对香港行使主权，并要求在香港派驻性质不同于其他国家驻港总领事的“英国专员”代表机构，试图将未来香港特区变成一个英联邦成员或准成员；英方还提出持有香港身份证的海外官员可以担任“公务员系统中直至最高层官员”，并要中方承诺在一九九七年后原封不动地继承香港政府的结构以及过渡时期英方可能作出的改变，等等。英方上述主张的实质是要把未来香港变成英国能够影响的某种独立或半独立的政治实体，直接抵触中国主权原则。中方理所当然地坚决反对，未予采纳。

从一九八四年四月第十二轮会谈后，双方转入讨论过渡时期香港的安排和有关政权移交的事项。

在香港设立联合机构问题是谈判中遇到的最困难问题之一。中方提出了关于过渡时期的安排和有关政权交接的基本设想，建议在香港设立常设性中英联合小组，其任务是协调中英协议的执行、商谈有关实现政权顺利移交的具体措施。对此英方坚决反对，强调不要正式确定一九九七年前为“过渡时期”，不应建立任何常设机构，以免造成中英“共管”的印象。一九八四年四月英外交大臣杰弗里·豪访华，邓小平会见他时说，在过渡时期内有很多事情要做，没有一个机构怎么行？表示可以考虑这个小组设在香港而轮流在香港、北京、伦敦开会。豪表示同意双方在此基础上讨论。但在此后三个多月的会谈中，英方仍反对在香港设立联合小组，使谈判陷入僵局。七月英外交大臣再次访华，中方表示如英方同意设立联合小组并以香港为常驻地，该小组进驻香港的时间以及一九九七年后是否继续存在一段时间都可以商量。最后双方商定，设立联合联络小组，小组于一九八八年七月一日进驻香港，二〇〇〇年一月一日撤销。

中英通过谈判确定，中国收回香港、恢复行使主权，这一点在协议中必须有明确的表述。英方不接受中方对香港恢复行使主权的提法，先后提出的草案都具有三个不平等条约有效的含意，中方坚决不能接受。最后双方同意用《联合声明》的形式，采用以下表述方式，即中国政府声明：“中华人民共和国政府决定于一九九七年七月一日对香港恢复行使主权。”英国政府声明:“联合王国政府于一九九七年七月一日将香港交还给中华人民共和国。”这样就解决了主权归属问题的表述。

此后,双方代表团举行了三轮会谈,讨论了国籍、民航、土地等几个政策性和技术性都比较复杂的具体问题,并对协议的文字措辞进行了反复磋商。一九八四年九月十八日双方就全部问题达成协议,并于九月二十六日草签了中英《联合声明》和三个附件。至此,为时两年的中英两国政府关于香港问题的谈判圆满结束。一九八四年十二月十九日中英两国政府首脑在北京正式签署了关于香港问题的联合声明。一九八五年五月二十七日,中英两国政府在北京互换批准书,中英联合声明正式生效。——第12页。

11 香港地区包括香港岛、九龙和新界,总面积为一千零七十六平方公里,其中香港岛面积七十九点七七平方公里,九龙面积十一点七平方公里,新界面积九百八十四点五三平方公里。据一九九二年底统计,香港总人口为五百九十万。香港地区在英国占领之前,隶属中国广东新安县(后改为宝安县,今深圳市)管辖。——第12页。

12 李鸿章(一八二三——一九〇一),安徽合肥人。晚清军政重臣。一八七〇年起任直隶总督兼北洋大臣。他曾代表清政府主持签订了中英《烟台条约》、《中法新约》、中日《马关条约》、《中俄密约》及《辛丑条约》等一系列割地赔款、丧权辱国的不平等条约。——第12页。

13 聂荣臻(一八九九——一九九二),四川江津人。一九二三年加入中国共产党。是中共第七届至第十二届中央委员,第八、十一、十二届中央政治局委员。一九五六年起任国务院副总理,一九五八年后兼任国防部国防科学技术委员会主任、国家科学技术委员会主任。一九五九年后任中共中央军事委员会副主席。长期主管科学技术和尖端武器的研制工作。是第四、五届全国人民代表大会常务委员会副委员长。——第17页。

14 和平共处五项原则 是互相尊重主权和领土完整、互不侵犯、互不干涉内政、平等互利、和平共处。一九五三年十二月至一九五四年四月,中国政府代表团和印度政府代表团就两国在中国西藏地方的关系问题在北京举行谈判。这五项原则是谈判开始时周恩来总理同印度政府代表团的谈话中提出的,后正式写入双方达成的《关于中国西藏地方和印度之间的通商和交通协定》的序言中。一九五四年六月周恩来总理和印度尼赫鲁总理的联合声明以及此后的许多国际性文件都采用了和平共处五项原则的提法。五项原则作为国与国之间关系的准则，已在世界上得到广泛的承认和使用。——第19、70、96、283、328、353、360、363页。

**15** 由于发展中国家多数位于发达国家的南方，因此人们习惯把发展中国家之间的经济合作称为南南合作。——第20、56、96页。

**16** 由于发展中国家多数在发达国家的南方，因此国际上习惯把发展中国家同发达国家之间的经济关系称为南北关系，或称南北问题。——第20、56、96、105、233、281、328页。

**17** 中国人民解放军第二野战军是解放战争时期人民解放军的主力部队之一，刘伯承任司令员，邓小平任政治委员。它是由抗日战争时期八路军一二九师逐步发展而建立起来的。解放战争初期称晋冀鲁豫野战军。一九四八年五月改称中原野战军。一九四九年二月，根据中央军委统一全军部队组织番号的指示，中原野战军改称第二野战军。一九五〇年四月，中共中央决定撤销野战军和兵团番号，第二野战军所属部队归西南军区建制。——第25、336页。

**18** 中国人民解放军第三野战军是解放战争时期人民解放军的主力部队之一，陈毅任司令员兼政治委员。它是由抗日战争时期在华中的新四军大部和在山东的八路军一部逐步发展而建立起来的。解放战争初期，进到山东的新四军主力一部和留在山东的八路军主力一部组成山东野战军，留在华中的新四军部队组成华中野战军。一九四七年一月，山东野战军、华中野战军合并为华东野战军。一九四九年二月，根据中央军委统一全军部队组织番号的指示，华东野战军改称第三野战军。一九五〇年四月，中共中央决定撤销野战军和兵团番号，第三野战军所属部队归华东军区建制。——第25、341页。

**19** 一九八一年九月三十日，全国人民代表大会常务委员会委员长叶剑英发表的关于大陆和台湾实现和平统一的九条方针政策是："(一)为了尽早结束中华民族陷于分裂的不幸局面，我们建议举行中国共产党和中国国民党两党对等谈判，实行第三次合作，共同完成祖国统一大业。双方可先派人接触，充分交换意见。(二)海峡两岸人民迫切希望互通音讯、亲人团聚、开展贸易、增进了解。我们建议双方共同为通邮、通商、通航、探亲、旅游以及开展学术、文化、体育交流提供方便，达成有关协议。(三)国家实现统一后，台湾可作为特别行政区，享有高度的自治权，并可保留军队。中央政府不干预台湾地方事务。(四)台湾现行社会、经济制度不变,生活方式不变,同外国的经济、文化关系不变。私人财产、房屋、土地、企业所有权、合法继承权和外国投资不受侵犯。(五)台湾当局和各界代表人士,可担任全国性政治机构的领导职务,参与国家管理。(六)台湾地方财政遇有困难时,可由中央政府酌情补助。(七)台湾各族人民、各界人士愿回祖国大陆定居者,保证妥善安排,不受歧视,来去自由。(八)欢迎台湾工商界人士回祖国大陆投资,兴办各种经济事业,保证其合法权益和利润。(九)统一祖国,人人有责。我们热诚欢迎台湾各族人民、各界人士、民众团体通过各种渠道、采取各种方式提供建议,共商国是。"——第 31、102 页。

**20** 一九八三年六月四日,邓颖超在中国人民政治协商会议第六届全国委员会第一次会议的开幕词中说,实现祖国和平统一,是全国各族人民的共同愿望,是历史赋予我们这一代人的光荣任务。她指出,我们尊重历史,尊重现实。我们充分考虑台湾各族人民的愿望和台湾当局的处境。我们不仅考虑到现在,也考虑到将来。祖国统一之后,中国共产党和中国国民党将持久合作,长期共存,互相监督。祖国统一之后,台湾作为特别行政区,可以实行同大陆不同的制度,互为补充,互相支援。只有在现实基础上的真正统一,才能带来国家富强,民族兴旺。赞成祖国统一就是爱国。在统一的大前提下,一切问题都好商量,总会求得合情合理的解决。我们深切希望台湾各族同胞、港澳同胞、国外侨胞同祖国大陆各族人民一道,继续为祖国和平统一献计献策,共商国是。在这次会议上,邓颖超当选为中国人民政治协商会议主席。——第 31 页。

**21** 指蒋介石和蒋经国父子。蒋介石(一八八七——一九七五),浙江奉化人。前中国国民党主席、总裁,国民党政府总统。蒋经国(一九一〇——一九八八),蒋介石的长子,一九七五年蒋介石去世后任中国国民党主席。一九七八年当选台湾国民党政府总统。——第 31、60、86 页。

**22** 彭真,一九〇二年生,山西曲沃人。一九二三年加入中国共产党。是中共第七、八、十一、十二届中央委员,中央政治局委员。曾任中央书记处书记,中共北京市委第一书记、市长等职。一九八〇年兼任中央政法委员会书记。一九八三年当选为第六届全国人民代表大会常务委员会委员长。——第33页。

**23** 指一九八三年十月十一日中共十二届二中全会通过的《中共中央关于整党的决定》。决定分析了党内存在的思想、作风、组织严重不纯的状况,阐明了整党的必要性和紧迫性，明确指出整党的基本任务是：统一思想，整顿作风，加强纪律，纯洁组织。决定要求各级党组织从一九八三年冬季开始，用三年时间对党的作风和组织进行一次全面整顿，并对整党的基本方针、政策和方法作了具体规定。——第36页。

**24** “三种人”指在“文化大革命”中追随林彪、江青反革命集团造反起家的人；帮派思想严重的人；打砸抢分子。——第37页。

**25** 《关于党内政治生活的若干准则》是一九八〇年二月中共十一届五中全会通过的，准则共十二条：一、坚持党的政治路线和思想路线；二、坚持集体领导，反对个人专断；三、维护党的集中统一，严格遵守党的纪律；四、坚持党性，根绝派性；五、要讲真话，言行一致；六、发扬党内民主，正确对待不同意见；七、保障党员的权利不受侵犯；八、选举要充分体现选举人的意志；九、同错误倾向和坏人坏事作斗争；十、正确对待犯错误的同志；十一、接受党和群众的监督，不准搞特权；十二、努力学习，做到又红又专。——第39页。

**26** 一九八一年六月二十七日至二十九日举行的中国共产党十一届六中全会审议并通过了《关于建国以来党的若干历史问题的决议》。决议对建国三十二年来党的重大历史事件作出了科学的总结，根本否定了“文化大革命”和“无产阶级专政下继续革命”的理论，肯定了毛泽东的历史地位，系统地论述了毛泽东思想。《决议》指出，毛泽东思想是马克思列宁主义在中国的运用和发展，是被实践证明了的关于中国革命的正确的理论原则和经验总结，是中国共产党集体智慧的结晶。它是我们党的宝贵的精神财富，将长期指导我们的行动。我们必须继续坚持毛泽东思想，并以符合实际的新原理和新结论丰富和发展毛泽东思想。在决议形成以前和以后，理论界围绕上述问题作了一些讨论、研究和宣传工作。——第39、174、272页。

**27** “双百方针”即毛泽东提出的“百花齐放、百家争鸣”的方针。一九五六年四月二十八日，毛泽东在中共中央政治局扩大会议上说：“‘百花齐放、百家争鸣’，我看这应该成为我们的方针。艺术问题上百花齐放，学术问题上百家争鸣。”从此，它成为促进我国艺术发展和科学进步，繁荣社会主义文化的一项基本方针。——第45、145页。

**28** 见毛泽东《在中国共产党全国宣传工作会议上的讲话》(《毛泽东著作选读》甲种本，人民出版社1964年版，第513—514页)。——第47页。

29 一九七九年七月，中共中央、国务院同意在广东省的深圳、珠海、汕头三市和福建省的厦门市试办出口特区。一九八〇年五月，中共中央和国务院决定将深圳、珠海、汕头和厦门这四个出口特区改称为经济特区。当年八月，第五届全国人民代表大会常务委员会第十五次会议批准《广东省经济特区条例》，这些经济特区相继兴建。一九八四年邓小平考察了深圳、珠海、厦门三个经济特区。经济特区实行特殊的经济政策和经济管理体制，建设上以吸收利用外资为主，经济所有制实行以社会主义公有制为主导的多元化结构；经济活动在国家宏观经济指导调控下，以市场调节为主；对外商投资予以优惠和方便；特区拥有较大的经济管理权限。一九八五年以前，四个经济特区主要进行以创建投资环境为重点的基础设施建设，从一九八六年起，致力于发展以工业为主、工贸结合、农牧渔和旅游业并举的外向型经济。一九八八年四月，第七届全国人民代表大会第一次会议通过决议，批准海南岛为海南经济特区，实行更加灵活开放的经济政策。我国现有的五个经济特区，在社会主义现代化建设中发挥着对外开放的窗口作用和经济体制改革的试验作用。——第51、133、239、366、370页。

30 自由港 又称“自由口岸”，是设在一国国境之内、海关管理关卡以外的允许外国货物、资金自由进出的港口区。进出港区的货物免征关税，准许在港区内进行改装、加工、长期储存或销售等业务活动。只有当货物转移到自由港所在国的课税地区时，才需缴纳关税。自由工业区、自由加工区、自由贸易区等都具有类似自由港的功能。——第52页。

31 百色起义 是土地革命战争时期，中国共产党在广西右江地区百色领导的武装起义。一九二九年七月，邓小平作为中共中央代表到广西工作。十二月十一日，邓小平、张云逸、雷经天、韦拔群等领导广西警备第四大队、教导总队和右江农军在百色起义，建立中国工农红军第七军，张云逸任军长，邓小平任中共前委书记、军政治委员。十二日右江苏维埃政府宣告成立。一九三〇年二月一日，邓小平、李明瑞、俞作豫等领导龙州起义，成立红军第八军和左江苏维埃政府，俞作豫任军长，邓小平兼任政治委员，李明瑞任红七、红八军总指挥。至此，初步形成左右江革命根据地。一九三〇年十月，红七军和红八军一部整编为红七军，经转战桂湘粤赣边境，于一九三一年七月抵达中央革命根据地，编入中国工农红军第一方面军序列。——第54页。

32 鸦片战争 是一八四〇年至一八四二年资本殖民主义的英国对中国发动的侵略战争。从十八世纪末期起，英国把大量鸦片走私输入中国，毒害中国人民并使中国白银大量外流。一八三八年底清政府派林则徐为钦差大臣去广州查禁鸦片烟。一八三九年六月林则徐下令当众销毁从英、美等国不法商人手中缴获的鸦片二百三十多万斤。一八四〇年,英国借口保护通商,发动侵华战争。清政府在战争中动摇妥协,只有部分军队同人民群众一道奋起抵抗侵略者。英军除先后在广东、福建、浙江沿海骚扰并入侵外,又攻占吴淞,闯进长江,直逼南京,迫使清政府在一八四二年八月签订了丧权辱国的《南京条约》。从此,中国逐步沦为半殖民地国家。——第60、62、90、205、219、227、292页。

**33** 一九八四年五月四日,中共中央和国务院批准《沿海部分城市座谈会纪要》关于进一步开放沿海十四个港口城市的建议。这十四个沿海城市是:天津、上海、大连、秦皇岛、烟台、青岛、连云港、南通、宁波、温州、福州、广州、湛江和北海。——第65、84、239页。

**34** 指中英两国政府在一九八四年九月十八日就香港问题达成的协议。该协议于同年九月二十六日在北京草签,十二月十九日由中英两国政府首脑在北京正式签署。协议包括一个主体文件:《中华人民共和国政府和大不列颠及北爱尔兰联合王国政府关于香港问题的联合声明》;三个附件:《中华人民共和国政府对香港的基本方针政策的具体说明》、《关于中英联合联络小组》和《关于土地契约》。一九八五年五月二十七日,两国政府在北京互换中英联合声明的批准书,联合声明从此生效。联合声明确认:中华人民共和国政府于一九九七年七月一日对香港恢复行使主权,英国政府将在同日把香港交还给中国。中国政府在联合声明中阐述了对香港的基本方针政策。主要有:设立直辖于中央人民政府的香港特别行政区,除外交和国防事务由中央人民政府管理外,香港特别行政区享有高度的自治权;香港现行的法律基本不变;香港特别行政区政府由当地人组成;香港的现行社会、经济制度不变,生活方式不变;香港特别行政区将保持自由港和独立关税地区的地位,保持国际金融中心的地位,保持财政独立;香港特别行政区可以"中国香港"的名义单独地同各国、各地区及有关国际组织保持和发展经济、文化关系;香港社会治安由香港特别行政区政府负责维持;中国政府的上述基本方针政策五十年内不变。协议还就香港政权顺利交接的有关事项作了具体规定。——第72、101页。

**35** 指一九八四年十月二十日在北京举行的中国共产党第十二届中央委员会第三次全体会议。全会通过了《中共中央关于经济体制改革的决定》。这个决定，总结了中国社会主义经济建设正反两方面的经验，特别是中共十一届三中全会以来城乡经济体制改革的经验，根据马克思主义基本原理同中国实际相结合的原则，提出进一步贯彻执行对内搞活经济、对外实行开放的方针，加快以城市为重点的整个经济体制改革的步伐。决定指出改革的基本任务，是从根本上改变束缚生产力发展的经济体制，建立起具有中国特色的、充满生机和活力的社会主义经济体制。它突破了把计划经济同商品经济对立起来的传统观念，指出中国社会主义经济是公有制基础上的有计划的商品经济。这个决定，是指导中国经济体制全面改革的纲领性文件。全会还通过了《关于召开党的全国代表会议的决定》。——第78、81、83、95、108、131、142页。

**36** 一九七五年邓小平在主持中央党政日常工作期间，为实现"要安定团结"、"要把国民经济搞上去"的紧迫任务，面对"文化大革命"造成的各方面工作的严重混乱状态，对交通、工业、农业、军队以及科技、文教等方面的工作，采取了一系列有针对性的整顿措施。通过整顿，铁路运输堵塞不畅的状况迅速改观；工业生产停滞下降的局面开始扭转；农村形势明显好转；军队建设得到加强；"文化大革命"中受害最严重的文教、科技领域的工作也有了起色。由于毛泽东不能容忍邓小平系统地纠正"文化大革命"的错误，于同年底发动了"批邓、反击右倾翻案风"运动，致使整顿中断，各方面工作再度陷入混乱。——第81页。

**37** 撒切尔夫人即玛格丽特·希尔达·撒切尔，一九二五年生，英国保守党人。一九七九年至一九九〇年任英国首相。一九八二年和一九八四年曾两次以首相身份访华，一九八四年十二月访华时同中国政府总理正式签署了中英关于香港问题的联合声明。——第84页。

**38** 卡特，一九二四年生，美国民主党人。一九七七年至一九八一年任美国总统。——第86、170页。

**39** 《与台湾关系法》是美国总统卡特于一九七九年四月十日签署生效的一项立法。一九七九年一月一日中美两国正式建立外交关系，同时美国政府宣布与台湾断交、终止美台"共同防御条约"、从台湾撤出美国军队。一月二十六日卡特总统提出《与台湾关系法》议案，美国国会众、参两院分别于三月二十八日、二十九日予以通过。《与台湾关系法》声称："美国作出同中国建立外交关系的决定是以台湾的前途将以和平方式决定这种期望为基础的；

凡是企图以和平以外的方式来解决台湾问题的努力，都将会威胁西太平洋地区的和平与安全，引起美国的严重关注。”并提出要向台湾提供“防御性武器”，使之“保持抵御会危及台湾人民的安全或社会、经济制度的任何诉诸武力的行为或其他强制形式的能力”。这个法案继续将台湾当作“国家”对待，违反了中美两国建交时双方同意的原则以及美方的承诺，是对中国内政的公然干涉。——第86、170页。

40 明成祖 即朱棣（一三六〇——一四二四），明朝第三代皇帝。一四〇二年至一四二四年在位。年号“永乐”。——第90页。

41 郑和（一三七一——一四三三），云南昆阳（今晋宁）人。回族。明初入宫，后任内官监太监。一四〇五年至一四三三年间，先后七次率领庞大船队出使亚非各国，遍访东南亚、印度洋及红海沿岸的三十多个国家和地区，最远曾达非洲东海岸及伊斯兰教圣地麦加，史称郑和下西洋（明代称今文莱以西海域为西洋）。郑和的远航促进了中国与亚非各国间的经济、文化交流。——第90页。

42 康 指清朝第二代皇帝爱新觉罗·玄烨的年号康熙（一六六二——一七二二），乾 指第四代皇帝爱新觉罗·弘历的年号乾隆（一七三六——一七九五）。清朝初年，因郑成功等在东南沿海领导反清武装斗争，清政府厉行海禁，严禁人民出海，严格限制对外贸易。一六八三年清政府统一台湾后，才允许商民造船出海，并于一六八五年指定澳门（后改广州）、漳州、宁波等地为对外通商口岸，允许外商来华贸易。后因西方殖民者在中国境内进行非法活动，而日趋保守的清政府仅从消极方面采取防范措施，于一七五七年关闭广州以外各沿海口岸，并制定了许多限制外商来华贸易的禁例，继续实行闭关锁国的政策。这种局面一直持续到一八四〇年鸦片战争爆发之前。——第90页。

43 这里指安徽省芜湖市的一家个体户，他雇工经营，制作和销售瓜子，称为“傻子瓜子”，得以致富。——第91、371页。

44 陈云，一九〇五年生，江苏青浦（今属上海）人。一九二五年加入中国共产党。是中共第六届至第十二届中央委员，第六、七、八届中央政治局委员。曾任中央书记处书记，政务院副总理兼中央财经委员会主任，国务院副总理等职。一九五六年在中共八届一中全会上当选为中央政治局常务委员、中央委员会副主席。一九七八年在中共十一届三中全会上当选为中央政治局常务委员、中央委员会副主席、中央纪律检查委员会第一书记。一九八七年在中共第十三次全国代表大会上当选为中央顾问委员会委员，随即在中央顾问委员会第一次全体会议上当选为中央顾问委员会主任。——第92、153、296、309、319页。

**45** 杜勒斯（一八八八——一九五九），美国共和党人。第二次世界大战后，多次代表美国政府出席国际会议。一九五〇年任杜鲁门政府顾问。一九五三年至一九五九年任美国国务卿。他在国际活动中，鼓吹“冷战”，推行“战争边缘”、“大规模核报复”以及对社会主义国家进行“和平演变”等战略。一九五〇年他参与策划美国政府利用朝鲜战争的机会武装侵占中国领土台湾。一九五四年他又策划美国政府同台湾当局签订《美台共同防御条约》，企图使霸占台湾的行为合法化，将台湾长期作为美国的军事基地。——第97、169页。

**46** 培养军队和地方两用人才，是邓小平一贯倡导的。一九七七年十二月二十八日，在中央军委全体会议上，他指出：“我们军队要搞得生动活泼些。只着眼于军队本身建设的需要是不够的，还要着眼于干部、战士转业复员到地方的需要”。一九八三年六月，邓小平又为《学习科学文化知识培养军地两用人才展览》题词：“大力培养既能打仗又能搞社会主义建设的军地两用人才”。——第100页。

**47** 余秋里，一九一四年生，江西吉安人。当时任中共中央政治局委员、中央书记处书记、中央军事委员会副秘书长、中国人民解放军总政治部主任。——第100页。

**48** 这里指一九八〇年五月中共中央和国务院决定在广东省的深圳、珠海、汕头和福建省的厦门四个城市设置的经济特区和一九八四年五月中共中央和国务院决定对外开放的天津、上海、大连、秦皇岛、烟台、青岛、连云港、南通、宁波、温州、福州、广州、湛江、北海等十四个沿海港口城市及海南行政区。一九八五年后，陆续又有一些沿海城市被划为沿海经济开放区。——第103页。

**49** 大平正芳（一九一〇——一九八〇），日本自由民主党人。一九七八年至一九八〇年任日本内阁总理大臣。一九七九年十二月率日本政府代表团访问中国时同邓小平进行了会谈。在这次会谈中，邓小平提出了中国到本世纪末达到“小康”水平的初步构想。——第105页。

50　一九八一年二月二十五日，全国总工会、共青团中央、全国妇联等九个单位，为响应中共中央关于加强社会主义精神文明建设的号召，在联合发出的《关于开展文明礼貌活动的倡议》中提出开展“五讲四美”活动。“五讲四美”，即讲文明、讲礼貌、讲卫生、讲秩序、讲道德和心灵美、语言美、行为美、环境美。在开展“五讲四美”活动中，中央总结了有些地方开展的热爱祖国、热爱社会主义、热爱共产党的活动经验，从一九八三年起，把“五讲四美”和“三热爱”统一起来，开展“五讲四美三热爱”活动。——第110页。

51　指中华人民共和国成立后，中国共产党领导广大农民废除封建的土地所有制，实现农民的土地所有制的革命运动。一九五〇年六月，中央人民政府颁布《中华人民共和国土地改革法》，同年冬起，在新解放区陆续开展了土地改革运动。到一九五二年冬，除台湾省和一部分少数民族地区以外，全国的土地改革基本结束，使三亿无地或少地的农民(包括老解放区农民在内)，分得了约七亿亩土地和其他生产资料。——第115、136、227页。

52　农业合作化是土地改革后，通过互助组、初级农业生产合作社、高级农业生产合作社等形式，逐步把农业的个体经济改造成为集体经济的过程。建国初期，在完成了土地改革的农村中，即出现了实行劳动协作的临时互助组和常年互助组。一九五三年中共中央先后发布《关于农业生产互助合作的决议》和《关于发展农业生产合作社的决议》，并在过渡时期的总路线中提出逐步实现国家对农业的社会主义改造的任务，使土地入股、统一经营的初级农业生产合作社在广大农村得到普遍发展。一九五五年七月，毛泽东作《关于农业合作化问题》的报告，同年十月，中共中央通过《关于农业合作化问题的决议》，随即出现了农业合作化运动迅猛发展的浪潮。一九五六年底，对农业的社会主义改造基本完成。——第115页。

53　早在国民经济恢复时期，国家通过加工订货、经销代销、统购包销等形式，开始了对资本主义工商业的初步的社会主义改造。一九五三年中共中央在过渡时期总路线中明确提出逐步实现对资本主义工商业的社会主义改造的任务，开始转入重点发展公私合营这种高级形式的国家资本主义，即国家在企业中占有相当股权，公私双方共同经营企业，公方代表居于领导地位，企业利润资方所得大体占四分之一，其他大部分归国家和工人。这样就使企业具有了不同程度的社会主义性质。一九五五年十一月，中共中央通过《关于资本主义工商业改造问题的决议》(草案)，确定把个别企业的公私合营推进到全行业公私合营阶段。一九五五年底至一九五六年初，全国范围内的全行业公私合营形成迅猛发展的浪潮。到一九五六年底,基本完成了对资本主义工商业的社会主义改造。——第115页。

**54** 一九五八年五月,中国共产党第八次全国代表大会第二次会议,正式通过"鼓足干劲、力争上游、多快好省地建设社会主义"的总路线。在提出总路线的同时,党轻率地发动了"大跃进"运动。先是在农业生产上片面追求高指标,报刊不断宣传"高产卫星"。在这种虚报浮夸的气氛中,八月中共中央政治局在北戴河举行扩大会议,提出一九五八年钢的产量要比一九五七年翻一番,达到一千零七十万吨。会后立即掀起了一个空前规模的"全民大炼钢铁运动"。与此同时,其他工业、交通、邮电、教育、文化、卫生等事业也都开展"全民大办"。这种"以钢为纲"所带起的一系列大办,把"大跃进"运动推向了高潮,使以高指标、瞎指挥、浮夸风等为主要标志的"左"的错误严重地泛滥开来,打乱了正常的经济建设秩序,浪费了巨大的人力和资源,造成国民经济比例的严重失调。——第115、136、173、227、234、237、253、377页。

**55** 一九五八年三月成都会议后,农村中出现把小型农业合作社并为大社的热潮,受到毛泽东的肯定和支持,并于八月被定名为人民公社。同月,中共中央在北戴河举行的政治局扩大会议作出《关于在农村建立人民公社问题的决议》,人民公社未经试验就迅速在全国普遍建立起来。人民公社以"一大二公"为特点,实行政社合一、工农商学兵相结合的原则,一般为一乡一社,个别的一县一社。公社内部实行高度集中统一管理,贫富拉平,平均分配,无代价上调下属生产队以至社员的个人财产,导致"共产风"严重泛滥。一九五八年冬以后,特别是一九六一年春以后,中共中央和毛泽东曾经为人民公社制定了一系列政策界限,陆续纠正了一些错误,但未能从根本上解决人民公社所存在的过分集中与平均主义的问题,农民积极性和农村生产力仍然受到束缚。中共十一届三中全会后,人民公社原有的体制在农村经济体制改革中逐步改变。一九八三年十月,中共中央、国务院根据《中华人民共和国宪法》中设立乡政府的规定,发出《关于实行政社分开建立乡政府的通知》。至一九八四年底全国基本完成这项工作。至此,农村人民公社制度已不复存在。——第115、136、234、253、374页。

**56** 指一九八四年十月二十日《中共中央关于经济体制改革的决定》、一九八五年三月十三日《中共中央关于科学技术体制改革的决定》和一九八五年五月二十七日《中共中央关于教育体制改革的决定》。——第122页。

57 杨尚昆，一九○七年生，四川潼南人。一九二六年加入中国共产党。是中共第六届候补中央委员，第八、十一、十二、十三届中央委员，第十二、十三届中央政治局委员。曾任中央办公厅主任，中央书记处候补书记，中共中央军事委员会常务委员兼秘书长等职。一九八二年任中共中央军委常务副主席兼秘书长。一九八八年任中华人民共和国主席、中央军事委员会副主席。——第126、316页。

58 六十年代初期，中共中央和毛泽东提出从战备需要出发，根据战略位置的不同，将我国各地区分为一、二、三线。一线指处在战略前方的一些省区，三线指全国的战略大后方，二线指处于一线和三线之间的省区。——第127页。

59 "山、散、洞"，是"靠山、分散、进洞"的简称。六十年代中期，为防备侵略战争，国家有关部门提出：国防尖端项目要搬到三线地区，按照"靠山、分散、隐蔽"的方针进行建设，有的还要进山洞。——第127页。

60 "三资"企业 指中外合资企业、中外合作企业和外方独资企业。——第138、367、373页。

61 《建设有中国特色的社会主义》一书，是中共中央文献研究室编辑，人民出版社于一九八四年十二月出版的。该书收入了邓小平一九八二年九月至一九八四年十一月之间的重要讲话和谈话。一九八七年三月又编辑出版了《建设有中国特色的社会主义》增订本，增补了邓小平一九八四年十二月至一九八七年一月的重要讲话和谈话。——第139页。

62 新经济政策，是苏联在一九二一年由国内战争转变到和平经济建设时所实行的经济政策。主要内容是：用粮食税代替余粮收集制，农民缴税后的剩余粮食，可以自由出卖；发展商业，在一定限度内允许自由贸易和私商存在；在国营企业中实行经济核算制，并以租让、租赁等国家资本主义形式，把某些国营企业租给外国资本家或私人经营。——第139页。

63 指杨小民故意杀人一案。杨小民是前中共青海省委办公厅某副主任之子。一九七九年二月二十七日蓄意将待业青年王强杀害。后因杨小民案重罪轻判，久拖不改，死者亲属不服，多次上诉，均无效果。一九八五年七月，在中央有关部门的关注下，青海省西宁市中级人民法院终于依法判处杨小民死刑。——第152页。

**64** 刘青山，一九三一年加入中国共产党，建国初期任中共天津地委书记。张子善，一九三三年加入中国共产党，建国初期任中共天津地委副书记、天津专区专员。他们任职期间，利用职权盗用飞机场建筑款、治河款，克扣干部家属救济粮、地方粮、民工供应粮，并骗取银行贷款，将这些款项以机关生产名义违法经营，获取暴利，从中大量贪污，进行贿赂，任意挥霍。一九五一年十一月中共中央华北局报请中央批准，依法律手续将刘青山、张子善逮捕。十二月刘、张被开除出党。一九五二年二月被河北省人民法院临时法庭判处死刑。——第 153 页。

**65** 指一九八六年一月六日和九日，中共中央书记处在北京召开的中央机关干部大会。会上号召中央党政军机关的全体党员、干部在端正党风中做全国的表率。——第 154 页。

**66** 指以荣毅仁及其伯父荣宗敬、父亲荣德生为代表的荣氏家族。荣毅仁，一九一六年生，江苏无锡人。当时任中国国际信托投资公司董事长，中华全国工商业联合会主席。他的父辈创业于十九世纪末二十世纪初，在无锡、上海等地从经营钱庄等商业活动开始，继而投资兴办面粉厂、纺织厂、机械厂等工业企业，先后建立茂新面粉公司、福新面粉公司、申新纺织公司，成为旧中国民族工业中规模最大的企业集团之一，为中国民族工业的发展作出了重要贡献。一九五六年，荣家在大陆的企业全部实行公私合营。——第 161 页。

**67** 一九八六年七月二十八日，戈尔巴乔夫在苏联远东大城市符拉迪沃斯托克（海参崴）就苏联的亚洲政策和中苏关系发表讲话。关于中苏关系，他的讲话要点是：苏联准备在任何时候任何级别上同中国最认真地讨论关于创造睦邻气氛的补充措施问题，希望在不久的将来苏中边界能成为和平与友好的地区；苏联愿以黑龙江主航道为界划分中苏边界的正式走向；苏联正同蒙古领导人一起研究关于相当大一部分苏军撤出蒙古的问题；一九八九年底以前苏联将从阿富汗撤回六个团；理解和尊重中国的现代化目标。——第 167 页。

**68** 六十年代中期，苏联开始在蒙古人民共和国大量驻军并在中苏边境地区驻扎重兵，七十年代末，苏联支持越南入侵柬埔寨，后又出兵侵略阿富汗。这些行动给中国的安全造成严重威胁，是妨碍中苏关系正常化的三个重大障碍。一九八二年至一九八八年中苏两国政府特使就实现两国关系正常化问题进行磋商时，中方提出，为了实现两国关系正常化，苏方必须消除上述三大障碍，即从蒙古和中苏边境撤军，从阿富汗撤军，促使越南停止侵略柬埔寨并从柬撤军。——第167页。

69　麦克阿瑟（一八八〇——一九六四），美国职业军人。一九四五年至一九五一年任盟国驻日本占领军总司令。其间，于一九五〇年六月任侵朝“联合国军”总司令。一九五一年四月被撤职。——第169页。

70　这里指由中国自行设计、研制和建造的中国第一台高能粒子加速器北京正负电子对撞机。这一高技术科研工程于一九八四年十月七日正式开工，到一九八七年十二月基本建成，次年十月十六日首次对撞成功。——第184页。

71　即刘伯承（一八九二——一九八六），四川开县人。早年参加响应辛亥革命的学生军和护国、护法战争。一九二六年加入中国共产党。一九二七年参加领导八一南昌起义，任中共前敌委员会参谋团参谋长。同年底去苏联学习。一九三〇年回国后，曾任中共中央军委委员、中国工农红军学校校长兼政治委员、中央革命军事委员会总参谋长。一九三四年参加长征，任红军总参谋长兼中央纵队司令员。红军第一、第四方面军会合后，与朱德等一起同张国焘的分裂主义进行了坚决的斗争。抗日战争爆发后，任八路军第一二九师师长，和政治委员邓小平一起创建了晋冀豫等抗日根据地。解放战争时期，历任晋冀鲁豫野战军、中原野战军、第二野战军司令员。一九四七年六月，和邓小平一起率部挺进大别山地区，揭开了中国人民解放军对国民党军全国性战略反攻的序幕。后又参与指挥了淮海战役和渡江战役。中华人民共和国成立后，历任中共中央西南局第二书记、西南军政委员会主席、中国人民解放军军事学院院长兼政治委员、中共中央军事委员会副主席、全国人民代表大会常务委员会副委员长等职。他是中共第七届至第十一届中央委员、第八届至第十一届中央政治局委员。——第185、336页。

72　张国焘（一八九七——一九七九），江西萍乡人。一九二一年参加中国共产党第一次全国代表大会。曾任中共中央委员、政治局委员、政治局常务委员，中共鄂豫皖中央分局书记兼军事委员会主席，中华苏维埃共和国临时中央政府副主席等职。一九三五年六月中央红军第一方面军在长征途中同张国焘领导的红军第四方面军在四川懋功（今小金）地区会师后，张任红军总政治委员。他反对中央关于红军北上的决定，进行分裂党和红军的活动，另立中央。一九三六年六月被迫取消第二中央。到达陕北后，任陕甘宁边区政府副主席、代主席。一九三八年四月逃出陕甘宁边区，投入国民党特务集团，随即被开除出党。——第186页。

**73** 一九八六年十二月中下旬，在资产阶级自由化思潮一度泛滥的背景下，合肥、北京等地一些高等院校的少数学生出于各种情绪和缘由上街游行，极少数别有用心的人从中进行反对共产党的领导、反对社会主义道路的煽动，有的地方出现了扰乱交通秩序和违犯社会治安规定的情况。后经各地有关方面和学校当局的教育和疏导，事件逐渐平息。——第194、198、201、203、204、216页。

**74** 方励之，一九五五年加入中国共产党。一九八四年九月任中国科技大学副校长。任职期间，因在各种场合公开鼓吹资产阶级自由化，否定党的领导，否定社会主义制度，煽动学生闹事，一九八七年一月被开除党籍，撤销中国科技大学副校长职务。一九八九年在北京发生的动乱和反革命暴乱中犯有反革命煽动宣传罪，被开除公职。——第194、326页。

**75** 王若望，一九三七年加入中国共产党。曾任中国作家协会理事、上海市作家协会理事。自一九七九年起，他在各种场合公开反对四项基本原则，鼓吹资产阶级自由化。一九八七年一月被开除党籍。——第195页。

**76** 周谷城，一八九八年生，湖南益阳人。当时任中国农工民主党中央副主席。费孝通，一九一〇年生，江苏吴江人。当时任中国民主同盟中央副主席。钱伟长，一九一二年生，江苏无锡人。当时任中国民主同盟中央副主席。——第196页。

**77** 刘宾雁，一九四四年加入中国共产党。曾任中国作家协会副主席、人民日报社记者。他在各种场合公开反对四项基本原则，鼓吹资产阶级自由化。一九八七年一月被开除党籍。——第196页。

**78** 六中全会 指一九八六年九月二十八日在北京举行的中国共产党第十二届中央委员会第六次全体会议。全会通过了《中共中央关于社会主义精神文明建设指导方针的决议》。在讨论这个决议草案时，邓小平作了关于反对资产阶级自由化的重要讲话，见本书《在党的十二届六中全会上的讲话》。——第196、379页。

**79** 这个讲话即本书《党在组织战线和思想战线上的迫切任务》一文，收入一九八七年三月出版的《建设有中国特色的社会主义》增订本。——第196页。

80 一九五七年四月，中共中央决定在全党进行一次反对官僚主义、宗派主义和主观主义的整风运动。极少数资产阶级右派分子乘机向共产党和新生的社会主义制度进攻，妄图取代共产党的领导。六月，中共中央发出指示，决定对右派进攻实行反击。当时对极少数资产阶级右派分子的进攻进行反击是必要的，但在斗争中犯了严重的扩大化的错误。一九七八年，中共中央决定对被划为右派分子的人进行复查，把错划的改正过来。——第197、234、253页。

81 指《人民日报》一九八六年十二月二十三日发表的社论《珍惜和发展安定团结的政治局面》，以及十二月二十五日和二十九日发表的两篇评论员文章《政治体制改革只能在党的领导下进行》、《讲民主不能离开四项基本原则》。——第197页。

82 一九八六年十二月十八日、二十二日，中共天津市委副书记、天津市市长李瑞环分别在天津部分高等院校团委书记、学生会干部座谈会及天津市各部门、各高等院校主要负责人会议上讲话，回答了学生提出的问题和要求，表明了党和政府坚持四项基本原则，不赞成学生闹事的立场。——第197页。

83 指一九八五年“九一八”前后，由抗议日本内阁成员参拜“靖国神社”而引起的北京、西安等地极少数大学生未经申报批准上街游行示威的事件。——第198页。

84 指一九八七年十月二十五日至十一月一日在北京举行的中国共产党第十三次全国代表大会。邓小平主持开幕式，赵紫阳作题为《沿着有中国特色的社会主义道路前进》的报告。这次会议的中心任务是进一步加快和深化改革。大会阐述了中国社会主义初级阶段的理论，确定党在社会主义初级阶段建设有中国特色的社会主义的基本路线是：领导和团结全国各族人民，以经济建设为中心，坚持四项基本原则，坚持改革开放，自力更生，艰苦创业，为把中国建设成为富强、民主、文明的社会主义现代化国家而奋斗。大会选举出第十三届中央委员会、中央顾问委员会和中央纪律检查委员会。——第203、211、235、244、256、258、260、262、296、305、324、345页。

85 见孙中山《致蒋中正函》（一九二四年十月九日）（《孙中山全集》第11卷，中华书局1986年版，第145页）。——第205页。

86　指一九八七年三月三日邓小平会见美国国务卿舒尔茨时的谈话。见本书《中国只能走社会主义道路》一文。——第212页。

87　宇都宫德马，一九〇六年生。当时任日本国会参议员、日本中国友好协会会长。——第230页。

88　陈独秀（一八七九——一九四二），安徽怀宁（今安庆）人。中国共产党的主要创建人之一。在党成立后的最初六年中是党的主要领导人。一九二七年上半年中国共产党内发生以陈独秀为代表的右倾投降主义错误，放弃对于农民群众、城市小资产阶级和中等资产阶级的领导权，尤其是放弃对于武装力量的领导权，主张一切联合，否认斗争，对国民党右派反共反人民的阴谋活动采取妥协投降的政策，以致当大地主大资产阶级的代表蒋介石、汪精卫先后背叛革命，向人民突然袭击的时候，中国共产党和广大人民不能组织有效的抵抗，使第一次国内革命战争遭到失败。同年八月七日，中共中央在汉口召开紧急会议，总结大革命失败的经验教训，结束了陈独秀右倾投降主义在中共中央的统治。——第234、298、309页。

89　王明（一九〇四——一九七四），即陈绍禹，安徽金寨人。一九三一年在中共六届四中全会上，在共产国际及其代表米夫的支持下，被补选为中央委员、政治局委员，取得了在中共中央的主要领导地位。一九三一年一月至一九三五年一月王明等教条主义者在政治上混淆民主革命和社会主义革命的界限，一切斗争，否认联合，否认九一八事变后国内阶级关系的明显变化。在军事上，先是推行冒险主义，后来又变为保守主义和逃跑主义。在组织上，实行宗派主义。王明"左"倾冒险主义在党内统治达四年之久，给党和革命事业造成重大的损失。一九三五年一月，中共中央政治局召开遵义会议，确立了以毛泽东为代表的新的中央的正确领导，从而结束了王明"左"倾冒险主义在中共中央的统治。——第234、253、309页。

90　铁托（一八九二——一九八〇），南斯拉夫共产主义者联盟中央主席团主席、南斯拉夫社会主义联邦共和国总统。一九七七年八月三十日至九月八日曾访问中国。——第236页。

91　一九八〇年五月三十一日，邓小平在同中央负责工作人员谈话时指出："各国的事情，一定要尊重各国的党、各国的人民，由他们自己去寻找道路，去探索，去解决问题，不能由别的党充当老子党，去发号施令。我们反对人家对我们发号施令，我们也决不能对人家发号施令。这应该成为一条重要的原则。”一九八二年九月，中国共产党第十二次全国代表大会的政治报告，将这一原则概括为“我们党坚持在马克思主义的基础上，按照独立自主、完全平等、互相尊重、互不干涉内部事务的原则，发展同各国共产党和其他工人阶级政党的关系。”——第 237 页。

**92** 万里，一九一六年生，山东东平人。一九三六年加入中国共产党。是中共第十一、十二、十三届中央委员，十二、十三届中央政治局委员。一九七五年任铁道部长。一九七七年任中共安徽省委第一书记。一九八〇年任中共中央书记处书记，国务院副总理。一九八八年当选为第七届全国人民代表大会常务委员会委员长。——第 238 页。

**93** 一九八八年四月，经第七届全国人民代表大会第一次会议批准，海南建省，海南岛成为经济特区。邓小平十分关注海南岛的开发和建设，一九八九年四月二十八日，他在中共海南省委关于设立洋浦经济开发区的汇报材料上批示：“我最近了解情况后，认为海南省委的决策是正确的，机会难得，不宜拖延，但须向党外不同意者说清楚。手续要迅速周全。”——第 239 页。

**94** 邓小平十分重视少数民族地区的发展问题，一九八八年十一月二日，他在祝贺广西壮族自治区成立三十周年时题词：“加速现代化建设，促进各民族共同繁荣”。——第 247 页。

**95** 一九八七年三月二十一日在报给邓小平的《关于草拟十三大报告大纲的设想》中提出，十三大报告全篇拟以社会主义初级阶段作为立论的根据。“初级阶段”这个提法，在党的文件中已三次出现，但都没有发挥，十三大报告的起草工作准备循着这个思路加以展开，说明由此而来的经济建设的发展战略，由此而来的发展社会主义商品经济的任务和我国经济体制改革的方向，由此而来的建设社会主义民主政治的任务和我国政治体制改革的原则，由此而来的加强和改善党的领导的任务，由此而来的在理论和思想指导上避免“左”右两种倾向的必要性。邓小平三月二十五日对这个设想作了批示：“这个设计好。”——第 252 页。

**96** 遵义会议　指一九三五年一月长征途中，中共中央政治局在贵州遵义举行的扩大会议。这次会议集中讨论和纠正了军事上的错误，从组织上结束了王明“左”倾冒险主义在党中央的统治，确立了以毛泽东为代表的新的中央的正确领导，在最危急的关头挽救了红军，挽救了党。——第 253、298、309 页。

97 四五运动，又称天安门事件，是一九七六年四月发生的反对“四人帮”的全国性群众抗议运动。一九七五年，邓小平在毛泽东支持下主持中央日常工作，着手全面整顿，使国内形势明显好转。但是毛泽东不能容忍邓小平系统地纠正“文化大革命”的错误，发动了“批邓、反击右倾翻案风”运动。一九七六年一月周恩来逝世。他的逝世引起了全党和全国各族人民的无限悲痛。同年四月间清明节前后，在北京、南京和全国许多城市爆发悼念周恩来、反对“四人帮”的强大群众运动，受到“四人帮”极力压制。这个运动实质上是拥护以邓小平为代表的党的正确领导。四月五日，北京天安门广场上广大群众采取了抗议行动。中共中央政治局和毛泽东把这次抗议行动错误地判定为“反革命事件”，并且撤销了邓小平党内外一切职务。一九七八年十二月中共十一届三中全会决定撤销中共中央发出的关于“反击右倾翻案风”运动和天安门事件的错误文件，宣布为邓小平平反，为天安门事件平反。——第 255 页。

98 “文化大革命”期间，知识分子被排在地、富、反、坏、右、叛徒、特务、“走资派”之后，称为“老九”。——第 275 页。

99 一九八八年一月二十三日，邓小平在一份关于加快沿海地区对外开放和经济发展的报告中批示：“完全赞成。特别是放胆地干，加速步伐，千万不要贻误时机。”——第 278 页。

100 指《高技术研究发展计划纲要》。一九八六年三月五日，邓小平对王大珩、王淦昌、杨嘉墀、陈芳允四位科学家提出的关于跟踪高技术发展的建议批示：“这个建议十分重要”，“找些专家和有关负责同志讨论，提出意见，以凭决策。此事宜速作决断，不可拖延。”四月六日，他针对选择高技术发展项目是以发展国民经济为主还是以增强军事实力为主的不同意见，作出批示：“我赞成‘军民结合，以民为主’的方针。”十月六日，他又在关于高技术研究发展计划的报告上批示：“我建议，可以这样定下来，并立即组织实施。如有缺点或不足，在实施中可以修改和补充。”在邓小平的支持和推动下，同年十一月，中共中央、国务院批准了《高技术研究发展计划纲要》，简称“八六三”计划。计划中选择对中国未来经济和社会发展有重大影响的生物技术、航天技术、信息技术、先进防御技术、自动化技术、能源技术和新材料技术的一些领域作为突破重点，在几个重要的高技术领域跟踪世界水平。一九八七年三月，这个计划开始组织实施。一九九一年四月二十三日邓小平又为全国八六三计划工作会议作了“发展高科技，实现产业化”的题词。——第279页。

**101** 李政道，一九二六年生，美籍华人理论物理学家。美国科学院院士、哥伦比亚大学教授。一九五七年获诺贝尔物理学奖和爱因斯坦科学奖。一九七二年后多次到中国访问、讲学。——第280页。

**102** 指亚洲新兴工业化国家和地区新加坡、香港、台湾、韩国。它们自六十年代以来，经济高速增长，被称为亚洲“四小龙”。——第281、375页。

**103** 一九三一年日本帝国主义侵占中国东北，制造傀儡政权。一九三二年三月在长春成立“满洲国”，扶溥仪为“执政”。一九三四年三月称“满洲帝国”，“执政”改称“皇帝”。一九四五年八月，“满洲国”随着中国抗日战争的胜利而被摧毁。——第293页。

**104** 十九世纪后半期，沙皇俄国强迫中国清朝政府签订了一系列不平等条约，侵占了大片中国领土。一八五八年，通过中俄《瑷珲条约》，迫使中国割让黑龙江以北、外兴安岭以南六十多万平方公里的中国领土，并把乌苏里江以东约四十万平方公里的中国领土划为中俄“共管”。一八六〇年，通过中俄《北京条约》，进一步把乌苏里江以东四十万平方公里的土地完全划归俄国。这一条约还确定了中俄西段边界的基本走向，为沙俄掠夺中国的西部领土制造了条约根据。一八六四年，沙俄依据中俄《北京条约》的有关规定，强迫清政府签订《中俄勘分西北界约记》，割占了巴尔喀什湖以东、以南四十四万多平方公里的中国领土。一八八一年至一八八四年，沙俄又通过《中俄改订条约》（亦称《伊犁条约》）及其续签的五个子约，再次侵占了中国西部七万多平方公里的领土。这样，沙俄侵占的中国领土总计超过一百五十万平方公里。——第293页。

**105** 指一九四五年二月十一日苏、美、英三国政府首脑在苏联克里米亚半岛的雅尔塔秘密签订的《苏美英三国关于日本的协定》，简称《雅尔塔协定》。主要内容是，苏联在欧洲战争结束后的两个月或三个月内参加对日作战。作为交换条件，美、英方面承诺维持外蒙古现状；恢复一九〇五年日俄战争后俄国丧失的领土及其在中国东北的各项权益；将千岛群岛归于苏联。苏联则表示准备同中国国民党政府签订友好同盟协定。——第293页。

**106**　一九五〇年六月二十五日朝鲜内战爆发后，美国随即出兵，打着联合国军的旗号进行干涉，同时派军队侵略中国领土台湾。九月十五日美军派兵在朝鲜西海岸仁川登陆，随后越过朝鲜南北方原来的分界线"三八线"大举北犯，并且轰炸、扫射中国东北边境城市和村庄，严重威胁中国的安全。中国人民为抗美援朝，保家卫国，组成中国人民志愿军，于十月二十五日抵达朝鲜前线，与朝鲜人民军并肩作战。在中朝人民军队的沉重打击下，美军连遭失败，被迫于一九五三年七月二十七日在朝鲜停战协定上签字。至此，朝鲜战争结束。——第294、329、345页。

**107**　这里指越南人民反对美国侵略、实现国家统一的民族解放战争。一九五四年越南抗法战争胜利后，越南北方获得解放。美国取代法国控制越南南方，阻挠越南南北方统一。一九五九年后，越南南方人民开始进行武装斗争，反抗美国扶植的独裁政权和美国的干涉。一九六四年八月，美国轰炸越南北方，并于翌年三月出兵南越。在越南人民的坚决抗击下，一九七三年一月二十七日，美国被迫在《关于在越南结束战争、恢复和平的协定》上签字，美军撤出南越。一九七五年五月一日，越南南方全部解放，越南抗美救国战争结束。——第294页。

**108**　李先念（一九〇九——一九九二），湖北黄安（今红安）人。一九二七年加入中国共产党。是中共第七届至十二届中央委员，第八、九、十届中央政治局委员，第十一、十二届中央政治局常务委员，第十一届中央副主席。解放战争时期，任中共中央中原局第二书记，晋冀鲁豫野战军副司令员，中原军区第二副司令员等职。中华人民共和国成立后，长期担任国务院副总理兼财政部部长。一九八三年任中华人民共和国主席。一九八八年任中国人民政治协商会议全国委员会主席。——第296、341页。

**109**　一九八九年四月十五日胡耀邦逝世，广大人民群众以各种形式表达自己的哀思。在悼念活动期间，极少数别有用心的人借机制造谣言，蛊惑人心，利用大小字报诬蔑、谩骂、攻击党和国家领导人，鼓动反对共产党的领导和社会主义制度。四月二十六日，《人民日报》发表题为《必须旗帜鲜明地反对动乱》的社论。由于当时任中共中央总书记的赵紫阳对动乱采取纵容和支持的态度，助长了动乱的发展。从五月十三日起，北京非法学生组织"高自联"煽动一些人进行绝食，长期占据天安门广场。为保证社会安定，恢复正常秩序，国务院决定自五月二十日起，在北京部分地区实行戒严。但是动乱的组织者和策划者利用政府和戒严部队采取的克制态度，继续占据天安门广场，组织各种非法活动，最终发展成为反革命暴乱。六月四日，党和政府依靠人民，采取果断措施，平息了反革命暴乱。——第296、311、316、344、348、357、368、371页。

**110** 华国锋，一九二一年生，山西交城人。一九三八年加入中国共产党。一九七六年四月任中共中央第一副主席、国务院总理。同年十月，中央政治局采取断然措施，粉碎"四人帮"，他和叶剑英、李先念等起了重要作用。后任中共中央主席、中央军事委员会主席、国务院总理。一九八〇年九月辞去国务院总理职务。一九八一年六月，中共十一届六中全会鉴于华国锋在粉碎"四人帮"以后推行"两个凡是"的错误方针，继续肯定"文化大革命"的错误理论、政策和口号，一致同意他辞去中共中央主席、中央军事委员会主席的职务。——第298页。

**111** 这里说的毛派，是当时中共临时中央"左"倾领导者加给邓小平等人的。毛指毛泽东，当时被"左"倾领导者排斥于党和军队的领导职务之外。一九三三年春，在江西中央革命根据地担任地方领导工作的邓小平、毛泽覃、谢唯俊、古柏等人，从实际出发，赞成毛泽东在多次反"围剿"战争中形成的积极防御路线，以及在中央苏区制定的土地政策、经济政策等正确主张，抵制"左"倾错误作法，而被指责为"与毛泽东有关系的派别活动"，是"对革命悲观失望的右倾机会主义的退却逃跑路线"，遭到残酷斗争和打击。邓小平先后被撤销中共会（昌）、寻（乌）、安（远）三县中心县委书记、江西省委宣传部长的职务，并受到党内处分。这次错误的斗争一直延续到一九三四年十月中央主力红军长征前。——第301页。

**112** 这里指一九八〇年元旦邓小平在全国政治协商会议的新年茶话会上指出的，在八十年代里需要做好的四件事：第一，一定要坚持党的政治路线；第二，必须要有一个安定团结的政治局面；第三，要有艰苦奋斗的创业精神；第四，要建立一支坚持社会主义道路的、有专业知识的干部队伍。——第305页。

**113** 瞿秋白（一八九九——一九三五），江苏常州人。一九二二年加入中国共产党，是中国共产党的早期领导人之一。一九二七年八七会议后任中共临时中央政治局常务委员，主持中央工作。一九二七年十一月至一九二八年四月犯过"左"倾盲动主义错误。一九三一年一月，在中共六届四中全会上，受到王明"左"倾教条主义分子的打击，被解除中央领导职务。一九三四年到中央革命根据地，任中华苏维埃共和国中央政府教育人民委员(教育部长)。中央主力红军长征后，留在南方坚持游击战争。一九三五年二月被国民党逮捕，六月就义。——第309页。

**114** 向忠发(一八八〇——一九三一)，湖北汉川人。一九二二年加入中国共产党。一九二七年七月大革命失败后，任中国共产党驻共产国际代表。一九二八年中共第六次全国代表大会以后，任中共中央总书记。一九三一年六月二十二日被捕叛变，二十四日被国民党枪杀。——第309页。

**115** 李立三(一八九九——一九六七)，湖南醴陵人。一九二一年加入中国共产党，是中国早期工人运动的主要领导人之一。一九二八年冬至一九三〇年秋，在上海中共中央工作，担任中央政治局常务委员兼秘书长、宣传部长等职，是当时中国共产党的主要领导人之一。一九三〇年六月至九月犯了"左"倾冒险主义错误。后来他认识和改正了错误。在中共第七次、第八次全国代表大会上继续被选为中央委员。——第309页。

**116** 任弼时(一九〇四——一九五〇)，湖南湘阴唐家桥(今属汨罗市)人。一九二二年加入中国共产党。一九二七年八七会议上被选为临时中央政治局委员，一九三一年中共六届四中全会上被选为中央政治局委员。曾任湘赣省委书记兼军区政治委员，红军第六军团军政委员会主席，红军第二方面军政治委员，八路军总政治部主任等职。一九四〇年参加中共中央书记处工作，一九四五年中共七届一中全会上被选为中央政治局委员和中央书记处书记。一九五〇年十月二十七日病逝于北京。——第309页。

**117** 林彪(一九〇七——一九七一)，湖北黄冈人。一九二五年加入中国共产党。一九五八年五月在中共八届五中全会上被增选为中共中央副主席、政治局常务委员。一九五九年任国防部长，主持中央军委工作。在"文化大革命"期间，他组织反革命集团阴谋夺取党和国家最高权力，策动反革命武装政变。阴谋败露后，于一九七一年九月十三日凌晨乘飞机外逃叛国，摔死在蒙古温都尔汗。一九七三年八月中共中央决定，开除他的党籍。——第309页。

**118** 这次谈话即本书《组成一个实行改革的有希望的领导集体》一文。——第310页。

**119** 这里指中共第十三次全国代表大会同意邓小平不再担任中央政治局常务委员、中央政治局委员、中央顾问委员会主任的职务，也不再担任中央委员会和中央顾问委员会委员，但仍留任党和国家的中央军事委员会主席的职务。——第315页。

**120** 指一九八九年六月二十三日至二十四日在北京召开的中国共产党第十三届中央委员会第四次全体会议。全会分析了五、六两个月来全国的政治形势，指出极少数人利用学潮在北京和一些地方掀起一场有计划、有组织、有预谋的政治动乱，进而在北京发展成反革命暴乱，其目的就是要推翻中国共产党的领导，颠覆社会主义的中华人民共和国。全会认为，在这场严肃的政治斗争中，中共中央的决策和采取的一系列重大措施，都是必要的和正确的。全会审议通过了《关于赵紫阳同志在反党反社会主义的动乱中所犯错误的报告》，对中央领导机构的部分成员进行了调整：撤销赵紫阳的党内一切领导职务，选举江泽民为中央委员会总书记，增选了中央政治局常务委员会委员，改组了中央书记处。全会强调，要继续坚决执行中共十一届三中全会以来的路线、方针和政策，继续坚决执行中共十三大确定的"一个中心、两个基本点"的基本路线。——第316、322页。

**121** 指一九八九年十一月六日至九日在北京召开的中国共产党第十三届中央委员会第五次全体会议。全会审议并通过了《中共中央关于进一步治理整顿和深化改革的决定》。讨论并通过了《中国共产党十三届五中全会关于同意邓小平同志辞去中共中央军事委员会主席职务的决定》。全会高度评价邓小平对党和国家建立的卓著功勋。指出，邓小平是中国各族人民公认的享有崇高威望的杰出领导人，在党所领导的革命和建设的各个历史时期都做出了重大贡献。特别是中共十一届三中全会后，邓小平成为党的第二代领导集体的核心，领导中国人民在社会主义现代化建设中取得举世瞩目的成就，在社会主义新中国的历史上开创了一个新的时期。全会通过了《关于调整中共中央军事委员会组成人员的决定》，由江泽民任中共中央军事委员会主席。——第316页。

**122** 这里指《聂荣臻回忆录》一书，一九八三年由战士出版社出版上册，一九八四年由解放军出版社出版中、下册。——第317页。

**123** 这里指李维汉撰写的《回忆与研究》一书，一九八六年由中共党史资料出版社出版。——第317页。

**124** "四有"即有理想、有道德、有文化、有纪律。——第318页。

**125** 巴黎西方七国首脑会议指一九八九年七月十四日至十六日由法国、美国、英国、联邦德国、日本、意大利、加拿大等七国首脑和欧洲共同体委员会主席在法国巴黎举行的会议。会议在七月十五日发表的政治宣言中"谴责"中国平息反革命暴乱是所谓"中国违反人权的暴力镇压"。宣称要采取中止对华高层政治接触及延缓世界银行的贷款等制裁措施。中国外交部发言人七月十七日就此发表谈话，指出七国首脑会议"对中国横加指责，施加压力，对此，中国政府不能不表示极大的遗憾"。《人民日报》于七月十七日以《中国的内政不容干涉》为题发表社论，指出"这种指责是毫无道理的，是对中国内政的粗暴干涉。中国政府和人民理所当然不能接受。"——第329、345、348、358页。

**126** 阎锡山（一八八三——一九六〇），山西五台河边村（今属定襄）人。长期统治山西的地方军阀。当时任国民党军第二战区司令长官。——第336页。

**127** 上党战役是抗日战争胜利后，晋冀鲁豫解放区部队在山西省东南部以长治为中心的地区（古属上党郡）反击国民党军进犯的战役。一九四五年八月中旬，国民党军阎锡山部集中十三个师的兵力，在日伪军的配合下，先后自临汾、浮山、翼城和太原、榆次出发，侵入晋东南解放区的襄垣、屯留、长治、潞城等地。九月十日起，解放区军民在刘伯承、邓小平指挥下展开自卫反击，进行了上党战役，歼灭国民党军十一个师及一个挺进纵队共三万五千余人，俘军长史泽波和师长多名。——第336页。

**128** 马法五，当时任国民党军第十一战区副司令长官兼第四十军军长。——第336页。

**129** 高树勋（一八九八——一九七二），河北盐山人。当时任国民党军第十一战区副司令长官兼新八军军长。起义后，该部改编为民主建国军，任总司令。一九四五年十一月加入中国共产党。中华人民共和国成立后，任河北省副省长，国防委员会委员等职。——第336页。

**130** 平汉战役 也称邯郸战役。一九四五年十月中旬，国民党军队自新乡一带沿平汉路侵入晋冀鲁豫解放区。十月下旬，其先头部队三个军到达磁县、邯郸以南地区。晋冀鲁豫军区部队在刘伯承、邓小平指挥下奋起自卫，经一周激战，国民党军第十一战区副司令长官兼新八军军长高树勋率该军及河北民军约万人起义，其余两个军在溃退中被军区部队围歼。全役共毙伤国民党军三千余人，俘第十一战区副司令长官兼第四十军军长马法五以下一万七千余人。——第336页。

131 李达(一九〇五——一九九三),陕西眉县人。当时任晋冀鲁豫军区参谋长。——第337页。

132 陈锡联,一九一五年生,湖北黄安(今红安)人。当时任晋冀鲁豫军区太行纵队(后改称晋冀鲁豫军区野战军第三纵队)司令员。——第337页。

133 陈再道(一九〇九——一九九三),湖北麻城人。当时任晋冀鲁豫军区冀南纵队(后改称晋冀鲁豫军区野战军第二纵队)司令员。——第337页。

134 陈赓(一九〇三——一九六一),湖南湘乡人。当时任晋冀鲁豫军区太岳纵队(后改称晋冀鲁豫军区野战军第四纵队)司令员。——第337页。

135 宋任穷,一九〇九年生,湖南浏阳人。当时任晋冀鲁豫军区所辖冀鲁豫军区司令员,后任晋冀鲁豫军区野战军第二纵队政治委员。——第337页。

136 苏振华(一九一二——一九七九),湖南平江人。当时任晋冀鲁豫军区野战军(后改称中原野战军)第一纵队政治委员。——第337页。

137 汤恩伯(一九〇〇——一九五四),浙江武义人。一九四二年至一九四四年任国民党军第一战区副司令长官时,曾统辖高树勋任总司令的第三十九集团军。——第337页。

138 王定南(一九一〇——一九九〇),河南内乡人。曾长期在国民党统治区从事党的地下工作。一九四五年五月到高树勋部,任冀察战区总部参议。——第338页。

139 杨得志,一九一一年生,湖南醴陵南阳桥(今属株洲市)人。当时任晋冀鲁豫军区野战军第一纵队司令员。——第338页。

140 彭涛(一九一三——一九六一),江西波阳人。当时任晋冀鲁豫军区野战军第三纵队政治委员。——第338页。

141 谢富治(一九〇九——一九七二),湖北黄安(今红安)人。当时任晋冀鲁豫军区野战军第四纵队政治委员。——第338页。

142 王宏坤(一九〇九——一九九三),湖北麻城人。当时任晋冀鲁豫野战军第十纵队司令员、桐柏军区司令员。——第341页。

143 张才千,一九一一年生,湖北麻城人。当时任晋冀鲁豫野战军第十二纵队司令员、江汉军区司令员。——第341页。

144 秦基伟，一九一四年生，湖北黄安（今红安）人。当时任中原野战军第九纵队司令员。——第 341 页。

145 淮海战役 是一九四八年十一月六日至一九四九年一月十日由中国人民解放军华东野战军、中原野战军和华东、中原军区及华北军区所属冀鲁豫军区地方武装共六十余万人，在以徐州为中心，东起海州，西至商丘，北起临城（今薛城），南达淮河的广大地区同国民党军进行的一次具有决定意义的战役。中共中央军委决定由刘伯承、陈毅、邓小平、粟裕、谭震林组成总前委，邓小平为书记，执行领导淮海前线军事和作战的职权。这次战役击毙国民党军兵团司令官黄百韬、邱清泉，俘虏徐州"剿总"副总司令杜聿明、兵团司令官黄维、兵团副司令官吴绍周，共歼国民党军五十五万余人，解放了长江中下游以北广大地区，使蒋介石的精锐主力损失殆尽，反动统治的中心南京以及上海、武汉等地，处于人民解放军直接威胁之下。——第 341 页。

146 王近山（一九一五——一九七八），湖北黄安（今红安）人。当时任中原野战军第六纵队司令员。——第 342 页。

147 杜义德，一九一二年生，湖北黄陂人。当时任中原野战军第六纵队政治委员。——第 342 页。

148 杨勇（一九一三——一九八三），湖南浏阳人。当时任中原野战军第一纵队司令员。——第 342 页。

149 胡宗南（一八九六——一九六二），浙江孝丰（今属安吉县）人。当时任国民党西南军政长官公署副长官兼参谋长，代理长官职务，主持国民党在西南地区的军政事宜。——第 342 页。

150 宋希濂（一九〇七——一九九三），湖南湘乡人。当时任国民党川湘鄂边区绥靖公署主任。不久被人民解放军俘虏。一九五九年特赦后，任中国人民政治协商会议全国委员会文史资料研究委员会专员，全国政协委员、常务委员等职。——第 342 页。

151 尼克松，一九一三年生，美国前总统，共和党人。在其总统任内，曾于一九七一年七月派遣国家安全事务助理基辛格秘密访问中国，改变了中美两国长期隔绝的局面。一九七二年二月首次访问中国并在上海同中国方面发表中美联合公报，使中美关系开始走向正常化。一九八九年十月底至十一月初曾访问中国。——第 348 页。

152 基辛格，一九二三年生，曾任美国总统尼克松的国家安全事务助理、国务卿。积极协助尼克松总统恢复中美两国的正常关系，一九七一年七月到北京与周恩来总理就两国关系正常化问题举行会谈。一九八九年十一月曾访问中国。——第348页。

153 八国联军 是一九〇〇年英、美、德、法、俄、日、意、奥八个帝国主义国家为镇压中国义和团运动而发动侵华战争所组成的联军。侵略军先后攻陷天津、北京、山海关等地。同时，沙俄又单独出兵侵占中国东北。清政府屈膝乞和，全盘接受帝国主义的条件，于一九〇一年九月七日在条件极为苛刻的丧权辱国的《辛丑条约》上签字。——第358页。

154 “风庆轮事件”是“四人帮”借风庆号货轮挑起事端，向周恩来等中央领导人发难的事件。一九七四年九月底，中国自行设计、制造的万吨级远洋货轮风庆号远航欧洲后返抵上海。“四人帮”借风庆轮远航成功一事歪曲事实，大造舆论，污蔑国务院、交通部不支持国内造船，热衷于买船，是“崇洋媚外”、“投降卖国”，矛头直指周恩来。随后，他们根据诬告材料捏造罪名，将交通部派到风庆轮工作的干部拒绝参与这种“批判”的正当行为定性为“反动政治事件”。同年十月，江青等又在政治局会议上提出“风庆轮问题”，遭到邓小平的抵制和批驳。——第367页。

155 十三届八中全会 即一九九一年十一月二十五日至二十九日在北京举行的中国共产党第十三届中央委员会第八次全体会议。全会审议并通过了《中共中央关于进一步加强农业和农村工作的决定》。全会充分肯定十一届三中全会以来党在农村的各项基本政策及农村改革取得的巨大成就，强调继续稳定以家庭联产承包为主的责任制，不断完善统分结合的双层经营体制，坚定不移地深化农村改革。全会还审议并通过了《关于召开中国共产党第十四次全国代表大会的决议》。——第371页。

156 钱学森，一九一一年生。浙江杭州人。一九三五年赴美留学。一九五五年回国。一九五八年加入中国共产党。曾任中国科学院力学研究所所长，第七机械工业部副部长，国防科工委副主任，中国科学技术协会主席等职，是中共第九届至第十二届候补中央委员。他直接参与组织领导了中国运载火箭、导弹、卫星的研制攻关和试验工作，为发展中国的航天事业做出了卓越贡献。——第378页。

157 李四光（一八八九——一九七一），湖北黄冈人。早年留学日本、英国。曾任大学教授，中央研究院院士。一九四八年赴欧洲。一九四九年回国。一九五八年加入中国共产党。曾任中国科学院古生物研究所所长，中国科学院副院长，地质部部长，中国科学技术协会主席等职，是中共第九届中央委员。毕生从事古生物学、冰川学、地震学和地质力学的研究和教学，是地质力学的创始人，为发展中国的石油勘探做出了卓越贡献。——第378页。

**158**　钱三强（一九一三——一九九二），原籍浙江吴兴（今湖州），生于绍兴。一九三七年赴法国留学。一九四八年回国。一九五四年加入中国共产党。曾任中国科学院近代物理研究所所长，第二机械工业部副部长，中国科学院副院长，中国科学技术协会名誉主席等职。为中国原子能科学事业的创立和组织“两弹”研制做出了卓越贡献。——第378页。